我心懷永恆的愛和日益增長的欽佩
將此書獻給傑克和尼克

我不懼怕風暴，因為我正學習如何駕船乘風破浪。

—— 小說家奧爾柯特（Louisa May Alcott），
著有《小婦人》

目　錄

第一篇

辨別三種失敗類型

第二篇

從失敗中學習成長

各界讚譽

「沒有其他的主題比評估和理解失敗更重要了。艾德蒙森開
闢了全新的領域,對於那些付出努力的人,我保證本書將顛覆傳
統的想法,認真學習和應用這本巨著所帶來的結果,將是你職業
生涯中最重要的一步。」

—— 湯姆・畢德士(Tom Peters)
管理大師、《追求卓越》作者

「人生最重要的技能莫過於從失敗中學習 —— 世上最懂這點
的就是艾美・艾德蒙森了。憑藉開拓思維的證據和豐富的實務經
驗,她對於有智慧地冒險,並在受挫後再次振作的方法,提供豐
富的洞見。如果大家都將這本重要著作中的思想內化於心,我們
都會變得更安全、更睿智、更成功。」

—— 亞當・格蘭特(Adam Grant)
華頓商學院最受歡迎教授、《逆思維》作者

「艾德蒙森擁有極優秀的商業頭腦,從大膽的新角度描述人
類易於犯錯的天性,巧妙地將科學研究和實用建議結合起來,證
明讓失敗從一道障礙轉變為踏腳石的方法,使失敗不再是妨礙進
步的負擔,而是像風一樣推動我們前進的力量。本書是我們這個
時代的指南。」

—— 丹尼爾・品克(Daniel H. Pink)
《後悔的力量》、《未來在等待的人才》作者

「這是一本大師級著作，幫助你駕馭，甚至找出不可避免的失敗，為往後的成功鋪路。艾德蒙森超越群倫，證明如何將遭逢挫敗視為開始，而非結束，以及如何為有價值的失敗創造條件。本書內容清晰完整、充滿實務案例，是專業人士和領導者的必讀之作。」

——安琪拉‧達克沃斯（Angela Duckworth）
《恆毅力》作者

「這是一本最具代表性的自助書，結合了強大有力的想法與實用的工具。我的建議是拍下這本書的八幅插圖，每幅都是瑰寶，並將它們貼在辦公桌前。你會立即變得更有效率，並以更快的速度學習。」

——羅傑‧馬丁（Roger L. Martin）
Thinkers50管理思想家、《決策的兩難》作者

「高尚的失敗對於創新和成長至關重要，但高尚的失敗、草率的錯誤和應受譴責的破壞行為之間有什麼區別呢？你要如何確保自己是在創造成功的條件呢？本書將幫助你承擔必須承擔的風險，從而在事業和生活中取得成功。」

——金‧史考特（Kim Scott）
《徹底坦率》作者

成功的道路上必然會有失敗

　　1993年6月，當時我是哈佛大學新開設的組織行為學博士班學生，我坐在威廉詹姆斯大廳（William James Hall）15樓辦公室的舊木桌前，傾身仔細觀察我那台笨重蘋果電腦上的黑白小螢幕。[1]我衡量附近兩家醫院團隊合作情況的一疊問卷調查表被推到桌子邊緣靠著牆放著。六個月前，數百名護士和醫生填寫了這些調查表，讓我了解他們團隊的工作情況。透過對資料的分析，我知曉有些團隊的合作程度比其他團隊要好得多，現在讓我來看看他們犯了多少錯誤。在我手中的電腦小磁片裡，保存了過去六個月來護士辛苦收集、期待已久的各個團隊用藥錯誤資料。我所需要做的就是進行統計分析，看看團隊調查資料與醫院的錯誤資料是否相關。

　　這是我面臨第一次重大研究失敗之前的時刻。

　　我很快發現這不是我第一次思量，也許自己不適合攻讀博士學位。我對唸研究所一直態度很矛盾，我欽佩那些沒有高學位、卻能在世界上做出有意義貢獻的人。我認為一般人若是聰明又能幹，應該也能夠開闢一條獨特的前進道路，從事改變世界的工作。但大學畢業十年後，我必須承認自覺有些挫敗感。

的確，那十年的大部分時間都是充滿創意的，而且從某些角度來看，還令人羨慕。我曾擔任富勒（Buckminster Fuller）的總工程師，富勒富有遠見，他發明測地線圓頂建築。之後，在與一家諮詢公司創辦人的偶然會面後，我從工程領域轉向組織發展領域，並且很快就著迷於組織及其所犯錯誤導致的失敗！我曾與美國一些歷史最悠久、規模最大的公司合作過。我在1980年代末遇到過美國汽車行業的經理，他們看到客戶想要省油、高品質的汽車，比如從日本進口的新汽車，但無法讓他們的大型組織重新調整生產方式。在我看來，深思熟慮的管理者們都在抱怨他們的組織無法適應世界所需的明顯變化。我非常喜歡這份工作，而我的挫敗感來自於我自認已經盡了最大的努力。為了在組織行為和管理的新領域發揮更大的能力，我必須重返校園。然後，也許我就能為我心中逐漸成形的目標做出有意義的貢獻：幫助人們和組織學習，以便他們能夠在不斷變化的世界中茁壯成長。

我不知道如何研究這個問題，對於改變組織的運作方式，也不知道如何有所貢獻。但這似乎是一個值得解決的問題，我相信我可以向心理學和組織行為學教授學習，對於使人們和組織難以學習和發展的狀態，希望能找到方法來理解和加以改變，並能有所作為。

　　由於我對組織如何學習感興趣，身為一名迎接嶄新身分的博士生，我欣然接受邀請，加入附近哈佛醫學院研究用藥錯誤的研究團隊，這個現成的專案幫助我學習如何進行獨創的研究。你小學一年級的老師可能告訴你，犯錯是學習的重要機會來源。在醫院待過的人都知道，用藥錯誤的情況眾多，而且後果嚴重。

　　但突然間，這對於我的研究生涯來說似乎是個不祥的開端，我的假設顯然沒有得到支持。我曾預測，更好的團隊合作會減少用藥錯誤，衡量的方式是透過護士調查員每週多次到醫院檢查患者病歷，並與在那裡工作的護士和醫生交談。然而，結果卻顯示團隊合作愈好，錯誤率愈高，而不是愈低。我不僅錯了，還大錯特錯。

　　當我開始重新質疑自己能否成為一名研究人員時，我發表研究成果論文的希望也隨之破滅。大多數人都為自己的失敗感到羞恥，所以我們更有可能隱藏失敗，而不是從中學習。組織中發生錯誤，並不意味著自然就會學習和改進。由於羞於犯錯，我不敢告訴我的指導老師。

　　沒過幾天，檢視此次失敗的意外發現，輕輕地將我引向新的見解、新的資料和後續的研究專案，挽救並改變我的學術生涯方向。我根據這一項研究發表的研究論文，名為《從錯誤中學習，說得容易做起來難》（*Learning from Mistakes Is Easier Said Than Done*），這是我後來許多研究的前身，也是貫穿我一生心力和本書的主題。[2]

　　我也開始明白，身為一名研究人員，成功的道路上必然會有

失敗。如果你沒有失敗，那麼你就沒有進入新的領域。從早先那
段時間起，在我的腦海中，對「錯誤」、「失敗」和「不幸事件」
等術語開始有更細緻入微的理解。現在我可以和各位分享了。

緒　論

犯錯失敗不一定是壞事

成功就是從失敗中跌跌撞撞地走過來，卻仍不失熱誠。

——邱吉爾

　　人們和組織應該從失敗中學習的觀點很流行，甚至可以說是理所當然的，但大多數人都沒有從失敗中吸取寶貴的教訓。對於反思自己做錯的事情，這種艱難的工作我們會退避三舍。有時，我們不願意承認自己一開始就失敗了。我們對自己的失敗感到難堪，卻又很快察覺別人的失敗。當出現問題時，我們會否認、掩蓋，然後迅速甩開問題，或者將問題歸咎於環境和他人。每個小孩早晚都會學會透過把矛頭指向別處來逃避責備。久而久之，這就成了習慣。更糟糕的是，這些習慣讓我們迴避那些可能會失敗的遠大目標或挑戰。結果，我們失去無數學習和發展新技能的機會。人類心理、社會化和制度獎勵的結合，造成有害的影響，使得掌握好好從失敗中學習成長的這門科學，難度大大增加。

　　我們未能從失敗中學習而浪費的時間和資源，是無法計算的。同樣，我們也很難衡量它所造成的情感損失。我們大多數人都會設法避免經歷失敗，從而剝奪自己去冒險、去成就，甚至去愛的經歷。

　　本書談論在我們的日常生活和我們建立的機構中，難以付諸實踐的原因；也談到我們如何才能做得更好。正如你已經讀到的，我不僅研究錯誤和失敗，我自己也經歷過很多錯誤和失敗，必須親身學習如何更好地對待自己如此容易犯錯的情形。我的論文被頂尖期刊拒絕的次數多得數不清。我的車曾在路邊拋錨，讓我度過一個危險不安的夜晚，思考如何做預防性保養；許多年前，我在大一時，第一學期的多變數微積分考試不及格；我錯過重要的少棒比賽，讓我的兩個兒子都很失望；這樣的例子不勝枚舉，還有很多。為了正視自己的缺點，也為了幫助別人做到這一點，我決定以科學的方式來看待它。

　　我相信，要想成功地駕馭失敗，獲得回報，而且更重要的是，要盡可能避免錯誤的失敗，首先要明白，並非所有的失敗都是一樣的。正如你在本書中將看到的，有些失敗可以合理地稱為糟糕的失敗。幸運的是，其中大部分失敗都是可以預防的，甚至有些其他失敗確實是好的，可以帶來重要的發現，改善我們的生活和世界。為了避免你誤解，我經歷過一些糟糕的失敗，也經歷過一些好的失敗。

　　本書提供失敗的類型，幫助你從應該努力避免的失敗中，把「正確犯錯」區分出來。你還將學習如何以不同的方式看待自己和失敗，辨識可能失敗的情境，並理解系統的作用，所有這些都是掌握好好從失敗中學習成長的這門科學的關鍵能力。你會遇到一些來自不同領域、跨越不同地區和時代能夠運用失敗的精英。

正如他們自身的例子所示，從失敗中學習需要情緒上的堅忍和技巧。這需要學習如何進行深思熟慮的實驗，如何對失敗進行分類，以及如何從各種類型的失敗中汲取寶貴的經驗教訓。

本書的框架和課程是我25年來身為社會心理學和組織行為學研究人員的直接成果。我以這個角色在企業、政府機構、新創公司、學校和醫院採訪員工，並從問卷調查和其他來源收集資料。在與這些不同組織中的數百人（經理、工程師、護士、醫生、執行長和一線員工等）交談時，我開始發現一些規律，這些規律產生新的失敗類型，以及一系列管理失敗和從失敗中學習的最佳實務做法。

讓我們回到這段漫長旅程的起點，它始於我參與一項關於醫院用藥錯誤的開創性研究。

從錯誤中學習，說得容易做起來難

我坐在那裡，目瞪口呆地盯著電腦螢幕，螢幕上赫然顯示我的研究假設沒有得到支撐。我的第一個念頭是：我怎麼能向我的主管和帶領這項研究的醫生承認我犯了這麼大的錯誤呢？我花了數百個小時設計這項調查，每兩週參加一次研究會議，與醫生和護士一起追蹤附近兩家醫院的用藥錯誤紀錄，並定期在護理人員舉報重大錯誤後，立即跳上腳踏車前往醫院，採訪相關人員，找出錯誤的根本原因。我受託負責醫療錯誤的資料，並獲准讓數百名忙碌的醫生和護士填寫我的調查問卷。我為佔用他們的寶貴時間而感到內疚，並為自己的失敗感到羞愧。

利普（Lucian Leape）醫生是這次失敗我必須談論的人其中之一，他是一名小兒外科醫生，在職業生涯後期，他將專業注意力轉向醫療錯誤研究。利普身高超過180公分，有著濃密的白髮和眉毛，既慈祥又令人生畏。他的決心也很堅定。這項大型研究的目標很簡單：衡量醫院的用藥錯誤率。當時，人們對錯誤發生的頻率所知甚少，利普和他的同事獲得美國國家衛生研究院（National Institutes of Health）的資助，希望能找出答案。此外，一些航空研究顯示，駕駛艙內更好的團隊合作意味著更安全的飛行，利普因此受到啟發，而提出問題：醫院是否也同樣如此。

啟發利普的航空研究並不是要研究團隊合作，而是要研究駕駛艙內的疲勞程度，這是另一個假設錯誤的研究。美國國家航空暨太空總署（NASA）的一個研究小組在人為因素專家弗西（H. Clayton Foushee）的帶領下進行一項實驗，測試疲勞對錯誤率的影響。[1]他們有20個兩人小組，其中10個小組被分配到「值勤後」或「疲勞」狀態。這些小組在模擬機中「飛行」，就像在他們工作的短程航線航空公司中進行為期三天的最後一班飛行一樣。疲勞的小組已經進行三次每天八到十小時的輪班飛行，這些輪班至少包括五次起飛和降落，有時甚至多達八次。其他十個小組（「執勤前」、休息充足的狀態）則在至少休息兩天後在模擬機上飛行。對於他們來說，模擬機就像他們三天輪班的第一班。

模擬機提供安全的學習環境。我採訪過的機師說，模擬機看起來和感覺就像真實的駕駛艙，出錯時他們會感到害怕，但模擬機中的錯誤不會導致飛機墜毀。這使模擬機成為反思出錯的理想環境，從而改善在真實航班中安全運輸數百名乘客所需的技能。這些特點也使模擬機成為一個很好的研究工具。雖然隨機指派疲憊的機師來駕駛運送真正乘客的真正航班是不道德的，但在模擬機中進行實驗是沒有問題的。

　　令弗西驚訝的是，剛剛一起飛行幾天的小組（疲勞的小組）表現比那些休息充分的小組更好。正如所料，疲勞的個別機師比休息充分的機師犯的錯誤更多，但由於疲勞小組的機師在多次飛行中一起工作過一段時間，所以他們身為團隊一員犯的錯誤更少。顯然，他們能夠順利地合作，在整個飛行過程中發現並糾正彼此的錯誤，避免嚴重的事故。疲勞的飛行員在一起工作幾天後，基本上都變成優秀的團隊。相比之下，休息充足的機師彼此不熟悉，團隊合作的效果就沒有那麼好。

　　關於駕駛艙內團隊合作重要性的這個驚人發現，推動一場名為「組員資源管理」（crew resource management）的航空客運革命，也是當今客運航空非常安全的部分原因。[2]這項令人印象深刻的研究是我所謂「好好從失敗中學習成長的這門科學」的眾多例子之一。

　　1980年代，對駕駛艙機組人員的研究蓬勃發展，其中包括哈佛大學心理學教授哈克曼（J. Richard Hackman）的研究，他研究了民航和軍用飛機上機師、副駕駛和領航員的相互影響，以了解高效團隊的共同點。[3]他對駕駛艙機組人員的研究引起利普的注意。利普認為駕駛艙機組人員和醫院臨床醫生的高風險工作相似，於是拿起電話，詢問哈克曼是否願意為他的用藥錯誤研究提供幫助。由於沒有時間投入到這個計畫中，哈克曼建議我這個在他底下的博士生代替他去研究。就這樣，我發現自己趴在這堆研究成果上，感到焦慮不安。

　　我希望在航空研究的基礎上，為團隊效率的文獻添加另一個小發現。研究問題很簡單：醫院中更好的團隊合作是否會減少錯誤？我的想法是在這個新的情境下複製航空方面的研究結果。如果這不是一項重大發現，那又怎樣？身為一名研究所新生，我沒有想讓世界為之震驚，只是為滿足課程要求罷了。我只求結果簡單、不出人意料就好。

　　一個由護士組成的小團隊將在醫院病房裡辛苦工作六個月，追蹤錯誤率，與其他醫生和護士交談，每週多次檢查患者的病歷。我所要做的就是在為期六個月的研究中，在第一個月到病房分發一份調查問卷，以衡量醫護人員在這些病房的團隊合作情況。然後我必須耐心等待錯誤資料的收集，這樣我就可以比較兩組資料——將我的團隊測量的數據與整整六個月收集的錯誤數據聯繫起來。我有哈克曼現成的「團隊診斷調查問卷」，這樣我就可以開始衡量團隊效率了。[4]我與研究團隊的醫生和護士合作，修改問卷中的措辭，加入許多選項來評估團隊合作的不同面向，例如「本單位的醫護成員非常關心這裡，共同努力使其成為醫院最好的單位之一」和「本單位的醫護成員互相分享彼此的特殊知識和專業知識」，或者增加負面措辭的選項，例如「本單位的某些人沒有承擔其應有的工作量。」回答選項從「強烈同意」到「強烈不同意」。我計算個人對這些問題類型回答的平均值，以評估團隊合作的品質，然後再次平均計算出每個團隊的得分。我發出去的問卷中有55%得到回覆，而且資料顯示各團隊之間存在很大差異。有些團隊似乎比其他團隊更有效率。到目前為止一切還不錯。

這些差異會預測團隊犯錯誤的傾向嗎？

乍看之下，一切看起來沒問題。我立即發現錯誤率和團隊效率之間的相關性，而且更好的是，它具有統計上的顯著性。對於那些沒有學過統計課程的人來說，這令人放心。

但後來我仔細看了一下！我靠向電腦螢幕，我發現相關性的方向是錯誤的，資料與我預測的正好相反。優秀團隊的錯誤率似乎更高，而不是更低。我的焦慮加劇了，胃裡有一種下沉的感覺。

雖然當時我還不知道，我這個不再簡單的研究計畫正在產生一項智慧型失敗，這將帶來一個意想不到的發現。

研究中常常會有令人驚訝的事情發生，通常是對研究人員的假設不利的消息。如果不能忍受失敗，科學家的生涯就無法長久，我很快就明白這一點。探索故事不會以失敗告終，失敗是成功路上的墊腳石。在這方面有很多流傳的名言金句，貫穿在本書中，每一句都是很有道理的。這些資訊豐富、但仍不令人樂見的失敗是正確的犯錯。

在新領域犯錯

正如我的同事、杜克大學教授西特金（Sim Sitkin）在1992年首次提出的那樣，這些失敗是「智慧的」（intelligent），因為它們需要縝密的思考，不會造成不必要的傷害，還會產生有用的學習成果，從而增進我們的知識。[5]儘管矽谷和世界各地都在談論要讚揚失敗，但只有智慧型失敗才是真正值得讚揚。[6]它們也被稱為聰明的失敗或好的失敗，最典型出現在科學領域，在成功的實驗室裡失敗率可能高達70%或更高。智慧型失敗在公司創新計畫中也很常見，而且必不可少，例如，製造流行的廚房新工具。只有從一路上不斷增加的損失中，獲得深刻的洞察力，才可能有成功的創新。

在科學中，就像在生活中一樣，智慧型失敗是無法預測的。由共同的朋友安排的相親可能會以一個乏味的夜晚收場（失敗），即使這位朋友有充分的理由相信你們會喜歡對方。無論智慧型失敗是小（無聊的約會），還是大（失敗的臨床試驗），我們都必須歡迎這種類型的失敗，將其視為進入新領域混亂旅程的一部分，無論它是會帶來拯救生命的疫苗，還是人生的伴侶。

智慧型失敗提供寶貴的新知識，帶來新發現，在必須進行實驗的時候，就會發生智慧型失敗，其中的原因很簡單，因為答案無法提前知道。也許某種特定的情況以前從未發生，也許某個人真正站在某個研究領域的探索最前線。發現新藥、推出全新的商業模式、設計創新產品或在全新市場上測試客戶反應，這些任務都需要智慧型失敗才能取得進展和成功。「嘗試錯誤」是這些環境中所需的實驗會常用的術語，但這麼說用詞不當，錯誤意味著一開始就有「正確」的方法，智慧型失敗並不是錯誤。如果我們希望學會充分利用失敗，本書將詳細闡述這一點以及我們必須做出的其他重要區分。

解決難題

那天在威廉詹姆斯大廳，我盯著我的舊Mac螢幕上顯示的失敗，努力讓自己思路清晰，拋開焦慮，因為當我想像著自己這個卑微的研究生，必須告訴受人尊敬的哈克曼我錯了，航空業的結果在醫療保健領域並不成立時，這種焦慮只會加劇。也許正是這種焦慮迫使我深入思考，重新思考我的結果可能意味著什麼情況。

更好的團隊真的會犯更多錯誤嗎？我想到醫生和護士之間需要進行溝通，以便在這種長期複雜和客製化的工作中提供無差錯的護理。這些臨床醫生需要尋求幫助，仔細檢查劑量，並對彼此的行為提出疑慮，他們必須快速地協調。良好的團隊合作（我並不懷疑我的調查資料的真實性）會導致更多錯誤，這說不通。

否則為什麼更好的合作團隊會出現更高的錯誤率？

如果這些團隊創造出更好的工作環境呢？如果他們營造出一種開放的氛圍，讓人們覺得能夠暢所欲言呢？如果這種環境讓人們更容易坦誠地面對錯誤呢？犯錯是人之常情，錯誤總會發生，唯一真正的問題是我們是否能發現、承認，並糾正錯誤。我突然想到，也許優秀的團隊沒有犯更多的錯誤，也許他們會舉報更多的錯誤。他們的做法相反，反對將錯誤視為無能的普遍觀點，這種觀點導致人們都會壓抑，不去承認錯誤（或否認自己對錯誤的責任）。這阻礙了對錯誤的系統分析，而系統分析可以讓我們從中吸取教訓。這個見解最終讓我發現心理安全感，以及為什麼它在當今世界的重要性。

　　有了這個見解來證明還遠遠不夠，當我把這個想法告訴利普時，他起初非常懷疑。我是團隊裡的新手，其他人都擁有醫學或護理學位，對病人護理有著深刻的理解，而我卻永遠無法懂得。面對他的不予理會，我的失敗感更加強烈了。在那些憂慮的時刻，利普提醒我，他能理解我的無知。我在間接指出各團隊的報告存在偏差，這實際上是在質疑整個研究的主要目標：為醫院護理的實際錯誤率提供良好的估算。但事實證明，他的懷疑也是一項禮物，迫使我加倍努力，思考哪些額外的資料可以用來支持我對失敗結果（新的、且仍然不可靠）的解釋。

　　我冒出兩個想法。首先，由於整個研究的重點是錯誤，當我編輯給團隊的調查問卷，使當中的措辭適合醫院的工作時，我添加一個新問題：「如果你在這個單位犯了錯，不會被追究。」幸運的是，這個問題與檢測到的錯誤率相關。愈多的人相信犯錯不會被追究責任，他們的單位檢測到的錯誤率就愈高！這會是巧合嗎？我不這麼認為。後來的研究顯示，這個問題明顯能夠預測人們是否會在團隊中發言，這與其他幾項輔助統計分析完全符合我的新假設。當人們相信錯誤會被追究時，他們就不願意舉報錯誤。當然，我自己也有這種感覺！

　　其次，我想客觀地了解這些工作團隊之間的工作環境是否可能存在明顯的差異，儘管它們都處於同一個醫療系統中。但我自己做不到客觀：我是偏向於發現這些差異的。

　　哈克曼與最初持懷疑態度的利普不同，他立即意識到我的新論點的合理性。在哈克曼的支持下，我聘請一位研究助理莫林斯基（Andy Molinsky），讓他不帶成見地仔細研究每個工作團隊的情況。[7] 莫林斯基不知道哪些單位失誤較多，也不知道哪些單位在團隊調查中得分較高；他也不知道我的新假設。用研究術語來說，他是雙盲的。我只是要求他試著了解在每個單位工作的情況。於是，莫林斯基對每個單位進行了幾天的觀察，靜靜地觀察人們是如何互動的，並在休息時間採訪護士和醫生，以更了解工作環境以及各個單位之間的差異。他記錄所觀察到的情況，包括記下人們對在自己單位工作的評價。

　　在我沒有提示的情況下，莫林斯基報告說，作為工作場所，研究中的醫院單位似乎有很大的不同。在某些單位，人們公開談論錯誤。莫林斯基引用護士的話說，「會發生一定程度的錯誤的」，因此「非懲罰性的環境」對於良好的患者照護至關重要。在其他單位，公開談論錯誤似乎幾乎是不可能的。護士們解釋說，犯錯意味著「你會有麻煩」或者你會被「審判」。他們報告說，因為出現問題而感到被輕視，「就像我是一個兩歲的小孩一樣」。他的報告讓我聽到很開心。這正是我懷疑可能存在的工作環境差異。

　　但這些氛圍差異是否與醫學研究人員煞費苦心收集的錯誤率相關呢？總之，是的。我讓莫林斯基把他研究過的團隊從最開放到最不開放排序，他用這個詞來解釋他的觀察結果。令人驚訝的是，他的清單與檢測到的錯誤率幾乎完全相關。這意味著此研究的錯誤率衡量標準存在缺陷：當人們感覺無法揭露錯誤時，許多錯誤就會被隱藏起來。綜合起來，這些輔助分析，顯示我對這一意外發現的解釋可能是正確的。我靈光乍現的想法是這樣的：更好的團隊可能不會犯更多的錯誤，但他們更能夠討論錯誤。[8]

發現心理安全感

　　很久以後我用「心理安全感」一詞來捕捉工作環境中的這種差異，我開發了一套調查問題來衡量這種差異，從而催生出組織行為研究的一個子領域。[9]如今，從教育、商業到醫學等領域的一千多篇研究論文顯示，心理安全感較高的團隊和組織，他們的表現更好，倦怠程度較低，而且這類團隊在醫學領域，患者的死亡率甚至更低。[10]為什麼會出現這種情況呢？因為心理安全感有助於人們在瞬息萬變、相互依存的世界中承擔實現卓越所需的人際風險。當人們在心理安全的環境中工作時，他們知道問題會受到重視，想法會受到歡迎，錯誤和失敗是可以討論的。在這些環境中，人們可以專注於工作，而不必擔心別人對他們的看法。他們知道，犯錯不會對自己的聲譽造成致命打擊。

　　心理安全感在好好從失敗中學習成長的科學方面發揮著重要作用，允許人們在遇到困難時尋求幫助，這有助於消除可預防的失敗；可以幫助人們舉報錯誤，從而發現並糾正錯誤，避免更糟糕的結果，並且可以讓人們透過深思熟慮的方式，進行實驗，以產生新的發現。想想你在工作、學校、體育運動或社區中參加過的團隊，這些團體的心理安全感可能有所不同。也許在某些團隊中，你可以完全放心地說出新想法，或者不同意團隊領導者的意見，或者在你無法勝任理解時尋求幫助。而在其他團隊中，你可能會覺得最好還是忍耐一下比較好，看看會發生什麼事，或者看看其他人做了什麼、說了些什麼，然後再挺身而出。這種差異現在被稱為心理安全感，我在研究中發現，這是群體浮現的屬性，而不是個人之間的差異。這意味著，你對在工作中勇於發言是否安全的看法，與你是外向還是內向無關，反而是由你周圍的人對你和其他人的言行做出的反應所決定的。

與心理安全感低的團隊相比，心理安全感較高的團隊可能更具創新能力，工作品質更高，績效更好。造成這些不同結果的最重要原因之一是，在有心理安全感的團隊中，人們可以承認自己的錯誤。在這些團隊中，大家覺得可以坦誠相待。在這樣的團隊中工作並不是始終有趣，當然也不一定舒服，因為有時你會經歷困難的對話。團隊中的心理安全感幾乎等同於團隊中的學習環境。每個人都會犯錯誤（我們都會犯錯），但並不是每個人都在可以輕鬆談論錯誤的團體中。如果沒有心理安全感，團隊就很難學習和有好的表現。

什麼是正確犯錯？

你可能認為，正確犯錯就是遭受盡可能小的失敗。大的失敗是壞的，小失敗是好的。但實際上，失敗的規模並不能讓你學會區分失敗的方式，也不能讓你評估失敗的價值。好的失敗是會給我們帶來有價值的新資訊,而這些資訊是無法以其他方式獲得的。

每一種失敗都會帶來學習和改進的機會。為了避免浪費這些機會,我們需要綜合運用情感、認知和人際交往的技能。我希望通過本書的闡述,能讓你輕鬆地立即開始運用這些技能。

但在我們進一步討論之前,需要先給失敗下幾個定義。我把「失敗」定義為偏離預期成果的結果,無論是未能贏得期望的金牌;還是一艘油輪將數千噸原油洩漏到大海,而不是安全抵達港口;抑或是一家新創公司股價暴跌;還是把晚餐的魚煮過頭了。簡而言之,失敗就是沒有成功。

接下來,我把「錯誤」(error,與另一個英文字mistake同義)定義為意外偏離預先指定的標準,例如流程、規則或政策等標準。把麥片放在冰箱裡,把牛奶放在櫥櫃裡就是一個錯誤。外科醫生在患者右膝受傷的情況下,對左膝進行手術,這也是一個錯誤。關於錯誤有一點很重要,就是它們是無意的。小錯誤可能會產生相對較小的後果——麥片存放在冰箱裡會不方便,牛奶留在櫥櫃裡可能會壞掉;而其他大錯誤,例如患者接受了錯誤部位的手術,則會產生嚴重的影響。

最後,當一個人故意違反規則時,就會發生「違規行為」。如果你故意把易燃油倒在抹布上,點燃火柴,然後把它扔進敞開的門口,那麼你就是縱火犯,觸犯了法律。如果你忘記妥善存放浸過油的抹布,導致它自燃,那麼你就是犯了過錯。

所有這些術語都可能讓人情緒負擔沉重,以至於我們可能很想轉身逃跑。但這樣一來，我們就錯過一趟理智上（和情感上）滿足的旅程，失去學習與失敗共舞的機會。

壞的失敗，好的失敗

也許你與許多人一樣，內心深處相信失敗是壞事。你聽說過關於擁抱失敗的新論調，但發現在日常生活中很難認真對待這種觀點。也許你還認為，從失敗中學習是非常簡單明瞭的：反思你做錯了什麼，好比說在數學課上不夠努力，把船開得離岩石太近，下次做得更好就可以了，無論是透過更多的學習，還是確保你擁有最新的地圖來準確導航。這種方法認為失敗是可恥的，並且很大程度上是失敗者的錯。

這種想法極為普遍，也是受到了誤導。

首先，失敗並不一定是壞事。今天，我毫不懷疑，我沒有為我的第一項研究的簡單研究假設找到支持證據，這是我研究生涯中發生過的最好事情。當然，當時的感覺並非如此。我感到尷尬，害怕我的同事不會讓我留在研究團隊裡。我的思緒蔓延到了從研究所退學後的下一步打算。這種無益的反應說明為什麼我們每個人都必須學會深呼吸、重新思考，並重新假設。這個簡單的自我管理任務是好好從失敗中學習成長的這門科學的一部分。

其次，從失敗中學習並沒有聽起來那麼容易。儘管如此，我們還是可以學會如何做好這件事。如果我們想超越膚淺的教訓，我們需要拋棄一些過時的文化信念和對成功的刻板觀念。我們需要接受自己是容易犯錯的人，並從這一點出發。

未來旅程的路線圖

我希望這本書提供的框架能夠幫助你思考、談論和練習失敗，讓你工作和生活得更加愉快。

第一篇在介紹失敗類型的框架，第一章提供失敗科學的關鍵概念，接下來的三章描述三種失敗原型：智慧型、基本型和複雜型。理解這種分類法，你就能更深入地了解失敗的機制以及好好接受失敗並從中學習成長的含義。這將幫助你設計自己的實驗，以超越自我施加的限制或其他方面的限制。我將分享與每種失敗類型相關的最佳實務做法，以便從中學習以及預防其中某些失敗。對失敗情況的調查將幫助你真正歡迎好的失敗類型，同時更能從各種失敗中學習。

智慧型失敗是第二章的主題，這是進步所必須的「好的失敗」，這些大大小小的發現，推動科學、科技和我們生活的進步。嘗試新事物的開拓者總是會遇到意想不到的問題。關鍵是從中吸取教訓，而不是否認或對這些問題感到難過、放棄或假裝本來應該是其他的結果。

第三章深入探討**基本型失敗**，這是最容易理解和最可以預防的失敗。基本型失敗是由錯誤和疏忽引起的，只要小心並掌握相關知識，是可以避免的。誤把一封寫給你妹妹的電子郵件，發送給老闆就是一個基本型失敗。確實，有些人可能會說這是災難事件，但它仍然是基本型失敗。查核清單只是你將學到用於減少基本型失敗的工具之一。[11]

　　儘管基本型失敗可能是有害的，第四章中描述的「**複雜型失敗**」才是在我們的工作、生活、組織和社會中愈來愈突顯的真正怪物。複雜型失敗的起因不是單一的，而是多重的，而且常常還伴隨著一些運氣不佳的因素。由於我們在日常生活中面臨固有的不確定性和互相依賴性，這些不幸的崩壞情況將始終伴隨著我們。這就是為什麼在小問題失控導致更嚴重的複雜型失敗之前，要能及時發現，這成為現代世界的一項重要能力。

　　第二篇將介紹我對**自我覺察、狀態意識**（situation awareness）[12]和**系統意識**的最新想法，以及這些能力與三種失敗類型之間的交集。這將是一個更深入研究策略和習慣的機會，讓人們在工作和生活中實踐好好從失敗中學習成長的科學。第五章探討**自我覺察**及其在失敗科學中的關鍵作用。人類具有持續自我反省、謙遜、誠實和好奇的能力，這些促使我們尋找能夠洞察自身行為的模式。第六章深入探討**狀態意識**，學習如何解讀特定情況的失敗可能性，你將了解哪些情況可能會發生意外，從而有助於避免不必要的失敗。第七章介紹**系統意識**，我們生活在一個系統複雜的世界，我們的行為會引發意想不到的結果，但學會觀察和充分理解系統，比如家庭、組織、自然或政治，可以幫助我們防止很多失敗。

　　這些觀點和框架匯集在一起，幫助我們回答第八章中的問題：**犯錯是難免的，要如何成長進步**。每個人都會犯錯，問題在於，我們是否，以及如何利用這一事實，永無止境地學習，打造充實的人生。

第一篇

辨別三種失敗類型

第一章

如何正確犯錯

> 不怕經歷重大挫敗的人，才有機會獲得過人的成就。
> —— 羅伯特·甘迺迪（Robert F. Kennedy）

1951年4月6日，41歲的心臟外科醫生丹尼斯（Clarence Dennis）在最先進的手術室裡為五歲的安德生（Patty Anderson）進行手術，[1] 情況並不樂觀。這個女孩被診斷患有罕見先天性心臟病，丹尼斯是發自內心迫切地想要救她。幾位明尼蘇達州大學附設醫院的同事，從觀術看台上觀摩丹尼斯把新的人工心肺機（heart-lung bypass machine）連接到女孩身上。在手術期間，人工心肺機可以充當患者的肺和心臟，在當時這項技術還沒普及，僅以實驗室的狗做為測試對象。人工心肺機的操作方式相當複雜，整個手術過程需要有16個人的協助，才能順利進行。人工心肺機的旋轉圓盤就像是人體的肺部，幫浦像是心臟，機器的管線則像是能把血液輸送到全身的血管。

丹尼斯是1950年代少數的外科先驅，他們決心尋找方法，要替活著的病人進行心臟手術。當時最難克服的障礙，就是控制切入病人心臟後猛烈噴出的血液。畢竟，心臟的功能就是不斷地輸血。另一個挑戰，則是為還在跳動的心臟進行精細的修復手術。要縫合完全靜止的器官就不簡單了，更何況是還在跳動的心臟。若是為了進行手術而中止心臟跳動，會阻礙人體血液的流動，患者將無法存活。丹尼斯設計的複雜機器就是為了解決以上的棘手問題。

下午1點22分，丹尼斯指示醫療團隊綁住安德生的心臟，並啟動幫浦。很容易想像，切開第一個切口的當下，整個團隊都屏住了呼吸。

接著，發生了令人意想不到的事情。當外科醫生切入小朋友心臟的右上心室時，太多的血液湧入心臟周圍的區域，醫療團隊來不及適當地抽吸血液。情況非常不對勁，切口顯示原來的診斷是錯誤的。安德生的心臟不只有一個洞，情況遠比醫師們想得更糟，她的心臟中央有好幾個洞，現場的外科醫師沒有遇過這樣的情況。丹尼斯和醫療團隊盡可能快速縫合切口，在最大的洞上縫了11針，然而血液大量湧出，遮擋醫療團隊的手術視野，修復工程變得更加艱難。40分鐘後，他們把儀器從女孩身上移開；又過了另外43分鐘，丹尼斯才承認失敗。安德生在六歲生日的前一天去世。

一個月後，丹尼斯再次執行相同的手術，他與一位同事一起為兩歲的賈奇（Sheryl Judge）進行手術，當時32歲的李拉海（Clarence Walton "Walt" Lillehei）後人稱之為「開心手術之父」）觀察到一件事——賈奇被診斷患有心房中膈缺損（atrial septal defect），也就是心臟的兩個心室之間的壁膜上有一個洞。與安德

生的情況類似，若無法及時給予適當的治療，這種先天性疾病會
很快讓孩子沒命。

　　然而這一次，當醫生打開心臟時，出現了不同的問題：冠狀
血管逐漸漏出空氣，因此阻礙到患者的血液流動。醫療團隊的一
名技術人員（後來發現他患有輕度感冒）誤將機器儲存的乾淨血
液放至乾涸，反而給患者打入更多空氣，毒害了她的大腦、心臟
和肝臟，後果不堪設想。執行手術八小時後，賈奇離世了。在這
個案例中，一個仍然非常陌生領域的手術過程發生了一起人為錯
誤的悲劇，打亂了外科醫生試圖突破醫學潛力極限的成果。

　　這些毀滅性的失敗對我們大多數人來說是難以想像的，對
於執行攸關生死的實驗，我們甚至可能會感到憤怒。然而對於患
者來說，手術修復能給他們一線生機。回過頭來看，我們可以發
現，當今大多數被視為理所當然的醫學奇蹟，包括對病變血管和
瓣膜進行開心手術，曾經是醫界先驅不可能實現的夢想。正如心
臟病專家弗雷斯特博士（James Forrester）寫道：「在醫學領域，
我們從錯誤中學到的東西比從成功中學到的東西更多，因為錯
誤能揭露真相。」[2]但弗雷斯特的這句話本身並不能讓我們輕鬆
應對失敗帶來的痛苦副作用。我們需要更多的協助，才能克服情
緒、認知和社交障礙，從而接受失敗，學到教訓與改進。

為何接受失敗這麼難？

　　接受失敗是很難的，原因有三：**厭惡**、**混淆**和**恐懼**。厭惡是
指對失敗的本能情緒反應。當我們缺乏一個簡單實用的框架來區

分失敗類型時，就會產生混淆，而恐懼來自於社會對失敗的汙名。

在我們的日常生活中，大多數人都不會面臨丹尼斯所經歷過的那種高風險的失敗，但是，向丹尼斯這種運用失敗的精英學習，仍然會給我們帶來啟發，就像觀看職業運動賽事可以幫助和激勵週末才運動的人一樣。即使你不是醫學先驅或職業運動員，了解他們為了提高自己的技術所面臨和克服的困難，也會有所幫助。如果我們接受羅伯特・甘迺迪在本章開頭所說的觀點，即偉大的成功通常需要經歷重大挫折，那麼我們大多數人都有進步的空間。

儘管那年四月在明尼亞波利斯的手術失敗了，沒有成為第一例成功的開心手術，但如今全球6000個中心，每年都有一萬名外科醫生會執行超過200萬例此類能挽救生命的醫療手術，通常使用的是當年丹尼斯人工心肺機所衍伸的先進、精簡版本。[3]丹尼斯和他的團隊又花了四年時間，才用這台機器成功進行第一次手術，手術地點是紐約州立大學下州醫療中心（SUNY Downstate Medical Center）。在這四年中，丹尼斯和其他外科醫生在這些早期機器上不斷遇到挫敗，但他們嘗試其他創新方法，來解決心臟手術的棘手問題，也遇到大大小小的失敗（同時也取得一些小成功）。

厭惡：對失敗的本能情緒反應

失敗從來都不是一件有趣的事，這一點在生死攸關的醫院裡體現得更為明顯。但即使是我們一般的失敗——我們的小錯誤、不重要的事給做錯了、我們希望勝利卻遭遇小挫敗，也可能比想像中還要痛苦、難以接受。你在人行道上絆了一跤；在會議上說了一句不中聽的話；在一場即興的足球比賽中，你是最後一個被選中的孩子。當然，這些都是小小的失敗，但對於許多人來說，刺痛的感覺是真實的。

從理性上講，我們知道失敗是生活中不可避免的一部分，當然也是學習的源泉，甚至是進步的必備要件。但是，正如心理學和神經科學研究指出，我們的情緒並不一定跟得上我們清醒的理性認知。大量研究指出，我們處理負面和正面資訊的方式不同。[4]或許你可以說，我們被「負面偏見」所困擾。[5]比起「好」資訊，我們更容易接受「壞」資訊，包括小錯誤和小失敗。與好的想法相比，我們更難放下壞的想法。比起好事，我們對於發生在自己身上的壞事會記得更清晰、更持久。比起正面反饋，我們更關注負面反饋。甚至，比起正向的臉部表情，人們能更快速解讀負面的臉部表情。簡而言之，壞事比好事更強烈。[6]這並不代表我們更認同或更重視負面事物，而是更容易注意到它。

為什麼我們對負面資訊和批評如此敏感？嗯，這似乎為早期人類提供了生存優勢，因為當時遭部落拒絕的威脅可能意味著死亡。這使得我們對威脅異常敏感，即使只是在他人眼中看起來很糟糕的人際關係威脅。如今，我們在日常生活中發現的許多人際關係威脅並不是真正有害，但我們本能地會對它們做出反應，甚至反應過度。我們還遭受著名心理學家康納曼（Daniel

Kahneman）所說的「損失厭惡」的影響，即與同等的勝利相比，我們傾向於過度重視損失，包括金錢、財產，甚至社會地位。[7] 在一項研究中，受試者獲得一個咖啡杯，他們隨後得到出售咖啡杯的機會。[8] 要讓他們放棄杯子，受試者必須獲得兩倍於他們原本願意付費獲得杯子的金額來做為補償。這很荒謬，沒錯，但這也是人之常情。我們不想失去東西，我們不想失敗。即使是在單純的活動中，失敗的痛苦在情緒上也比成功的快樂更為明顯。

對失敗的厭惡是真實存在的。理性上，我們知道每個人都會犯錯；我們知道這個世界很複雜，即使盡力而為，事情還是會出錯；我們知道，如果沒有達成目標，我們應該原諒自己（和他人）。但在大多數家庭、組織和文化中，失敗和過失是密不可分的。

最近，一位在荷蘭的朋友給我講了一個故事，突顯逃避責備是多麼普遍的行為，而且這種推卸責任的習慣很早就已養成。桑德的小車需要修理，修車廠車庫借給了他一輛大型BMW。在開車回修車廠還車的路上，桑德送孩子們去上學。他先把老大送到學校，接著把三歲的孩子送到托兒所。匆忙中，桑德開著車穿過一條狹窄的街道，因為人行道上停滿了汽車，街道變得更加狹窄。突然，砰的一聲！BMW的副駕駛座後照鏡撞到路邊的汽車，孩子當時坐在同一側的後座。不到一秒鐘，孩子就被嚇到，抬頭喊道：「爸爸，我什麼都沒做！」

我們可能會覺得很好笑，後座的三歲孩子不可能要對汽車外後視鏡的損壞負責。顯然，他逃避責備的本能超越了他犯錯的可能性。然而這個故事說明，我們逃避責備的本能是多麼根深蒂固。即使風險很低，逃避責備的本能也會阻礙學習，而且這種情況在童年時期就已經開始存在。達特茅斯學院（Dartmouth College）教授芬克爾斯坦（Sydney Finkelstein）研究了50多家公司的重大失敗案例，他發現，與權力較小的人相比，管理層級較高的人更有可能將責任歸咎於自身以外的因素。[9]說也奇怪，那些權力最大的人似乎覺得自己的控制能力最少。美國總統杜魯門所宣揚的「一切責任在我」的思想就到此為止。[10]

諷刺的是，我們對失敗的厭惡反而會讓我們更容易經歷失敗。當我們不承認或指出小失敗時，就會讓它們變成更大的失敗。如果你拖延告訴老闆一個可能會打亂關鍵專案的問題時，或是錯過客戶的重要截止日期，你就會把可能可以解決的小問題，變成更大、更嚴重的失敗。同樣，在我們的生活中，當我們不承認自己正在掙扎時，我們就得不到所需的幫助。我們對失敗的厭惡，也讓我們在別人失敗時，容易感到如釋重負。我們立刻慶幸失敗的不是自己，我們可能會自然而然地體驗到一種優越感，雖然這種感覺稍縱即逝。更糟糕的是，我們會很快論斷別人的失敗。當我在哈佛商學院課堂上講授重大失敗的深入個案分析時，例如，NASA兩次失敗太空梭任務中的一次任務，三分之一的學生表達了憤怒，有時甚至是憤慨，因為NASA竟然讓這些失敗發生。

感到憤怒和責備是人之常情，但這並不是幫助我們避免失敗和從中吸取教訓的策略。NASA太空梭計畫中的複雜型失敗讓我和我的學生很感興趣，我試圖利用它們來幫助我們這些不是火箭科學家的人，或者不是大型、複雜、高風險業務的管理者，保持開放的心態，並盡可能謙虛地面對NASA面臨的挑戰，從中學習如何在自己的生活中避免某些類型的失敗。

避免複雜型失敗的最重要策略之一，就是強調在家庭、團隊或組織中偏向公開、快速地表達意見。換句話說，在一件小事像滾雪球一樣發展成更大的失敗之前，讓人們在心理上覺得可以安全地坦誠相見。我研究過的許多大型組織失敗案例中，如果人們能夠更早地說出他們初步的擔憂，那麼這些失敗本來是可以避免的。

奇怪的是，無論是小失敗還是大失敗，我們都會感到厭惡。我們想要自我感覺良好（當然這也是心理健康的一個重要因素），我們也想要有所成就。並不是只有懸壺濟世、雄心勃勃的外科醫生才抱有這樣的希望。我們希望我們的孩子能上大學，希望節日永遠快樂。但事實上，我們會說一些令自己後悔的話，公司和產品會失敗，孩子會不順遂，節日會有衝突和失望。仔細審視我們的失敗會讓人情緒不愉快，也會打擊我們的自尊心。如果放任事情不管，我們會加速或完全回避失敗分析。

我還記得在高中籃球隊落選時感到的羞辱。選拔賽的隔天，教練貼出一張紙，上面有兩份名單。左邊是被球隊錄取的人的所有名字，其中有很多是我的朋友和同學。右邊則是那些嘗試徵選但失敗者的名單，名單上只有一個名字：我。這讓我很尷尬，我不想去分析自己為什麼會落選，當然也不想沉浸在這種不愉快的情緒中。我並不是覺得自己技術特別高超，但作為唯一被拒絕的人，我很受傷。當然，我並沒有因為未入選就一蹶不振，但我也沒有花太多時間從此事中學習。

　　一般來說，運動員相對可以深刻理解失敗與成功之間的關係。正如加拿大冰球巨星格雷茨基（Wayne Gretzky）的名言：「如果你不投籃，失誤的機率是百分百。」[11]體育訓練和比賽自然需要接受多次失敗，並從中學習，這是掌握技巧的一部分。足球明星、奧運會金牌得主溫巴赫（Abby Wambach）指出，失敗意味著你「參與其中」。[12]在紐約巴納德學院（Barnard College）2018年畢業典禮演講中，溫巴赫勸告畢業生將失敗當作「燃料」。[13]她解釋說，失敗「並不值得羞愧，而是一種動力。失敗是你生命中辛烷值最高的燃料。」

　　然而，令人驚訝且具有啟發性的是，一項研究發現，在奧運會獲得第三名的銅牌得主似乎比獲得第二名的銀牌得主更快樂、更不容易感到失敗的痛苦。[14]

　　為什麼研究中獲得銀牌的奧運選手會感覺自己失敗，而獲得銅牌的選手卻覺得自己成功呢？心理學家認為，這是「反事實思維」（counterfactual thinking）[15]——人類傾向於用「如果」或「如果我當時……就不會有這樣的結果」來描述事件。銀牌得主因為沒有獲得金牌而失望，他們認為自己的表現相對於贏得金牌來說是失敗的。而獲得第三名的選手認為這個結果是成功的——他們在奧運會上獲得獎牌！他們清楚地意識到，自己很可能會錯過光榮地登上奧運會頒獎台的機會，根本無法帶著獎牌回家。

銅牌得主**重新架構**他們的結果——從失利到收穫。這種簡單並有科學根據的思考框架，給了他們快樂，而不是遺憾。[16]正如你將在本書中學到的，我們如何框架或重新架構失敗，與我們是否能好好接受失敗有很大關係。重新架構失敗是一種提高生活品質的技能，可以幫助我們克服對失敗本能的厭惡。

首先，我們要願意審視自己——不是進行包羅廣泛的自我批評，也不是列舉自己的個人缺點，而是更加意識到人類普遍的天性源於我們的思考方式，並因我們社會化的方式而變得更加複雜。這與反芻式思考（一種無益的重複消極思維過程）或自虐無關，但這可能意味著要審視一下自己的一些特殊習慣。如果不這樣做，我們就很難去嘗試那些幫助我們以不同的方式思考和行動的實務做法。

臨床心理學研究指出，生活中的失敗會引發情緒困擾、焦慮，甚至抑鬱。[17]然而，有些人比其他人的恢復能力更強。是什麼讓他們與眾不同呢？首先，他們比較不會是完美主義者，不太可能用不切實際的標準來要求自己。如果你期望把每件事都做得盡善盡美，或者贏得每場比賽，那麼當目標沒有達到時，你會感到失望，甚至痛苦。相反的，如果你期望盡力而為，接受自己可能無法實現所有願望的事實，那麼你就有可能與失敗建立一種更加平衡和健康的關係。

其次，與焦慮或抑鬱的人相比，恢復能力強的人對事件會做出更正向的歸因。[18]他們向自己解釋失敗的方式是平衡且現實的，而不會誇大、帶有羞恥感。如果你把沒有得到你想要的工作機會，歸因於競爭激烈的求職者群體或公司特殊的偏好，那麼你更有可能從失望中恢復過來，而不是覺得「我就是不夠好」。賓州大學心理學家塞利格曼（Martin Seligman）對歸因風格進行詳細研究，他在1990年代發起一場「正向心理學」革命。[19]塞利格曼將他的領域重點從病理學，轉向研究使個人和社區茁壯成長的人類優勢。他特別研究了人們如何對生活中的事件做出正向或負面的解釋。幸運的是，養成正向歸因是一項可以學習的技能。例如，當你沒有被錄用從事你想要的工作時，也許一位好朋友會幫助你重新架構情況，讓你用建設性的方式來看待此事。如果你把學到的東西帶入你下一次的經歷中，你就會與失敗建立更健康的關係。

請注意，對失敗的健康歸因不僅要保持平衡和理性的心態，而且還考慮到你可能扮演的角色，無論是微小還是重大的貢獻。也許你沒有為面試做好充分的準備，這並不是要自責或沉浸在羞愧中。恰恰相反，重點在於培養自我覺察和信心，繼續學習，做出任何必要的改變，讓下次做得更好。

每個人都容易犯錯，而且還與其他容易犯錯的人一起生活和工作。即使我們努力克服對失敗的情緒厭惡，也不會自動就能有效地面對失敗。我們還需要幫助，來減少輕率地談論失敗而造成的混淆，因為這種情況在創業對話中尤其猖獗。

混淆：並不是所有的失敗都一樣

　　儘管「快快失敗，常常失敗」已成為矽谷頌揚失敗的口號，企業失敗派對和失敗履歷也變得流行起來，但書籍、文章和podcast中的討論大多膚淺簡單，空談多於實際。例如，很明顯，沒有一家公司應該為汽車生產線經常出現故障的工廠經理舉行慶祝活動，我們也不會為心臟外科醫師的手術失敗而感到開心。難怪我們會混淆！

　　幸運的是，透過了解三種類型的失敗，以及情境差異的重要性，可以減少這種混淆。例如，在某些情況下，關於如何實現預期結果的知識非常發達，使得例行公事和計畫通常按預期展開；例如，按照食譜烤蛋糕，或在抽血檢驗室為病人抽血，我稱這些為「一致的情境」。其他時候，你處於全新的領域，所以被迫嘗試各種方法，看看哪種方法有效。我們在本章開頭遇到的心臟外科先驅們顯然是在新的領域當中，他們的失敗大多數都是智慧型失敗。其他「不同尋常的情境」則包括設計新產品，或弄清楚如何在全球疫情期間為數百萬人提供防護口罩。

　　比起在一致的情境中，在不同尋常的情境中更容易失敗，所以我們不會對此感到沮喪，對嗎？錯了。你的杏仁核，就是大腦中負責啟動戰鬥或逃跑反應的那個小區域，無論在什麼情境下都會檢測到威脅。[20]與此相關的是，你可能會驚訝地發現，無論實際危險程度如何，你對失敗的負面情緒反應都可能驚人地相似。但是，簡單地區分失敗的類型，可以幫助我們對失敗做出健康的歸因，從而抵消杏仁核的機制。

　　除了不同尋常和一致的情境之外，我們都經常發現自己處於「多變的情境」，在某些時刻，雖然我們已經掌握處理該特定類型情況的知識，但人生卻給你帶來突如其來的問題。例如，在醫院急診室工作的醫生和護士，無論經驗如何豐富，都可能會遇到病人出現一連串以前未見過的症狀，就像在新冠病毒爆發初期那樣。機師必須在突發天氣情況下，做好飛行的準備。在日常生活中，我們會遇到這樣的情況，雖然我們擁有豐富的先驗知識（prior knowledge），[21] 但仍然面臨明確的不確定性，即使經驗豐富的老師也無法預先知道新班級的學生會帶來什麼樣的挑戰。如果你搬到一個新地方或接受一份新工作，你永遠無法確定自己是否能夠適應，即使你已經與那裡的人交談，也嘗試了解那裡的文化。在你到達之前，你只能對那裡的情況，根據消息來進行預測，而不能保證一定準確。

　　多年來，我研究了在製造生產線（一致的情境）、企業研發實驗室（不同尋常的情境）和心臟外科手術室（多變的情境）工作的人員。我注意到不同的組織情境對失敗會有不同的預期，如表1.1所示。[22] 然而，儘管常識告訴我們，與生產線相比，實驗室裡的人應該對失敗不那麼敏感，但事實並不一定是如此。沒有人喜歡失敗，這就是事實。

　　對於生活中的事件，我們大多數人都不會停下來挑戰自己的本能情緒反應，但你可以學習做到這一點，這是一項關鍵的技能，可以為你的生活帶來更多的學習和樂趣。想像一下，你加入社區網球隊，希望從中獲得樂趣，並提高你的球技。一開始，你會犯很多錯誤，對手的很多球都無法回擊。你會有什麼感覺？沮喪嗎？當然不是。你強迫自己記住，你只是想在一項新活動中表現得更好。當你教家裡的青少年開車時，一開始最好是在一個空曠的大停車場裡練習，你不會因為他出錯，變成是往後倒車或熄火，而對他大忽小叫。相反的，你會用鼓勵的聲音和他講清楚發生什麼事情，以及下次要做什麼。在你的家庭或你關心的社會團體中，就期望和失望進行更誠實、更合乎邏輯的對話是一種解脫。第五章將談到，你可以學習認知技能來有效地處理失敗，而不是痛苦地處理失敗。

情境類型和失敗類型之間的相關性很大，例如，科學實驗室的情境和「智慧型失敗」顯然密切相關），但情境和失敗類型並非百分之百一致的。當科學家誤用錯誤的化學物質時，實驗室中可能會發生基本型失敗，浪費材料和時間。同樣，當深思熟慮的流程改進建議未能如願奏效時，生產線上就會出現智慧型失敗。儘管如此，了解情境的作用可以幫助你預測可能發生的失敗類型，這一點將在第六章中進行探討。

我們對失敗的混淆導致不合邏輯的政策和做法。例如，2020年4月我與一家大型金融服務公司的主管會面時，他們解釋說，當前的商業環境使得失敗暫時變得有些「禁忌」。這些商界領袖對經濟環境日益受到全球疫情挑戰的擔憂是可以理解的，他們希望一切都盡可能順利。大體來說，他們真誠地渴望從失敗中學習。但他們告訴我，在經濟形勢好的時候，對於失敗感到熱情是

表 1.1
失敗發生背後情境的影響

情境	一致的	多變的	不同尋常的
範例	汽車生產線	外科手術室	科學實驗室
知識現狀	完備	完備的知識，容易受到突發事件的影響	有限
不確定性	低	中	高
最常見的失敗類型	基本型失敗	複雜型失敗	智慧型失敗

可以接受的。而現在，未來看起來充滿不確定性，追求無誤的成功比以往更加迫切。

這些聰明、用心良苦的商業領袖需要重新思考失敗。第一，他們需要了解情境。在不確定和動盪的時期，在某種程度上因為失敗更加可能發生！必須從失敗中快速學習，這一點最為關鍵。第二，雖然鼓勵人們盡量減少基本型和複雜型失敗可能有助於他們集中精力，但欣然接受智慧型失敗對於任何行業的進步仍然是至關重要的。第三，他們需要認清，禁止失敗的最可能結果不是完美，而是聽不到確實發生的失敗。如果人們不大膽說出來小的失敗，例如會計錯誤，這些失敗可能會演變成更大的失敗，例如銀行的大規模損失。

在我與企業的合作過程中，我經常遇到這樣的問題，因此我認為這是一個常見的錯誤。在艱鉅的時期，激勵人們竭盡全力工作，這種本能是可以理解的。我們很容易相信，只要我們靜靜等待，就可以完全避免失敗。這也是錯誤的想法，努力和成功之間的關係並不完美。我們周圍的世界不斷變化，不斷給我們帶來新的情況。在不確定的環境中，即使是最周密的計畫也會遇到問題。即使人們努力工作並致力於做正確的事情，在新的情況下也始終有可能失敗。當然，有時失敗是由於有人粗心或不努力工作造成的，但當情況不同或發生某種意外事件時，即使努力工作也可能以失敗告終。最後，也是最反常的是，有時純粹的運氣會讓你輕鬆完成任務，不管怎樣都能成功。

像全球疫情這樣的動盪會導致極大的不確定性和變化，但即使在COVID-19成為新聞焦點之前，我們生活和工作的世界相互依賴，早已使不確定性和變化成為我們生活的一部分。我們相互依賴，依賴他人來實現某些目標（包括繼續生存的目標），這使我們變得脆弱。我們永遠無法確定其他人會做什麼，也無法確定我們所依賴的其他系統可能會崩潰。19世紀德國軍事戰略家馮·毛奇（Helmuth von Moltke）的建議被解讀為「沒有任何計畫能在與敵人接觸後倖存下來」。[23]當我們考慮到彼此相互依賴時，我們就被迫在應對意外情況時，變得更加深思熟慮和保持警惕。

現在想想，如果高階主管或父母明確表示，只許成功，不許失敗，會發生什麼事。失敗還是會發生，只是不會浮上檯面罷了。在不知不覺中，與我交談過的金融服務業主管面臨著抑制壞消息傳播的風險。那並不是他們的目標，他們的目標是鼓勵卓越表現。但是，如果分享真相顯然會招致懲罰，甚至只是反對，那麼隱藏真相就是人類的天性。我們對被拒絕的恐懼，是實踐好好從失敗中學習成長的科學的第三個障礙。

人際恐懼：汙名和被社會拒絕

　　除了情緒上的厭惡和認知上的混淆之外，我們還有一種根深蒂固的恐懼，那就是害怕在別人面前出醜。這不僅僅是一種人性偏好，被社會拒絕的風險所引起的恐懼可以追溯到人類演化的歷程，在古代被社會拒絕實際上意味著可以活命和死於飢餓或暴露的區別。被拒絕的恐懼（在大多數情況下是非理性的）和更理性的恐懼，例如在城市街道上向你迎面而來的公共汽車，我們現代人的大腦是無法區分這兩種恐懼的。加州大學洛杉磯分校的利伯曼（Matthew Lieberman）和艾森伯格（Naomi Eisenberger）的研究指出，許多處理社交疼痛和身體疼痛的大腦迴路是重疊的。[24]

　　如前所述，恐懼會激活杏仁核，引發戰鬥或逃跑反應，其中「逃跑」並不一定意味著逃避，而是盡力避免看起來很差。[25] 當你在重要的會議上發言之前，尤其是在你覺得會被指指點點或被批評的會議上，你會心跳加速或手心出汗，這就是杏仁核的自動反應。我們大腦中的這種生存機制在史前時代曾幫助我們躲避劍齒虎，但如今卻常常導致我們對無害的刺激反應過度，並對建設性的冒險行為退避三舍。恐懼反應原本是一種保護機制，但在現代世界卻可能適得其反，因為它讓我們不敢在人際交往中冒些小風險，而這些風險對於大膽發言或嘗試新事物是必不可少的。[26]

　　首先，恐懼會抑制學習。[27]研究指出，恐懼會消耗生理資源，轉移大腦中管理工作記憶和處理新資訊的部分。換句話說，就是影響學習，這包括從失敗中學習。人在恐懼時很難發揮最好的能力，從失敗中學習尤其困難，因為這是一項對認知要求很高的任務。

其次，恐懼阻礙我們談論自己的失敗。如今，永無止境的自我呈現（self-presentation）加劇人類這種古老的傾向。在這個社群媒體時代，成功的壓力前所未有。研究發現，當今的青少年尤其沉迷於呈現自己經過淨化的生活樣式，無休止地檢查「按讚」次數，並因真實或感知到的比較和輕視而飽受情緒上的煎熬。[28]因為我們對情境的解讀會塑造我們的情緒反應，我們對於被認為是拒絕的情況，與實際上被拒絕時的情緒反應是相同的。不僅僅是小孩會擔心，無論是在職業成就、吸引力，還是社會融入方面，維持外表形象對於成年人來說，就像呼吸一樣重要。我發現，真正的失敗是相信如果我們沒有失敗的情況，別人會更喜歡我們。事實上，我們欣賞和喜歡那些真誠、對我們感興趣的人，而不是那些外表完美無暇的人。

在我的研究中，我已經累積相當多的證據指出，在需要團隊合作、解決問題或創新來完成工作的環境中，心理安全感特別有幫助。在心理安全的環境中，你不擔心因犯錯而遭到拒絕，這是消除人際恐懼的解藥，而這種恐懼會阻止我們好好接受失敗並從中學習成長。[29]在大多數心理安全感的研究中，失敗都潛伏在背景之中。[30]這是因為，心理安全感可以幫助我們做一些事和說一些話，讓我們在不斷變化、充滿不確定性的世界中學習和進步。人際氛圍這種「軟性」的因素，事實證明是預測在充滿挑戰的環境中，團隊表現的關鍵因素，這些環境包括領先的學術醫療中心、財星 500 大公司和你的家庭。

　　你是否曾經在這樣的團隊中工作過，如果你尋求幫助或承認自己做錯某事，你真的不擔心其他人會輕視你？也許你有信心，大家會互相支持和尊重，而且每個人都在盡力做到最好。如果是這樣，你可能不會害怕提出問題、承認錯誤，以及嘗試未經證實的想法。我的研究指出，心理安全的環境有助於團隊避免可預防的失敗，還能幫助他們追求智慧型失敗。心理安全感減少好好接受失敗的人際障礙，因此人們可以減少對新挑戰的恐懼，這樣我們就可以嘗試成功，並在失敗後變得更加明智。我認為，這才是正確犯錯。

　　然而，很少有組織有足夠的心理安全感，能夠充分實現從失敗中學習的好處。我在醫院和投資銀行等不同地方採訪過的管理者都承認自己感到矛盾：如何才能既對失敗做出建設性的回應，同時又不會變相在鼓勵偷懶的表現？如果不追究同仁的失敗責任，那麼什麼能讓他們盡力做到最好呢？家長們也有相同的疑問。

　　會有這樣的疑慮，是因為我們只用二分法來看待事情。如圖1.1所示，一種可以安全談論失敗的文化可以與高標準並存。這種情況在家庭和公司都是如此。心理安全感並不等於「要怎樣都可以」。工作場所可以讓人在心理上是安全的，並且仍然要求人們出色地完成工作，或在截止日期前完成工作。家裡可以做到在心理上是安全的，但仍然要求每個人都洗碗、倒垃圾。我們可以創造一個坦率和開放的環境：一個誠實、富有挑戰性和共同合作

圖 1.1
心理安全感與失敗科學標準之間的關係

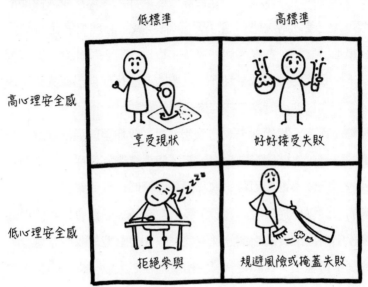

的環境。

　　我甚至認為，在沒有心理安全感的情況下，堅持高標準會導致失敗，而且不是好的失敗。當人們有壓力時，他們更容易出錯，即便是擅長的事情也一樣。同樣，當你對某事的做法存有疑問，但又不知道如何去詢問別人時，你就有可能一頭栽進基本型失敗的風險中。此外，當人們遇到智慧型失敗時，他們需要有足夠的安全感才能告訴其他人。這些有用的失敗若再次發生時，就不再是「智慧型」失敗了。

　　也許你想到，在確定性很高的環境中，例如生產線，沒有心

理安全感也有可能取得成功。首先，失敗的次數就會減少。但由於當今的不確定性較高，因此消除失敗的汙名，以減少人際間的恐懼，這一點非常重要。當我們面臨挑戰，心理上有足夠的安全感來進行實驗，並在事與願違時，可以公開談論此事，在這種情況下，我們的學習效果最好。重要的不僅是你自己從失敗中學習，還有你與他人分享這些經驗教訓的意願。

總而言之，我們對失敗的厭惡、對失敗類型的混淆以及對被拒絕的恐懼，這些因素結合在一起，使得實踐好好從失敗中學習成長的科學變得更加困難。當我們需要幫助以避免錯誤，或進行誠實的對話以便從失敗的實驗中吸取教訓時，恐懼會讓我們很難大膽說出來。由於缺乏區分基本型失敗、複雜型失敗和智慧型失敗的詞彙和理由，我們更有可能繼續地厭惡失敗。幸運的是，如表1.2所示，重新架構、清楚辨別和心理安全感可以幫助我們擺脫困境。

不同程度的失敗原因

乍看之下，追求卓越和容忍失敗似乎是互相矛盾，但讓我們考慮我在圖1.2中描繪不同程度的失敗原因。[31] 一方面，我們發現不當行為或破壞行為，例如，違反法律或違反安全流程；另一方面，我們發現一個經過深思熟慮的實驗失敗，就像科學家每天都在承受那樣。顯然，並非所有失敗都是由應受責備的行為造成的，有些失敗是完全值得稱讚的。

表 1.2

克服面對與接受失敗的障礙

為什麼我們在處理失敗時會感到困難？	可以幫助的方式
厭惡	重新架構，建立健康的歸因
混淆	辨別失敗類型的框架
恐懼	心理安全感

　　當有人故意破壞流程或違反安全做法時，責備是恰當的。但在此之後，如果沒有更多有關情境的資訊，就無法做出判斷。例如，粗心大意可能會受到指責。但是，如果這個人在被要求連續工作兩個班次之後，疲勞過度呢？在這種情況下，我們可能會責怪分配輪班的經理，而不是睡著的員工，但我們需要了解更多資訊，才能確定是誰或什麼環節出了問題。在看完整個不同程度出錯範圍後，我們會發現責怪任何人都會變得更加不合邏輯！是因為能力不足嗎？每個人都曾在各種不同活動中當過菜鳥。第一次騎自行車，大家都會摔倒。除非有人故意在未接受事前培訓的情況下嘗試危險的操作，否則很難歸咎於能力不足。

　　其次，某些任務的挑戰性過高，無法保證能有零失敗的表現。試想奧運體操選手在平衡木上未能完成完美的後空翻轉體。應該受到責備嗎？當然不是。這是體操中最具挑戰性的動作之一。[32] 體操選手從站立姿勢開始，整個身體筆直、中間360度轉體，然後雙腳落回到平衡木上。頂尖的體操選手就算平時能完美地完成這個動作，還是有可能會在重要的比賽中失誤。

圖 1.2
不同程度的失敗原因

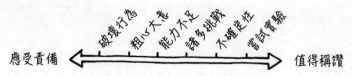

當我們繼續看一系列不同的原因時，不確定性會導致不可避免的失敗。當朋友安排你相親時，你無法確定是否會成功。如果你同意去相親，但約會失敗了，你和你的朋友都不應受到責備。最後，經過深思熟慮的實驗所導致的失敗會產生新的知識，這是值得稱讚的事。外科先驅在早期開心手術的失敗顯然是值得稱讚的，因為有了那些不可避免的失敗做墊腳石，才替今天理所當然的奇蹟鋪好了道路。

我曾與世界各地的觀眾進行以下思想實驗（thought experiment）：「請看一看這個從應受責備到值得稱讚的光譜：你認為哪些潛在的失敗原因應受責備？」

大家對這個問題的答案各不相同。有些人會說，只有破壞行為才應受責備；有些人會附和說，粗心大意也應受責備。對此提出反駁的人立即意識到，有些人可能被置於困境中，因為會分心並非他們的錯。這對我來說，從哪裡畫下界線並不重要。重要的是你畫出了界線，然後思考下一個問題的答案：「在你的組織或家庭中，有多大比例的失敗可以被認為是應該受到指責的？」我發現，大多數人在仔細思考後，都會得出一個很小的數字：也許是 1% 到 2%。

　　然後我問最重要的問題：「在所有的失敗中，有多少是被你的組織或生活中的重要人物視為應該受到指責的？」

　　到這個階段，人們（在懊悔的停頓或大笑之後）會說 70% 到 90%。或者，有時候答案是「全部！」對於錯誤的理性評估與負責人的本能反應，這當中的差距帶來的不幸後果是，我們往往會把生活、家庭和職場的失敗隱藏起來，這也是我們無法從失敗中吸取教訓的原因之一。

從失敗走向成功

　　現在應該很清楚，並不是每個人都會因為有失敗的經驗而失敗。李拉海和丹尼斯等心臟外科先驅非常成功地運用失敗的經驗，推進了拯救生命的醫術，這是他們畢生致力的目標。為了永遠改變外科手術的格局，李拉海和丹尼斯都參加了一場競賽，正如李拉海的傳記作者米勒（G. Wayne Miller）所述，迄今為止，「這場競賽只產生了屍體」。[33] 幾乎所有這些死亡都是我們所謂的「新」失敗的結果，因為失敗發生在完成一個從未實現的目標的過程中。房間大小般的心肺機等創新技術，旨在去除患者血液中的二氧化碳，並將新鮮含氧的血液送回動脈，這些是這趟旅程的必要環節。

　　李拉海在 1951 年觀摩丹尼斯進行的手術後，下定決心要讓手術邁向成功。[34] 在接下來的幾年裡，他堅持不懈地尋找推動這項科學發展的機會，當然一路上也遇過痛苦的失敗。

1952年9月2日，在一所大學的附設醫院，路易斯醫生（F. John Lewis）在李拉海的協助下，嘗試使用低體溫療法來幫助患者穩定病情。[35]五歲的瓊斯（Jacqueline Jones）奇蹟般地活了下來。這樣算成功嗎？儘管李拉海和其他人繼續成功地使用低體溫療法進行手術，但由於病人在如此低溫下的時間非常有限，只有十到十二分鐘，因此不可能進行更長時間和更複雜的手術。這只能算是短暫的成功。

1954年3月26日，李拉海再次在大學附屬醫院的手術室裡，將嬰兒格雷戈里・格利登（Gregory Glidden）與他父親的心血管系統進行實際的連接，格雷戈里在出生時，心臟下腔之間就有一個洞。這樣做的目的是在李拉海為嬰兒的小心臟進行手術時，保持孩子的生命。自1953年秋天以來，李拉海曾多次連接兩隻狗的心血管系統，最近一次是在1954年1月，讓捐贈狗在開心手術期間充當患者狗的生命支持系統。這種新技術被稱為「交叉循環」，是李拉海的靈感創意。如果孕婦可以透過靜脈和動脈之間的連接來維持嬰兒心臟的跳動，那麼類似、人工誘導的連接是否可以在子宮外運作呢？到目前為止，這種方法已經奏效，讓狗狗患者在精細的外科手術中維持生命。但現在的風險更大了。

上午8點45分，格雷戈里的父親萊曼（Lyman）被送進手術室。萊曼的股動脈輸送著來自他心臟的新鮮含氧血液，通過插入嬰兒上腔靜脈和下腔靜脈的插管，將血液輸送到格雷戈里的心臟。李拉海打開嬰兒的心臟，找到約硬幣大小的心室中膈缺損（ventricular septal defect），並進行修補。格雷戈里在手術中倖存下來，但於1954年4月6日，也就是不到兩週後，因肺炎去世。

這些最終改變了心臟外科手術的實驗，每一次都是在充分考慮效益和風險的情況下進行的，每一次手術都符合科學的嚴謹態度。儘管如此，失敗還是會發生。有時，術前診斷被證明是錯誤的。有時，由於醫生技術還不夠熟練，手術過程中會發生意外。大多數失敗都是因為假設錯誤。在每一個案例中，創新者都是在沒有地圖的情況下進入新的領域，他們一心要達到自己的目標。在過程中，他們需要向眾多的父母、配偶和孩子解釋為什麼摯愛的家人會死在血海之中。可以說，包括外科醫生、患者和他們的家屬，每個人都在正確犯錯。他們明白，失敗可能會造成嚴重後果。每一次失敗的手術和每一次失敗的外科創新，都為我們提供一次學習的機會，從而最終走向成功。

格雷戈里手術後不久，李拉海的第一個成功案例是對四歲的安妮‧布朗（Annie Brown）進行了交叉循環手術，安妮與她的父親約瑟夫進行血液輸送的連接。[36]兩週後，李拉海與這個可愛、健康的女孩召開記者會，她後來順利活到成年。然而，正如經常發生的那樣，從失敗到成功的道路並非一路平坦。在安妮‧布朗之後，李拉海的七名兒童患者中，有六人死於類似的手術。同樣令人不安的是，交叉循環手術中的一個錯誤導致其中一位家長永久性腦死。對冒著手術風險才能有希望存活的孩子，進行手術是一回事，但讓一個健康的成年志願者冒這樣的風險就更難以容忍了。

最終，心肺機被證明是解決開心手術問題的最可行方案。心

肺機最初由吉本（John Gibbon）醫生發明，接著由丹尼斯改進，
然後與IBM的華生（Thomas Watson）合作，進一步設計，到1957
年逐漸將心臟手術的死亡率降低到10%。[37]如今，死於這種手術
的風險估計約為2%至3%。[38]

創新永無止境

　　1998年，距離這些早期手術成敗案例的半個世紀過後，我有
機會研究心臟手術的一項現代創新。[39]我在哈佛大學的一位同事
聽到一種新的外科技術，可以用較小的傷口進行這種拯救人命的
手術。在大多數心臟手術中，包括在1950年代進行的手術，外
科醫生必須首先縱向切開患者的胸部，將胸骨分開。這種技術被
稱為正中胸骨切開術（median sternotomy），可以進入心臟，至今
仍是主流做法。這種方法很有效，但患者事後可能需要經歷痛苦
且漫長的恢復過程。

　　我的同事告訴我，這項新技術的設計目的是讓外科醫生透
過肋骨之間的小切口進行修復，不用動到胸骨，並有望縮短恢復
期，減少痛苦。缺點是什麼？對於整個手術室團隊來說，需要花
費大量時間學習。對於外科醫生來說，在患者體內更小、更受限
的空間進行手術，轉變並不如想像中那麼巨大。儘管手術時的視
野變小了，但修復心臟的精緻縫合技術卻相對維持不變。但對於
團隊的其他成員來說，這種新方法並不容易學習。

　　在我和我的同事研究的16個心臟外科部門中，只有七個部
門堅持使用新技術。其他九個部門嘗試了幾次操作，然後就放

棄了。在成功的醫療團隊中，最重要的區別是外科醫生的領導能力，而不是外科醫生的醫術、經驗多寡或資歷。當我們開始這項研究時，我們預計更精英的學術醫療中心會比知名度較低的社區醫院更有可能成功。但我們錯了，醫院類型和地位根本沒有差別。

所有這些團隊面臨的更多是人際關係上挑戰，而不是技術方面的挑戰。這項創新治療挑戰了手術室傳統的階級結構，因為在手術室中，通常由外科醫生發布命令，其他人負責執行。採用這種新技術的外科醫生必須依賴手術室團隊的其他成員來協調手術的各個環節，並將「氣球夾」固定在患者動脈內，以限制血液流向心臟。因為氣球容易移動，所以團隊必須透過超音波影像監控氣球的位置，以便做出調整。但除非人們在心理上感到足夠安全，並敢於發聲，否則這些活動很難進行。例如，在氣球位置變動時，要求外科醫生暫停動作，這對於大多數護士來說，既陌生又困難。與傳統手術相比，外科醫生必須更頻繁、更認真地傾聽團隊其他成員的意見，而在傳統手術中，大部分話都是由外科醫生自己說的。

在我們的研究中，成功的創新者體認到，他們需要以不同的方式進行領導，確保手術室裡的每個人都能開誠佈公地立即談論彼此需要做什麼才能使手術順利進行。當我和我的同事分析那些堅持掌握新方法的團隊時，我們發現他們全都參與過一些特殊的活動，這些活動反映出從失敗中學習成長的科學的核心做法。

第一，這些團隊先在實驗室對動物進行新手術的演練，來消除對患者不必要的風險；然後他們在合作過程中公開主動地談論自己正在做的事情和思考的事情，並且在手術的過程中，如果他們對手術有任何擔憂，就會立即恢復傳統手術（正中胸骨切開術）。

第二，這些團隊消除了手術室內的恐懼。這怎麼做到的？外科醫生們明確指出接下來的學習旅程。他們強調這項創新的目的是改善生活品質，是一個幫助患者更快康復的機會。外科醫生讓團隊中的所有人知道，他們的意見對於新手術的成功至關重要。這麼一來，外科醫生建立了敢於直言的心理安全感。有些外科醫生這樣做了，而有些外科醫生則沒有，這讓我對心理安全感與成功創新之間的關係，進行了前瞻性的測試；當研究開始時，我不知道哪些地點會有成功的創新，也不知道哪些地點會失敗。後來，我得出結論，努力建立心理安全感的團隊比那些沒有建立心理安全感的團隊表現更好。

第三，在手術過程中，成功的團隊會就手術進展情況進行明確、深思熟慮的對話，確保手術過程中不會產生混淆。在當時心臟手術已經到了更加成熟的階段，失敗的情況更有可能是因為從微創手術快速轉換到傳統手術。或者，乾脆完全放棄新技術，雖然這是失敗，但不會危及生命。儘管我們研究的16個團隊中，有9個團隊未能實現創新，但在我們的資料中，數百次微創手術中沒有一個團隊出現患者死亡的情況。透過避免可預防的傷害，我們研究的每個團隊都是深思熟慮的人，從失敗中學習成長。

從失敗中學習成長

失敗可能永遠不會是一件有趣的事，但透過使用新工具和新見解的練習，失敗可以變得不那麼痛苦，並且更容易從中學習。我們本能地厭惡失敗、對不同失敗類型的混淆，以及恐懼被人拒絕，這些都讓我們陷入困境。解決的辦法在於重新架構失敗，正如許多奧運會銅牌得主那樣，並對失敗設定符合實際的期望。從我們在日常生活中經歷的小挫折，到開心手術早期發生的死亡悲劇，失敗是進步過程中不可避免的一部分。對於我們的個人生活和塑造社會的重要機構來說，也是同樣的道理。這就是為什麼掌握失敗的科學是如此重要，而且最終如此有益的原因。接下來的每一章都提供基本的理念和做法，幫助你掌握失敗的科學。

第二章

智慧型失敗

> 「我沒有失敗，只不過是發現了一萬種行不通的方式。」
> ——愛迪生的名言

　　儘管我們大多數人都熟悉DNA的概念，這個東西在很大程度上決定了我們是什麼樣的人，但很少有人嘗試操縱這些天然存在的微小化學物質，以增強它們在拯救生命的療法或顛覆傳統的奈米技術中的應用。海姆斯特拉（Jennifer Heemstra）博士和她在埃默里大學（Emory University）蓬勃發展的研究實驗室的其他成員，就是投入這項專業研究的人群。

　　在任何科學尚待開發的領域，深思熟慮的假設若缺乏資料的支持，都屬於正確的犯錯。科學家以及本章稍後將介紹的韋斯特（James West）等發明家如果不能忍受失敗，就不會在自己的領域長久立足，他們憑直覺知道智慧型失敗帶來的價值。如果說這些失敗並不令人失望，那是在騙人。它們確實令人失望。然而，就像奧運會銅牌得主一樣，科學家和發明家也學會以健康的方式看待失敗。海姆斯特拉博士就是這樣一位科學家，她不僅踐行這種健康的思維，還透過推特、文章和影片向實驗室的學生宣揚這種健康的思維。

2021年的一個夏日，我在Zoom線上視訊會議上認識了海姆斯特拉。科學家是最有韌性和最深思熟慮的智慧型失敗實踐者之一，我想從海姆斯特拉那裡獲得更多關於智慧型失敗可能會如何發生的資訊。當我問她最喜歡的失敗故事時，她的雙手迅速地張開，手掌面向我，「失敗是科學的一部分，而不是一種評判，」她這麼回答道。她那溫暖、開朗的微笑幾乎要從小螢幕中迸發出來。她喜歡告訴實驗室的學生，「我們一整天都會失敗。」她解釋說，科學實驗室的負責人需要把失敗當成工作的常態。海姆斯特拉補充道，據估計95%的實驗都會失敗，「十次有九次，人們都會過於自責。」

那樣真的太痛苦了。

除非你像海姆斯特拉一樣，懂得應受責備的失敗和值得讚揚的失敗之間的區別。智慧型失敗是值得讚揚的，因為它們是發掘新事物的必要基石。

海姆斯特拉博士真誠地對此表示理解，她說，她之所以成為一名科學家，是因為八年級的科學老師告訴她，她不擅長科學。她在加州橘郡（Orange County）長大，當時正值1990年代，朋友邀請她參加科學奧林匹克競賽，她就去了，並沒有抱著任何成功的希望，只是因為她需要一項課後活動。就這樣，海姆斯特拉發現自己不僅喜歡，而且擅長地質學。最後，社團教練讓她錄取了高中的科學先修課程。最初在科學方面的失敗使她產生了內在動力，她沒有為了成績而學習（如果有的話，這是一種外在動機），反倒是記住了岩石的名稱，並將它們分類裝進雞蛋盒中，因為她說，這「很有趣」。反烏托邦電影《千鈞一髮》（Gattaca）上映後不久，海姆斯特拉就去看了，這部電影影響了她大學主修化學。[1]如今，身為埃默里大學化學系第一位晉升正教授的女性，她在為學生加油時，仍然對於純粹從事工作本身感到內在的喜悅。

今天下午她穿著藍色西裝外套，可能準備在我們的會議結束後，在擠滿學生的禮堂發表演講，也可能輕鬆地脫下西裝外套出門跑步。在她身後，辦公桌後面的架子上，擺著她收集的各種模型和公仔。她指著一個模型說，這個模型叫史蒂夫，是以她的博士生史蒂夫‧克努特森（Steve Knutson）的名字命名的，他使用一種名為乙二醛（glyoxal）的化學試劑[2]與單鏈RNA中的核苷酸發生反應。當我問為什麼這很重要（暴露了我對化學的相對無知）時，海姆斯特拉說：「啊哈！」並解釋說，乙二醛開闢出許多研究和開發的途徑，實驗室為此欣喜若狂。[3]除了控制或緩釋治療藥物的應用之外，他們還為其他從事合成生物學或研究的化學家發明一種科學工具，用來控制不同的基因迴路。[4]

那要是失敗了怎麼辦？顯然，即使是像海姆斯特拉這樣能夠坦然接受失敗的人，也會很自然地以成功的結局來開始講失敗的故事，這只能說明談論失敗是多麼困難。

海姆斯特拉退一步思考，她很快地解釋說，在嘗試開發一種分離某些RNA的方法時，他們意識到，當RNA是折疊或雙鏈的型態時，這種情況就無法分離。因此，第一個問題是解開

RNA，這是讓蛋白質結合的必要步驟。史蒂夫開始做實驗，添加實驗室中已有的新試劑（用於引起化學反應的成分）是否可行？

結果沒有用。

鹽有助於RNA折疊。如果他嘗試去除RNA中的鹽會怎樣？這也沒有奏效，史蒂夫很失望。但他並沒有心灰意冷，要不是海姆斯特拉那麼努力地在實驗室裡創造一個以學習和發掘新事物為重點的環境，他可能早就心灰意冷了。正如她解釋的那樣，「高績效的人不習慣犯錯誤，所以學會自嘲很重要，否則我們會因為害怕而錯失機會。」

海姆斯特拉強烈地相信，接受失敗在科學研究中發揮了核心的作用，因此寫下關於學生，尤其是女性，很容易被勸阻而放棄從事科學的文章，她在推文中表示，「只有那些從不嘗試的人，才不會犯錯，也才不會經歷失敗。」[5]但實際上，史蒂夫的失敗並不是錯誤。

錯誤是從已知的做法中出現的偏差。當已經存在實現某個結果的知識、但未被使用時，錯誤就會發生。例如，海姆斯特拉還是一名研究生時，曾經因為使用移液器的方式不正確，而收集到奇怪的實驗數據。正確使用移液器後，數據很快就變得合理了。說到這個故事，她也笑了並解釋說，她試圖創造一種實驗室文化，讓人們可以「嘲笑愚蠢的錯誤，並將錯誤視為常態」。

然而，當蛋白質成功結合單鏈RNA，卻未能結合雙鏈DNA時，這並不是一個「愚蠢的錯誤」。這是「假設驅動實驗」（hypothesis-driven experiment）的意外結果。是的，這是一次失敗，但卻是智慧型失敗，也是令人著迷的科學工作中不可避免的一部分。最重要的是，這次失敗將為下一次實驗提供參考。

顯然，關於展開RNA的方式，我們還有更多東西需要學。史蒂夫回顧文獻，找到一篇由日本生物化學家在1960年代撰寫的論文，這篇文章發表在德國科學期刊上，詳細介紹乙二醛在其他相關應用中的用途。他開始考慮使用乙二醛，並進行了一項實驗。

靈光乍現！經過一些調整，乙二醛讓史蒂夫能夠固定和重新固定核酸，並恢復其完整功能。雖然這並不是一個可以在時代廣場用二十英尺高光彩奪目的電子看板上公布的消息，但對於身為研究科學家的海姆斯特拉和史蒂夫來說，這是值得慶祝的，更好的是，它引發新的研究問題。他們的故事顯示，在新領域的成功取決於願意忍受正確的犯錯，也就是智慧型的那種錯。

所謂智慧型失敗

怎樣的失敗才算是智慧型的？以下是四個關鍵屬性：一、發生在新的領域；二、當下的情境讓人覺得很有機會實現目標（無論是科學發現，還是新的友誼）；三、根據現有的知識是可行的（可以說是由「假設驅動」）；四、失敗的規模盡可能小，但仍能提供有價值的見解。規模是一種判斷，而情境很重要。大公司在試驗計畫上所能承受的風險，可能比你在個人生活中新的嘗試上所能承受的風險更大。關鍵是要明智地利用時間和資源，這麼做有額外的好處，可以吸取失敗的教訓，並用來指導下一步。

有了這些標準，任何人都可以嘗試一些事情，即使沒有達到預期的成功，也能對結果感到滿意。這樣是智慧型失敗，因為它是深思熟慮的實驗結果，而不是偶然或草率的實驗結果。

愛迪生被稱為歷史上最偉大的發明家之一，擁有1093項專利，透過他的實際發明（電燈、錄音、大眾傳播、電影等）對現代世界產生巨大影響，他還在紐澤西州的門洛帕克（Menlo Park）成立了第一間研究實驗室。鎢絲燈泡就是在那裡發明的，這間實驗室是當今公司研發部門的典範，成為設計師、科學家、工程師和其他人合作開發新發明的場所和流程。關於愛迪生的文章已經有很多，但我最欽佩的是，在追求任何領域進步的過程中，他非常頌揚在一路上會不斷地犯錯。[6]

在所有關於愛迪生的故事中，我最喜歡的故事是，這位發明家在開發新型蓄電池的過程中，經歷了似乎無休無止的失敗，一位前實驗室助理因此表示同情和沮喪。愛迪生著名的反駁，或者其中的一個版本，也被用來做為本章的開頭。在某個版本的故事中，愛迪生面帶笑容，轉向他的前助手解釋說，不，事實上他有數千個「結果」，每一個結果都是對行不通的方法的寶貴發現。[7]愛迪生開拓新領域，並爭取機會，這是不爭的事實。我們可以推斷，他的實驗有理有據，規模適當。他從未放棄，他的智慧型失敗最終帶來成功，這種態度本身就給我們「頭上的燈泡都亮了」的啟發。

你不需要將這四個標準當作嚴格的關鍵檢驗，把它們視為區分智慧型失敗與其他類型失敗的有用指南即可。當然，這些區別並不是明確的二元選擇；相反的，它們涉及主觀評估。例如，你是否看到一個值得追求的機會，這取決於你自己，而不是我或其他人。我希望的是，你可以利用這個框架來思考，在你的個人生活或工作中，失敗何時以及為何會帶來發現，從而帶來價值。讓我們來看看不同的環境中，一些智慧型失敗（和失敗者），以便更好地了解每個標準。

進入新領域

從很小的時候起，伯奈爾（Jocelyn Bell Burnell）就發現自己處於從未有人去過的地方，這麼說確實沒有誇大。[8]

在1940年代的北愛爾蘭，一個女孩若表示希望學習科學，而不是只為將來相夫教子來做準備，這是不尋常的事情。然而，年輕的伯奈爾在學校感到非常沮喪，因為男孩被送到實驗室學習化學和實驗，而女孩被送到廚房學習家政。她回家向父母抱怨，幸運的是，她的父母非常重視女兒對科學的興趣，並說服學校改變政策。伯奈爾隨後成為被允許參加科學課的三名女孩之一。她的父親是一名建築師，曾參與設計北愛爾蘭的阿馬天文館（Armagh Planetarium），她透過閱讀父親的一本書籍而愛上了天文學。在大學裡，她是班上唯一的女性，大講堂本身是個新地方，但令人遺憾的是，也是個不友善的領域，其他學生經常在她踏入教室時發出噓聲和口哨聲。也許是她身為局外人、科學界女性先驅的經歷，讓她注意到其他人沒有看到的東西。

1967年，身為劍橋大學天文學研究生，她被分配到一個研究計畫中，幫助建造並操作一架巨大的電波望遠鏡，並分析收集到的數據，每天在方格紙上製作出近一百英尺長的圖表。負責該計畫的教授休伊什（Antony Hewish）正在尋找類星體，即那些產生大量電波的發光星系中心。有一天，伯奈爾盯著數據圖表，看到了一個她無法解釋的信號。她回憶說：「我不應該看到這樣的東西，我想知道那是什麼。」[9]

她把這個問題告訴她的教授，教授起初對她的擔憂不以為然：他認為，異常的線條是「干擾」，或者可能是她把望遠鏡設定錯誤。但伯奈爾相信她發現了值得繼續調查的東西。因此，她深入研究這個謎題來找出答案，她放大圖表中有問題的部分，以便更清楚地檢查電波信號。當她把放大的視覺資料拿給休伊什看時，他也意識到這些信號意味著新的東西。伯奈爾後來解釋說：「這開啟一個全新的研究計畫……。這是什麼？我們怎麼得到這個奇怪的信號？」[10]

伯奈爾對不確定的新領域的好奇心，以及她與休伊什在馬拉德無線電天文台（Mullard Radio Astronomy Observatory）的實驗工作，最終導致他們發現第一顆脈衝星，並獲得諾貝爾獎。[11]順便提一下，諾貝爾獎並沒有將伯奈爾列為獲獎者。

生活和工作總是把我們帶到新的領域，所謂的「新」，可能意味著對整個專業領域來說都是新的，或者只是對你來說是新的，比如新運動、職業變動，或第一次約會。如果你正在學習打高爾夫球，你用球桿第一次來打球幾乎肯定會失敗。更重要的是，大多數人生大事，例如離家或搬到新的地方，都會帶來新的挑戰。幸福的人生大事也是如此，比如結婚；悲傷的事情也是如此，比如父母離世。

　　愛迪生、海姆斯特拉和伯奈爾等發明家或科學家正在探索對每個人來說都是陌生的領域。新領域的挑戰在於，無論在哪個領域，都無法在網路上找到答案，並用來避免失敗。如果你有興趣進行原創思考，就需要遠離熟悉的事物。科學家們當然會研究前人和同事的工作，以確保某個研究問題以前沒有人回答過，但這並不能避免新領域的失敗。當你開始一份新工作時，你可能會從朋友、人資經理或網上對雇主的評論中獲得資訊，但是當你要適應環境、認識新同事、參加討論工作的會議時，你可能會發現一些意想不到的情況。如果工作不成功，不一定是因為你沒有做功課。也許僱用你和期望與你共事的人突然調到另一個部門，而新老闆對你的期望完全不同。要想把失敗歸類成智慧型失敗，就不能存在任何解決問題的方法、藍圖或指導手冊，也不可能事先精確地規劃出新的領域。

　　無論你是第一次為人父母，還是剛剛開始第一份工作，新領域的一個重要特徵就是不確定性。這是你嘗試新事物時所承擔風險的一部分，你無法準確預測將會發生什麼事。

　　在1930至1940年代，瑪麗和比爾在紐約市一個關係緊密的社區一起長大。小孩在街上玩球（沒有大人監督，也沒有約定好的遊戲時間），而家長們則在庭院中隨意聊天。1953年夏天，瑪麗和比爾大學畢業後回到紐約，比爾順手為瑪麗安排一次約會，對象是一位他確信她會喜歡的朋友，那個人是比爾目前交往對象的哥哥。但瑪麗，也就是我的母親，持懷疑態度，不僅對相親持懷疑態度，而且對比爾的眼光也持懷疑態度。

大約一年前，比爾也搓合她和另一個他自以為瑪麗會喜歡的男人，但那次的經歷並不愉快。在1950年代，當時的大學男女分校，我的母親和一大票其他年輕的瓦薩學院（Vassar College）女學生一起，與普林斯頓的年輕男性一起用餐、跳舞和社交，度過熱鬧的週末。她週末約會的對象是誰？是比爾的一位朋友。我媽後來說，這個人喝得太多，只談論自己，而且太「直接」了。在她看來，那個週末根本就是浪費時間。那次是個失敗的約會，即使週末留在瓦薩念書，也會比較有趣。比爾以前就看錯人了，所以對於這次的新對象，我母親也幾乎沒有信心自己會喜歡。如果她聽從比爾的建議，她就有可能再次約會失敗。但她又不想太草率地否定他的眼光，所以沒有辦法確定。

有意義的機會

智慧型失敗發生在你認為有很大機會朝著有價值目標邁進的時候。海姆斯特拉和克努特森正在進行一項科學研究，他們希望能在頂尖期刊上發表一篇重要論文，他們彷彿已經看到履歷上有這個成就。令人失望的是，他們（一開始）就弄錯了。伯奈爾看到奇怪的信號，然後必須說服她的教授有一個發現太陽系新事物的機會，即使她不確定那可能是什麼。我母親希望最終能遇到一個可以共度一生的人。尋找人生伴侶、成立新事業，或在科學上有新發現，都可以體現有意義的機會，但目標不必太遠大。嘗試一種看起來很美味的新食譜，當結果發現味道很糟糕時，就可以說是智慧型失敗。

　　我們從小就學習經歷智慧型失敗，小孩在邁出第一步時，就已經開始這樣做。但到了小學，許多孩子開始認為，獲得正確答案是唯一有價值的活動。這就是為什麼科學（science）、科技（technology）、工程（engineering）及數學（mathematics）所謂的STEM教育課程如此有價值的原因，這些課程讓學生掌握學科知識，同時也創造練習智慧型失敗的機會。布萊頓學院（Brighton College）是英國布萊頓的一所男女私立學校，這所學校非常重視這一方面的教育。該校設計和技術課程主任哈維（Sam Harvey）介紹說，學校的理念是：「學生的創造力不受限制，我們鼓勵他們創造、嘗試和測試他們的想法。」[12]換句話說，就是練習智慧型失敗。

　　就這樣，布萊頓學院的五名英國青少年發現一個機會，不僅提交他們的期末作業，還解決一個實際的問題：在切開酪梨時會不小心切傷手，也稱為「酪梨手」。[13]他們的一位同學在切酪梨時，不小心被刀割傷了手，這五名13、14歲的孩子在老師歐伯莉（Sarah Awbery）的鼓勵下，發明了一個削皮工具原型，可以安全地切開酪梨皮，並去除果核。這群青少年將自己的發明命名為Avogo，並參加2017年倫敦設計博物館的Design Ventura競賽，在2000多個參賽作品中，贏得獨立學校組的冠軍。後來，學生們透過群眾募資平台Kickstarter籌集到製造Avogo的資金，[14]這是新的領域帶來有意義的機會。

　　布萊頓學院提供了一個範例，顯示如何向年輕人傳授智慧型失敗的習慣和心態。例如，兒童博物館的動手操作展覽讓孩子們有機會把一個球放入滑道，推測球可能會往哪個方向掉落，提供正確犯錯的早期練習機會。遊戲是智慧型失敗精神的重要部分，失敗不一定是令人痛苦的。

做足功課

　　智慧型失敗從準備開始，沒有科學家願意浪費時間或材料去做以前做過、但失敗的實驗，所以要做足功課。經典的智慧型失敗是由假設所驅動的，你已經花時間思考可能發生的事情，為什麼你有理由相信你對將要發生的事情的判斷是正確的。我在哈佛大學的同事艾森曼（Thomas "Tom" Eisenmann）是一位創業專家，他發現許多新創公司的失敗，都是由於忽略基本功所造成的。例如，線上約會新創公司Triangulate急於推出功能齊全的產品，但沒有滿足任何市場需求。由於急於快速推出產品，創辦人跳過調查研究，沒有做客戶訪談來探究尚未滿足的需求。由於忽視這項關鍵的準備工作，該公司付出代價。[15]艾森曼將這種常見的失敗部分歸因於「『快快失敗』的口號」，[16]它過分強調行動，而忽視準備。此外，雖然這似乎是不言而喻的，但一旦你完成作業，你就必須注意其中的內容。

　　以水晶百事可樂（Crystal Pepsi）為例，1992年，為了迎合市場對透明和不含咖啡因飲料的青睞，這是一款於匆忙中推出的汽水。公司就想，何不生產一種透明且無咖啡因的飲料，並以透明的瓶身包裝，以突顯產品的訴求呢？百事可樂的科學家在很早的時候就發現，這種新產品存在一個相當大且棘手的問題：透明瓶裝的透明飲料很容易變質，很快就會出現難聞的味道。裝瓶商的早期報告也證實這是一個問題。為了急於讓產品上架，行銷主管忽略這些蛛絲馬跡。如果你從未聽說過這種汽水，那也不足為奇。水晶百事可樂在產品開發史上以重大失敗的新產品而聞名。[17]

伯奈爾之所以能注意到，由於她之前接受過物理和無限電天文學方面的訓練，她收集的數據有些不對勁，沒有這方面背景的人只會看到彎曲的線條，但伯奈爾能夠自信地說：「我不應該看到這樣的東西，我想知道那是什麼。」[18]這兩句話足見她的準備程度之高。如果她沒有做足功課，她就沒有能力注意到意想不到的東西。只有對應該發生的事情具備知情的心智模式，你才能觀察到異常情況。

五位英國青少年，坎波里（Pietro Pignatti Morano Campori）、利納雷斯（Matias Paz Linares）、帕特爾（Shiven Patel）、瑞卡德（Seth Rickard）和溫斯坦利（Felix Winstanley），透過參考以往的酪梨切割器，來充實自己。他們說：「我們規劃一天中可能會發生在設計愛好者身上的日常活動……」。我們探索水果和蔬菜的各種現有備料產品。[19]其中許多產品又笨重又龐大，我們希望設計出時尚的設計。我們嘗試了不同的鉤子形狀設計，然後準備對我們的設計進行真正的測試。」海姆斯特拉的學生克努特森在投入時間和化學物質進行新實驗之前，先查閱科學文獻，盡可能地了解他要試圖解決的問題，儘管這意味著要去查找一篇1960年代不起眼的論文。

　　同樣重要的是，正如伯奈爾所舉例的那樣，人們希望了解為什麼會發生意想不到的事情，或者預測新實驗中會發生什麼。例如，園丁想要了解為什麼同一株幼苗在一個地方可能比另一個地方長得更好。是土壤的關係嗎？太陽照射的時間長短？澆水時間？還是其他的因素？老師想知道，為什麼有些學生學習起來更困難。當你開始一份新工作或搬到一個新地方時，你可能會好奇會面臨哪些挑戰、機遇和經歷。人類生來好奇，但隨年齡增長，我們有可能失去了解新事物的動力。而且，如果你已經知道了，就很難再去學習。

　　這就是為什麼任何現有系統（家庭、公司、國家）的局外人都會帶來如此寶貴的新視角。他們知道自己不知道！工程師和發明家阿塔爾（Bishnu Atal）記得，當他在1961年第一次來到美國貝爾實驗室工作時，與他在印度的家人交談是多麼令他沮喪。他想知道，為什麼電話音頻接收效果這麼差？即使是簡單的對話也很難聽清楚。另外，為什麼國際長途電話費這麼貴？這些問題讓阿塔爾和他在貝爾實驗室的同事們在接下來的二十年裡忙得不可開交。阿塔爾的好奇心最終促成「線性預測編碼」（linear predictive coding）的發展，這是當今語音處理中使用最廣泛的方法。[20]他們的技術使你可以用手機與世界上幾乎任何地方的人進行清晰且廉價的通話。

控制失敗的規模盡可能小

　　最終，在朋友比爾的堅持下，瑪麗同意去相親。但這一次，我務實的母親憑直覺知道該如何降低風險。她並沒有答應要和朋友的朋友共度整個週末，甚至不必整個晚上都待在那裡，她同意見面喝一杯。她頂多浪費幾個小時，忍受無聊或不令人滿意的經歷。因為投入的時間和精力很少，她願意嘗試一下。

　　瑪麗和比爾的朋友鮑勃一拍即合，他們最終結婚了，那天晚上她遇到的那個聰明、認真、善良的男人，就是我的父親。另外，比爾姑丈被閃電或丘比特的箭擊中兩次，他娶了一直在交往的女友，也就是我父親的妹妹，後來再婚又娶了我敬愛的瓊安阿姨。

　　因為失敗會消耗時間和資源，所以明智的做法是審慎地使用時間和資源。因為失敗也會威脅到聲譽，若要減輕失敗帶來的聲譽損失，有一種方法是閉門試驗。如果你曾經試穿過大膽的新款式服裝，看看是否適合自己，那麼你可能是在商店更衣區的簾子後面試穿的。相同的道理，大多數創新部門和科學實驗室都是不公開的，科學家和產品設計師在沒有眾目睽睽的情況下嘗試各種瘋狂的事情。

　　一旦發現專案明顯行不通，就立即終止，這是創新者限制失敗規模和成本的另一種方式。對於專案的團隊來說，繼續把巨石推上山是很誘人的。誘人，但也很浪費。大多數創新專案中聰明、積極的人可以更有意義地重新部署到下一個有風險的活動中。當你在花冤枉錢時，要即時辨識並不容易，這就是為什麼我認為分析進展應該是一項「團隊合作」。為了克服「沉沒成本」的謬誤，你必須願意徵求對專案持不同觀點的人的意見，這有助於改變默認的誘因（繼續進行專案），這樣人們就可以放心地說是時候停止了。泰勒（Astro Teller）是Google母公司Alphabet旗下激進創新公司X實驗室的負責人，他會給承認專案失敗的員工發放失敗獎金。[21]他明白，當微弱的不祥之兆開始暗示一個專案注定要失敗時，這就不再是智慧型失敗。

早在1990年代，禮來製藥公司（Eli Lilly）當時的科技總監湯普森（W. Leigh Thompson）就提出了「失敗派對」，他的目標是看重深思熟慮的風險，因為這些風險對推進科學發展是必不可少的。[22]但同樣重要的是，他明白這些儀式可以幫助科學家及時承認失敗，為接下來的事情騰出資源。他試圖讓失敗的規模盡可能的小！我要補充一點，「派對」可以確保部門中的其他人了解失敗，以防止重蹈覆轍，這是盡可能降低失敗成本的另一種最佳做法。我希望現在大家已經清楚，智慧型失敗若發生第二次就不再智慧了。

另一個盡可能減少失敗的最佳做法是設計精明的試驗，在全面啟動創新之前測試新想法。試驗是有道理的：對新事物進行小規模測試，以避免出現重大、昂貴、明顯的失敗。但太常見的是，這在實務中往往不盡如人意：一個看似成功的試驗之後，在向所有客戶推出創新產品時卻遭遇重大失敗。當公司領導者沒有意識到，他們的激勵措施促使在試驗階段可以有不受約束的成功，從而抑制智慧型失敗時，就會發生這種情況。人們自然有動力讓他們的專案取得成功，包括試驗，而正式和非正式的激勵措施會強化這種願望。因此，負責試驗的人員會想盡一切辦法，取悅一小部分參與的客戶，即使這需要額外的資源或人力來把事情做好。不幸的是，當全面推出新產品或新服務時，已經不再是在理想化的試驗環境下進行，因此進展並不順利。我曾研究過一家電信公司，在對一項新技術進行完美的試驗後，經歷了一場尷尬且昂貴的慘敗。[23]公司的試驗因為在試驗時成功過而失敗（而不是因為失敗過而成功）！由於沒有在全面推出之前發現需要修復的漏洞，這項試驗辜負了公司及客戶的期望。

　　解決方案是建立激勵措施，激勵試驗不追求成功，而是好好從失敗中學習。有效的試驗會犯很多正確的錯，也就是無數的智慧型失敗，每一次都會產生有價值的資訊。要在你的組織中設計精明的試驗，你應該能夠對以下問題回答「是」：

　　一、試驗是否在典型（或者更好的是，具有挑戰性的）環境下進行，而不是在最佳環境下進行？

　　二、試驗的目標是盡可能地學習，而不是向高階主管證明創新的成功嗎？

　　三、是否明確表明，薪酬和績效考核不會根據試驗的成功結果而定？

　　四、試驗的結果是否帶來明確的改變？

　　讓我們回顧一下，失敗必須發生在新的領域，追求有價值的目標，並做好充分的準備和降低風險（投入盡可能少的學習成

表 2.1

如何判斷失敗類型是否屬於智慧型失敗

屬性	診斷問題
發生在新的領域	是否具備知識基礎，可實現我想追求的結果？有沒有可能找到其他方法，以避免失敗？
以機會為基礎	是否有值得追求的重要機會？我希望實現什麼目標？值得冒失敗的風險嗎？
以先驗知識為依據	我是否做足功課？在做實驗之前，我是否具備可用的相關知識？我是否對可能發生的情況提出深思熟慮的假設？
讓失敗規模愈小愈好	我是否設計盡可能小、但仍能提供資訊的實驗，來降低在新領域採取行動的風險？計畫的行動是否「規模合適」？
額外收穫：你從中吸取教訓！	我是否從失敗中汲取教訓，並想出如何在今後的工作中加以利用？我是否廣泛分享這些知識，以防止同樣的失敗再次發生？

本），這樣的失敗才是智慧型的失敗。如果表2.1中總結的這些標準都達到了，當你嘗試某件事卻沒有成功時，這就是智慧型失敗。現在是時候盡可能地從這個失敗當中學習。

盡可能地學習

在我父母相親五十多年後，人們開始使用網路來安排本質上是相親的活動。這就是韋伯（Amy Webb）的經歷，她在30歲時就已經開始成功的職業生涯，成為了「定量未來學家」，[24] 事業如日中天，《富比士》雜誌甚至將她列為改變世界的五十位女性之一，然而她發現自己相當漫不經心地登錄約會網站，建立個人資料，以吸引人生伴侶。[25] 她在網站上將自己描述為「屢獲殊榮的記者、講者和思想家」,「在數位媒體領域工作了12年,現在為世界各地的多家新創公司、零售商、政府機構和媒體組織提供諮詢服務⋯⋯。」當她被問及喜歡做什麼娛樂時,她列舉了JavaScript和獲利。

在她為數不多的約會中,有一次是與一位IT專業人士共進晚餐。在餐廳裡,對方點了菜單上和菜單外的多道菜:開胃菜、主菜和幾瓶葡萄酒。在約會的過程中,一道菜又一道菜送到他們的餐桌上,談話卻平淡無奇。帳單送來時,她的約會對象站了起來,說他要去男廁所,然後就再也沒有回來!韋伯結帳的金額幾乎相當於她當時一整個月的房租。

顯然,這是一次失敗,她決定要從中吸取教訓。

那天晚上,她把失敗重新架構為演算法的問題。約會平台用於媒合的約會演算法讓她失望了,或者說她讓演算法搞錯,但網站的演算法究竟是如何運作的呢?韋伯發起一項長期的實驗,以了解哪裡出了問題。

她的目標:收集資料。她的方法是在網上建立十個虛構的男性個人資料,其中包含她想要嫁的男人的最重要特質:聰明、英俊、有趣、注重家庭、願意去遙遠的地方旅行。然後她等著看這些理想男人會吸引什麼樣的女人。為了避免欺騙別人,她極少與跟她進行聯絡的人交流。她將收集到的資料輸入Excel試算表,還分析網站上最受歡迎的女性資料。

有了新知識,她進行了第二次實驗,這次她逆向設計了一個新的個人資料,雖然是真實的,但她稱其為針對線上約會的新生態系統進行了「優化」。在發現自己的優點超越履歷上所寫的內容後，她形容自己為「有趣」和「富有冒險精神」。她等了23個小時才回覆網站上的訊息，她發布新的照片，照片中的她穿著展現身材而不是遮掩身材的衣服。第二次的個人資料大獲成功，她找到與她相識、約會並結婚的男人，這個男人成為她一生的摯愛，也是他們女兒的父親。韋伯堅稱，她的成功歸功於破解約會網站使用的演算法程式碼。但如果她不是一開始就願意從失敗中吸取教訓並堅持不懈，她就不可能破解這個程式碼。

　　花時間從錯誤中吸取教訓往往是智慧型失敗中最令人退縮的方面，並非所有人都能像愛迪生那樣保持樂觀。如果你感到失望或尷尬，並不只有你會這樣，而且你很容易想逃避這些感覺。這就是為什麼重新架構、抵制自責和激發好奇心就顯得很重要。我們很自然會陷入自以為是的分析，比如「我是對的，但實驗室裡一定有人變動了什麼」，這讓我們忽略了發掘新事物的機會。但從失敗中學習的真正念頭，迫使我們更全面、更理性地面對事實。你還需要避免膚淺的分析：「這沒有作用，讓我們試試別的東西」，這會產生隨意的行動，而不是經過深思熟慮的行動。最後，避免「下次我會做得更好」這種輕率的強辯，這會妨礙真正的學習。你需要停下來，仔細思考哪裡出了問題，以便為下一步行動提供依據。（或是決定放棄這個機會，這個決定本身就很有價值。）表2.2顯示我們在生活中未能充分從失敗中學習的情況，以及如何做得更好的一些方式。

　　仔細分析結果，以確定失敗發生的原因，這麼做至關重要。

表 2.2
從失敗中學習的做法

避免	不要說	試試看
跳過分析	下次我會更努力的。	仔細思考出了什麼問題，以及可能造成出錯的因素。
淺層分析	沒有用的，我還是試試別的方法。	分析失敗的不同原因，這對下一步嘗試有何建議。
自以為是的分析	我是對的，但被別人或其他事情給搞砸了。	深入了解，並接受你自己導致失敗所肩負的責任（無論大小）。

難道只是用錯了錯誤的化學物質嗎？那麼，這是基本型失敗，而不是智慧型失敗。這個假設是否經過深思熟慮，但卻是錯誤的？那麼，這就是一次智慧型失敗。仔細分析，問自己，哪裡出了錯？為什麼？從失敗中學習，才能最終靈光乍現。學習失敗從前置作業開始：在新領域中發現機會；做足功課、設計小型實驗，以節省時間和資源。這不屬於哲學追求的範疇，而是需要偏重行動，也就是迭代行動。

偏重迭代行動

智慧型失敗是一個有開始和結束的插曲。世界各地的發明家、科學家和創新部門都在實施智慧型失敗的策略，將多種智慧型失敗串聯起來，向有價值的目標邁進。在進行實驗時，我們希望自己的假設是正確的，但我們必須採取行動才能確定。你可能正在實驗一種新髮型，而不是用化學物質來分離RNA，但行動是無可替代的。在大多數情況下，你的行動需要後續行動。如果你讀過本章的最初草稿，你會看到內容一團糟！願意面對缺點，並相信迭代改進——時常把文稿丟進垃圾桶（電腦上的或實體的），可以讓一本書完稿並付梓。在任何不確定的工作中，偏重行動都會讓你起步，但進步需要迭代。

在我的兒子還小的時候，我們會在麻州的瓦丘瑟山（Wachusett Mountain）上度過下雪的週末。我的兒子學習以愈來愈成熟的技巧和優雅的姿態來操縱滑雪板，更不用說速度愈來愈快了，這些都是學習的樂趣。我的小兒子似乎從小就意識到需要不斷進步。有一次，大約八歲的尼克還在學習滑雪，他叫我看著他從斜坡上滑下來。在一個初冬的下午，我盡責地站在山腳下，凝視著山上，看著一個穿著紅色雪衣的小身影小心翼翼地穿梭在顛簸的雪道和其他飛馳而過的滑雪者之間。當他走過來問我：「我滑得怎麼樣？」我的反應和許多父母一樣，我想很多家長都會這樣回答：「你做得很棒！」

他的回答讓我大吃一驚，他並沒有像我想像的那樣露出燦爛的笑容，而是顯得很困惑。我從他的眼神中看到了失望，他問道：「你就不能告訴我，我哪裡做錯了，這樣我就能變得更好嗎？」心理學家杜維克（Carol Dweck）稱這種情況為「成長心態」，[26]這種心態很少見，尤其是當孩子們在成長過程的每一步都受到讚揚時。長期下來，大多數孩子都會內化對固定智力和天生能力的信念。也許是因為他有一個天生能夠把很多事情做得更好的哥哥，尼克不同尋常地喜歡別人給他誠實的反饋，他喜歡正確犯錯。對他來說，每次滑行都是一次進步的機會。

　　如果你想知道我身為一名家長是否做了什麼正確的事情來培養孩子的這種態度，我只能說，我非常熟悉杜維克的研究，而且我盡我所能對過程（「我對你如何處理顏色很感興趣」）而不是結果（「多麼美麗的畫！」）發表評論，儘管那時我在滑雪場的特殊時刻沒有做到。回想起來，我原本可以說：「你控制了自己的速度，而且看起來很開心。如果你的膝蓋多彎一點，胸部朝下，你的姿勢會更好。」

　　無論是在我們的生活中，還是在塑造我們世界的技術中，從智慧型失敗中學習都是緩慢的過程。有時需要數十年的時間，需要很多人在別人失敗的基礎上繼續努力。就拿交通號誌燈來說，這項發明經歷走走停停的過程，就像它現在控制的交通一樣。[27]該系統最初由鐵路經理奈特（John Peake Knight）發明，並於1868年安裝在倫敦，當時使用的是煤氣燈，需要一名警察站在旁邊操作信號。一個月後，一名警察「因煤氣管道洩漏，導致其中一盞燈在他臉上爆炸而受重傷」。交通號誌燈被宣布危害公共健康，所以這個計畫也隨之停止。

　　四十年後，當汽車上路時，對交通號誌燈的需求變得更加迫切。在二十世紀初的頭幾十年裡，美國嘗試了多種不同的交通號誌燈，其中第一個電子交通號誌燈由霍格（James Hoge）申請專利，其設計包括發光的「停止」和「行進」字樣，於1914年安裝在俄亥俄州的克利夫蘭。[28]但是在1923年，發明家兼商人摩根（Garrett Morgan）提出一個想法，改進之前的產品，使交通號誌燈最接近我們今天的紅綠燈。[29]

據說，摩根在克利夫蘭市中心的一個十字路口目睹一場嚴重的交通事故，當時十字路口已使用交通號誌燈。[30]在他看來，事故的原因在於號誌燈在停車和行駛之間沒有任何間隔，讓司機沒有時間做出反應。摩根的發明是一種帶有臨時警示燈的自動信號燈，也就是今天黃燈的前身，他為該發明申請了專利，並出售給奇異公司。

其他時候，實驗的時間相對較短，甚至在通往成功的道路上還要經歷幾次迭代的失敗。以史塔克（Chris Stark）為例，每年秋季，新英格蘭都會有大量掉落的蘋果，他希望能替蘋果找到其他用途。[31]做蘋果派嗎？這不是一個可行的解決方案，因為不管是誰，可以吃或儲存的蘋果派數量都是有限的。

蘋果醬呢？還是同樣的問題。

他認為做成蘋果汁是可行的，因為這種液體可以容易地儲存起來，而且有多種用途。

現在來行動了。他設計一個表面釘上螺絲的滾筒來打碎蘋果，但要如何轉動這個設備呢？首先，他在滾筒上安裝一個自行車的曲柄，結果失敗了，這需要費更大的力氣。接下來，他把滾筒連接到一輛舊自行車上，以腳踏踏板做為動力的來源。這個方式也失敗了，因為鏈條會脫落，操作起來很危險。在第三次嘗試時，幸運之神降臨，史塔克把一輛健身車連接到一個平台上，讓整個裝置靜止不動，打造出他的「健身果汁車」。

仔細觀察結果，以確定失敗發生的原因，這一點非常重要。

是簡單的化學混合問題嗎？那麼就是基本型失敗，而不是智慧型失敗。如果你有一個假設，但它是錯誤的，提醒自己不要太失望，而要保持好奇。為什麼錯了？你遺漏了什麼？訓練自己更去在意失敗帶來的新資訊，而不是錯誤。你可以欣慰，這是一次智慧型失敗！但智慧型失敗所帶來的教訓並不容易顯露出來，所以要花點時間仔細診斷一下失誤的情況。問問自己，我原本希望發生什麼結果？然而，發生了什麼？是什麼造成這種差異？這項工作可能很艱苦，但它總是指向更好的方法，闡明下一步該要嘗試什麼。

成為從失敗中累積智慧的大師

誰在智慧型失敗方面做得特別好？正如我們所見，是科學家，當然還有發明家。此外，還有名廚和公司創新團隊的領導者等。儘管表面上存在差異，但運用失敗的精英有很多共同點，這些特質是我們都可以效仿的。

一切始於好奇心，這些精英似乎都渴望了解周圍的世界，不是透過哲學沉思的方式，而是透過與世界互動，測試事物，進行實驗。他們願意行動！這使得他們在過程中很容易遭受失敗，而他們對失敗的容忍度似乎超乎尋常。

好奇心的驅使

韋斯特（James West）的父親希望他去上醫學院，[32] 醫生永遠不會失業，因為總是有病人需要幫助。他的父親塞繆爾‧韋斯特（Samuel West）是一名火車臥車車廂的搬運員，他告訴兒子，他的一些非裔同事擁有博士學位，卻因為找不到自己領域的工作，所以跟他做一樣的工作。[33]詹姆斯的母親瑪蒂達‧韋斯特（Matilda West）原本在高中教數學，後來到美國太空總署的朗利研究中心（Langley Research Center）工作，成為一名「人類電腦」，使用鉛筆、計算尺和加法器來計算將火箭和太空人送入太空的數字，但由於她在全國有色人種協進會（National Association for the Advancement of Colored People）中的活躍活動而被解僱。[34]顯然，從事科學事業，即使是在美國NASA工作，對於非裔美國人來說，也是有風險的，而當醫生丟飯碗的風險幾乎為零。

然而，韋斯特不顧父親的願望和警告，還是在天普大學（Temple University）主修物理學。也許他在韓戰中服役而獲得的兩枚紫心勳章顯示了他喜歡冒險，但從很小就很明顯看出他對物理世界運作的方式感到很有興趣。[35]像許多未來的工程師一樣，他小時候就會拿螺絲起子搞破壞，不停地拆開東西，看看東西的運作方式；令大人們頭痛的是，他不一定會把拆開的東西組裝回去。有一次他拆開祖父的懷錶，總共有107個零件。[36]

韋斯特最喜歡的失敗故事之一，是他在八歲時搶救舊收音機的故事。[37]顯然，那天下午，他關係密切的大家庭中沒有一個成年人在場確保他不會惹事。他獨自一人拿著壞掉的收音機，手裡拿著工具，修修補補，直到他認為已經修好為止。他的家在維吉尼亞州的法姆維爾（Farmville），和1930年代的許多房子一樣，每個房間只有一個電源插座，而且連接著天花板上的電燈。韋斯特爬上床的欄杆，插上磨損的電線。他抓住插座，突然聽到嗡嗡的巨響。

然後，他發現自己的手被黏在天花板上。

電流穿過他的身體，他的哥哥走進房間，把他撞倒，但更讓他震驚的是這次失敗的性質和原因。那台舊收音機對他來說是個新領域，讓收音機能播放音樂，給他提供了一個可靠的進步機會。準備工作包括他已經研究過的所有其他機械和電子零件。八歲時，他認為實驗的風險僅限於收音機是否會發出聲音。然而，正如任何智慧型失敗都可能發生的情形，意想不到的後果發生了。是什麼導致他的手黏在天花板上？為什麼會這樣？他覺得有必要弄清楚電是如何運作的。

80年後，韋斯特名下有超過250項專利，其中一項是他與別人共同發明的駐極體麥克風，這種麥克風讓智慧型手機可以傳送聲音。韋斯特回顧他那天感受到的持續好奇心，這是他後來發明的重要力量：「為什麼大自然會這樣？影響自然界行為的重要因素有哪些？我怎樣才更能理解我正在處理的物理原理？」[38] 2015年，當我與韋斯特同台演講時，我們當天在會議禮堂演講時佩戴的米色小耳機麥克風就是他發明的。

1957年，韋斯特申請了大學公告欄上的一個實習機會，前往貝爾實驗室工作，該實驗室因許多突破性發明而聞名，其中最著名的是電晶體。貝爾實驗室邀請他暑假到那裡，並有點隨意地把他分配到聲學研究部門與一個小組合作，試圖確定我們在靠近聲音那一側的耳朵聽到聲音的時刻，與在另一側耳朵聽到聲音的時刻之間的毫秒間隔,稱為「耳間時間差」(interaural time delay)。[39] 實驗的問題出在耳機上,因為耳機直徑只有一英寸,只有少數人能聽到耳機發出的聲音。這導致一個次要的問題:很難找到足夠的測試對象。新實習生的任務很明確:「幫助這個小組能夠測量更多人的耳間時間差。」[40]

韋斯特去了圖書館,閱讀了三位德國聲學科學家撰寫的一篇論文,內容涉及一種不同類型的耳機,這種介質耳機可以製成任何大小。[41]如果耳機大一點,就可以讓更多的測試對象聽到聲學家想要測量的咔嗒聲。機械車間按照韋斯特的規格製造出新的耳機,然後──成功了!當他把耳機連接到一個五百伏特的大電池後,這個大耳機就按照他預期的那樣奏效了。[42]

這樣問題就解決了,測量耳間時間差的研究專案可以繼續進行,這位暑期實習生獲得讚賞。然而,到了11月,這款耳機就出現故障。聲學專家打電話給當時已回到學校的韋斯特,告訴他耳機的靈敏度已降至接近於零,情況非常不對勁。

然後,韋斯特重讀他在圖書館找到的論文,果然,經過一段時間後,需要調整電池來改變電流的方向。這就產生了一個新問題,將電池的極性反轉,無法為聲學家的測試對象產生正確的脈衝。這個問題無法透過電話解決,所以貝爾實驗室讓韋斯特飛往新澤西州再去看看。

韋斯特仍在思考如何產生足夠的聲音來進行耳間差測試,他檢查了耳機。他取出電池,驚訝地發現耳機仍然可以用。他首先想到的是電容器仍然處於充電狀態,因為電容器會漸漸地存儲和釋放能量。為了做實驗，他給電容器放電。但是，耳機仍然連接著振盪器導線和一片聚合物薄膜，還是可以使用！

　　然而，這並不是一個靈光乍現的時刻。相反的，這是一個黑暗的時刻。事情不對勁，因為耳機不應該那樣運作。就像伯奈爾在電波望遠鏡的數據中看到一些她不理解的東西，從而發現脈衝星，韋斯特也注意到這個出乎意料的事件，同樣重要的是，他也堅持要探求當中的道理。就像當年一條磨損的電線把他的手黏在天花板上一樣，他說：「我必須弄清楚，在我弄清楚那片聚合物到底是怎麼回事之前，我無法做任何其他事情。」[43] 如果是對失敗韌性較差的人可能會放棄這個明顯的謎團，但對於韋斯特來說，好奇心和堅持的精神贏得了勝利。就這樣，他察覺到駐極體的重要性。

　　現在，解決一系列新問題的真正工作開始了。在接下來的幾年裡，韋斯特和他的貝爾實驗室同事塞斯勒（Gerhard Sessler）致力於研究駐極體的物理原理。當韋斯特和塞斯勒不再思考電荷是如何產生的，而是專注於帶電荷的聚合物時，終於有了突破。[44] 你將一再地看到，運用失敗的精英具備靈活的思維方式，願意放棄一個探究方向，轉而去考慮另一個方向。當韋斯特和塞斯勒想出如何在聚合物薄膜中捕獲電子時，靈光乍現的時刻到來了。他們的發明帶來巨大的影響，使電池成為多餘，最終改變數以百萬計影響我們生活的產品。現在人們可以製造任何尺寸和形狀的高品質麥克風，而成本只是以前的一小部分。索尼公司（Sony）於1968年首次生產駐極體麥克風。[45] 駐極體的體積小、壽命長、效果好，而且生產成本極低，這意味著當今90%的麥克風、智慧手機、助聽器、嬰兒監視器和錄音設備都採用了駐極體。[46]

無所畏懼地嘗試

雷澤比（René Redzepi）1977年出生於哥本哈根，比韋斯特晚了近半個世紀，雷澤比於2003年在全球美食界嶄露頭角，決心只使用斯堪地那維亞半島北部的本地食材，來創造新的高級料理。[47] 25歲的雷澤比並非初出茅廬，他留著鬍子，粗曠英俊，睜著大大的眼睛，目光堅定地向外看，有著廚師般的自負。他的母親是丹麥人，父親是來自南斯拉夫馬其頓地區的移民。雷澤比在15歲時被高中退學後，開始上烹飪學校。他曾在幾家餐廳當過學徒，其中包括西班牙的El Bulli，該餐廳以創新分子美食和創意搭配不尋常的食材而聞名。[48] 但是，只使用斯堪地那維亞半島北部的本土食材做菜似乎太不尋常，也不可行。[49] 就連他最親密的朋友也嘲笑這個想法都在吃北歐的「鯨脂」食物。

雷澤比似乎對他人的懷疑感到興奮，不僅能夠擺脫負面評論，還能將其轉化為光榮的象徵。最終，他與丹麥電視烹飪節目主持人兼企業家邁耶（Claus Meyer）共同創辦的餐廳五次被評為世界最佳餐廳。[50] 正如你將看到的，高級料理的成功部分取決於瘋狂的實驗。

雷澤比在2012年至2013年出版的日記中寫道：「我們是食物世界的探險家，在尋找新方法和新寶藏。」[51] 長期以來，雷澤比的創作靈感一直來自於新食材；他對野生植物、海膽、鮑魚和螞

蟻等奇特食材的好奇心，結合發酵和脫水等實驗性新方法，創造
出許多前所未見的新菜餚。[52]

　　起初，雷澤比的實驗是只使用「餐廳60英里範圍內種植、
捕撈或採集的」食材進行烹飪，[53]這些東西的風險相對較低。漸
漸地，他的食材範圍不斷擴大，包括在冰凍苔原中發現的蘿蔔和
味道像香菜的本土植物。2013年是雷澤比日記中關鍵的一年，
他寫道，他的餐廳就像一個實驗室，初級廚師花了數週時間研究
特定物種、種子或種植區域，以便更能採集某些蔬菜（例如胡蘿
蔔）的精髓，用這些蔬菜為雷澤比烹製一道菜，供他品嚐，然後
決定是否將其列入當晚的菜單，[54]但大多數菜都不被採用。

　　說到緊張、情緒化、快速的氛圍，餐廳廚房幾乎沒有對手。
風險可能很高：個人聲譽、野心、階級制度和創意身分都受到威
脅。這讓初級的廚師在失敗時情緒激動，而雷澤比最初的態度也
無濟於事。「這麼多的試驗，這麼多的失敗，」在進行過一些胡
蘿蔔實驗後，他在日記中寫道，「他們一再地拿出失敗的作品，
這些人變得緊張，甚至害怕。」[55]

　　最終，雷澤比學會明確而大力地支持失敗，讓失敗變得更
容易接受，每週會抽出專門的時間為初級廚師進行嘗試。這些練
習時間培養出一種文化，在這種氛圍中，失敗被視為創新的一部
分，而成功的菜餚就是從創新中產生的。久而久之，他成為一名
失敗的傳道者，把這些閉門練習時間視為「只要你盡了百分百的
努力，失敗多少次都可以」的機會。[56]令人緊張的胡蘿蔔失敗七
年過後，他的Noma餐廳首席糕點師費拉羅（Stefano Ferraro）體

現了這種新文化，他解釋說：「我工作的關鍵，是從每一個錯誤中學習，這是每一次改進的前提。」[57]

　　只有把冒險和失敗視為常態，雷澤比才能不斷提升自己的技藝。他寫道，食物「必須與時俱進，不能一成不變。」[58]這種失敗的策略可能會帶來令人驚嘆、出人意料的成功，例如以峽灣活蝦製作的食譜，雷澤比熱情地將其描述為「微小、半透明、振動的珠寶，在盒子裡跳來跳去，跳躍到20到30釐米的空中」。[59]雷澤比解釋說，其他廚師可能會用翻炒或燒烤的方式料理蝦子，但他會把蝦子「擺在小玻璃罐裡的冰上，配上焦化奶油」，並描述他所謂咬活蝦的「迷人」感覺：「你的牙齒會感受到蝦殼發出細微的脆響，然後是柔軟微甜的肉，蝦頭帶有濃郁的蝦味。這是一種令人難忘的咬法：捕食者對付獵物。焦化奶油其實只是為膽小的人準備的，他們想快速、緊張地把蝦子那昆蟲般的眼睛和頭部用浸泡的方式遮住。」

　　儘管雷澤比相信這項實驗已經取得成功，但他擔心饕客可能不會接受這道大膽的焦化奶油活蝦菜餚。他的擔心是多餘的，「整間餐廳散發出溫馨愉快的氛圍，」他寫道，「後面到的客人爆出笑聲和尖叫，早來的客人會讚賞地朝他們點頭致意，我們成了一個大聚會，每個人都覺得彼此認識，就像一個家庭。只要大海還為我們提供峽灣的蝦子，它們就會出現在菜單上。」

　　與發明駐極體麥克風不同，烹飪是變化無常、多變和主觀的，一頓美味的餐點並不保證隔天也能同樣美味。2016年，當Noma餐廳的工作人員臨時搬到澳洲雪梨時，雷澤比和他的團隊在祕密研發新菜色，在蛤蜊菜餚中嘗試搭配澳洲的灌木番茄，[60]結果非常出色。然而，當團隊第二天再次嘗試時，前一天令人興奮的味道卻沒有出現，所以這道菜無法上桌。「我們都是怪胎，」負責研發的廚師弗雷貝爾（Thomas Frebel）說，「當我們成功的時候，我們會為那些令人驚嘆的時刻歡喜雀躍。但大多數時候都是失敗，然後再站起來，一次又一次地這樣反覆。」[61]

雷澤比與所有創新者一樣，在通往成功的道路上也經歷起起伏伏。2013年11月，雷澤比面臨另一種失敗。在收到「一頁又一頁的赤字」後，[62]他得知餐廳「虧損了一大筆錢」。由於他致力於使用在地的當季食材，因此斥下巨資採購食材。在冬天時的花費尤其驚人，「食材都霜凍起來了，影響巨大，」他在2013年2月的日記中寫道，「由於幾乎沒有食材可供使用，我們試圖處理一些更廣泛的概念，好推動我們前進；我們正在尋找對抗這種惡劣天氣的辦法。」[63]

他的會計師警告說，到2014年1月，Noma將無力支付租金。雷澤比在考慮各種方案時，沒有一個是很滿意的：提高價格、解僱員工或接受一家（未透露姓名）不含酒精飲料公司的餐廳收購案。相反的，他聘請了一名廚房經理來監督開銷，並盡可能削減成本。很快地，餐廳嘗試了極端的冬季新菜單，「垃圾烹飪」和「乾燥廚房」，這為餐廳降低了成本。魚鱗、蘿蔔乾和辣根、南瓜、用整粒果仁和穀物製成的粥、烤過的山毛櫸堅果，這些不尋常的菜餚為Noma增添吸引力。[64]儘管財務面臨困境、冬天充滿挑戰，以及菜餚可能無法成功複製，這家餐廳仍然繼續蓬勃發展。

因為人們會專程飛來哥本哈根品嚐Noma的美食，使得哥本哈根的旅遊業大幅增長，[65] 必須提前一年開始訂位，Noma贏得了米其林三顆星，這對於斯堪地那維亞餐廳來說幾乎是聞所未聞的。[66] 是什麼造就這樣非凡的成功？雷澤比在日記中寫道，「我們必須記住，我們所取得的一切成就都是透過失敗」以及「透過處理每天絆倒我們的失敗取得的。」[67]

2023年1月，Noma宣布餐廳將於2024年底永久關閉，震驚了餐飲界，讓媒體重新關注雷澤比的成功和失敗。[68] 大部分報導都聚焦於批評頂尖餐廳工作時間長、工資低，這樣有可能掩蓋故事核心的有趣轉折點。Noma將關門謝客，重塑為一個食品實驗室，在網上開發和銷售新的烹飪發明。雷澤比將從廚師轉型為創新領導者。只有一件事是肯定的：這位善用失敗的精英在下一階段的旅程中，他願意失敗的態度將派上用場。

與失敗做朋友

正如冒險是高級料理成功的必要條件一樣，世界各地的企業要想創新，同樣離不開失敗。如今，在企業中宣揚失敗已不再那麼稀奇。但早在2002年秋季，我在麻州查塔姆（Chatham）的一場設計行業會議上發表關於失敗的演講，當時我並不確定聽眾對我的演講會如何反應。我下台後不久，一位與會者向我走來，臉上帶著疑惑的表情。據我所知，代頓（Douglas "Doug" Dayton）是知名設計公司IDEO的設計師，也是該公司波士頓辦事處的負責人。他給我的印象是嚴肅而深思熟慮，顯然有什麼事情困擾著他。代頓身材中等、黑髮、四十多歲，說話沉穩、深思熟慮，他解釋說，他的團隊為擁有百年歷史的床墊製造商席夢思（Simmons）進行的一個專案似乎陷入困境。他想知道我是否可以幫助他和團隊從中了解應該吸取哪些教訓。我說我很樂意，特別是如果他們能讓我寫一份哈佛商學院的正式案例研究報告的話。[69]

代頓答應了我的請求，可以來研究和撰寫有關他們公司的失敗，這可以看出他們公司的特點。當我說我喜歡研究失敗時，主管們通常不會向我敞開大門。據我所知，沒有哪個組織比IDEO更能體現智慧型失敗的精神。當時，IDEO是一家在全球享有盛譽的小型創新諮詢公司，由分散在世界各地的十二個「工作室」組成。[70]該公司成立於矽谷中心的帕羅奧圖（Palo Alto），在那裡很難忽視「快快失敗」的理念，公司的歷史可以追溯到1991年，當時史丹佛大學工程學教授凱力（David Kelley）和著名工業設計師摩哥立（Bill Moggridge）合併了他們的小公司。[71]

從那時起，IDEO員工在跨學科團隊中工作，設計了一系列卓越的家用、商業和工業產品、服務和環境，其中最廣泛使用的一些創新包括電腦滑鼠（首先為蘋果公司設計和開發）、為TiVo個人錄影機設計的按讚／倒讚互動功能按鈕（如今在社群媒體平台上無處不在），以及禮來公司的拋棄式預充胰島素注射筆。[72]這份簡短的清單清楚地說明該公司的業務範圍，從個人電腦到醫療設備，再到使用者界面。儘管IDEO的成功有多種因素，尤其是該公司廣泛的技術專長，包括工程（機械、電氣和軟體）、工業設計、原型加工、人因工程、建築等，但其對失敗的樂觀態度可能是最重要的成功因素。

　　公司重視員工的技術專長，但公司更希望看到他們願意嘗試可能行不通的新事物。為了鼓勵團隊，IDEO的口號之一是「常常失敗，才能早日成功」，[73] 2000年之前擔任執行長的凱力經常在帕羅奧圖的工作室四處走動，並愉快地說道：「快速失敗，才能更快成功。」凱力的理解是，儘管在理智上，創新專案失敗的必要性是顯而易見的，但公司的高成就年輕員工卻因對失敗有更微妙的厭惡情緒，而使工作受到阻礙。他們中有太多人曾是成績優異的學生，他們的思維方式可能很適合這樣描述，「失敗是個有趣的想法，但對我來說不是。」要把理智上的讚賞轉化為情緒上的接受，從而允許冒險的實驗，就需要經常重複凱力這句令人愉快的話。正如2000年至2019年擔任執行長的布朗（Tim Brown）在2005年接受我採訪時所解釋的那樣，「最重要的精神是『繼續做下去，想辦法，做得好！我們在這裡支持你，但我們相信你能解決這個問題。』」[74] 長期以來，該公司欣然接受智慧型失敗一直是其成功眾所周知的驅動力。

　　但IDEO是如何在經歷這麼多失敗後，仍保持其令人羨慕的聲譽呢？答案很簡單。IDEO的大部分失敗都沒有被公開，而且，這些失敗都是透過嚴謹、反覆試驗過的團隊合作，利用多個領域的專業知識來實現的。在IDEO中，公司領導者從凱力開始，就鼓勵團隊早早失敗、常常失敗，一直努力營造一個適合冒險的心理安全環境。

2002年11月初，在我第一次參觀IDEO位於麻州萊辛頓（Lexington）的波士頓地區工作室時，我站在被稱為「島」的高架弧形走道的頂端。從這個有利位置，很容易觀察到這個寬敞、雜亂、色彩繽紛的空間中的混亂活動，設計師、工程師和人因工程專家以小組的形式為企業客戶進行創新專案。在這裡，關起門來，他們可以沒有牽絆地犯錯、冒險、失敗，然後繼續嘗試。他們稱之為「原型實驗室」的地方，是辦公室裡為數不多的封閉房間之一，那天卻空無一人，這可不是什麼好兆頭，部分原因是席夢思的專案沒有給機械師具體的東西來製造。

每個成功的創新專案在其旅程中都會經歷許多失敗，因為創新發生在未知的領域，那裡尚未建立一個令人信服的解決方案。正如我們一再看到的，即使是最聰明的實驗，也常常以失敗告終。就像海姆斯特拉的實驗室或韋斯特發明東西的貝爾實驗室一樣，幾乎所有這些失敗都發生在大眾的視線之外，可以這樣說：替IDEO這些失敗買單的企業客戶並不會在設計師身旁監視失敗的發展。當專案交給急切的客戶時，它就已經做好成功的準備，這是任何成功創新部門的風險緩解策略的一部分。

當我遇到代頓時，他正試圖擴大公司的服務範圍，包括**創新策略服務**——幫助公司找出需要創新的產品領域，而不僅僅是回應特定新產品的設計要求。這些實驗最終將改變公司的商業模式，而商業模式實驗也會在成功的過程中帶來失敗。

代頓解釋說，在過去，「典型的專案啟動時，客戶會帶著三到十頁的說明書，描述他們所需的產品……然後會說，『好吧，去設計這個吧。』」IDEO就會去做。但到了2000年初期，客戶「開始讓我們更早地參與他們的流程，讓我們幫助建立產品的情境」。[75]

事實上，席夢思聘請IDEO並不是為了設計新床墊，而是為了尋找床上用品行業的新機遇。儘管席夢思主管在IDEO最終簡報展示產品創意時，做出熱情回應，但幾個月過去，卻沒有任何後續進展。代頓無奈地得出結論，該專案失敗了。團隊的想法似乎很有創意且可行，但席夢思並沒有付諸行動。到底出了什麼問題？

該專案似乎是IDEO新策略服務的完美測試案例，這正是能夠激發設計師興趣的挑戰：將一個平凡的類別（床上用品）徹底改變，來尋找新的機會。失敗並不是因為沒有努力，透過訪問各個年齡層的顧客、參觀床墊店，甚至追蹤床墊送貨人員，專案團隊已經對床和不同人生階段的使用者環境，獲得很多資訊。他們的研究發現一個服務需求被忽視的群體，即「年輕游牧民族」，這些18歲至30歲的單身人士認為床上用品過於笨重或昂貴，不適合他們時常搬遷的生活方式。他們不想購買大型、永久性的物品；他們預期會經常搬家；他們與室友住在小公寓裡，臥室不僅用來睡覺，還用來娛樂和學習。憑藉這些洞見，團隊瞥見前所未見的新產品創意。自成一體的床墊和床架，床墊具有視覺上獨特、可折疊、重量輕、易於移動的模組。然而，席夢思卻未能實施其中的任何一個想法。

最終，席夢思的失敗給代頓上了重要的一課：如果策略服務是為了幫助公司將想法轉化為行動（例如推出新的產品線），那麼這項工作就不能繼續在沒有客戶的情況下閉門進行，IDEO的建議必須考慮到客戶的想像和執行能力。正如布朗後來所說，很明顯，IDEO必須學會如何將創意引入公司系統，[76]只要專案團隊邀請一兩名客戶成員一同加入，這種情況才會實現。

代頓和他的同事很快就想出化失敗為成功的方法。公司為了擴大策略服務，開始讓客戶參與創新過程。席夢思失敗的部分原因是，IDEO沒有充分理解客戶製造組織的生產目的。公司在**產品創新服務**中採用閉門造車的方式，避免了客戶在創新過程遭受失敗，這讓公司受益匪淺，但在**策略創新服務**中，這種閉門造車的方式卻適得其反。為了做得更好，IDEO開始僱用更多擁有商業學位的人員來補充設計、工程和人因工程專家的技能。IDEO開始與客戶合作，來幫助客戶更能從失敗中學習。

想想看，IDEO原本很容易指責客戶不欣賞團隊的點子，他們本來可以讓席夢思成為壞人。相反的，代頓和他的同事們反思了他們是如何導致失敗的，以及他們原本可以採取哪些不同的做法。這種學習意願幫助公司擴展了業務模式，來幫助客戶以新的方式進行創新。

韋斯特、雷澤比和代頓在如此截然不同的情境下，讓我們更深刻地體會到運用失敗的精英他們的共同特質。正如你所看到的，這些包括真正的好奇心、願意嘗試，以及與失敗交朋友。是什麼促使他們忍受失敗，並與失敗為友？是解決新問題、推動個人能力進步的不懈動力。

牢記智慧型失敗的智慧

本章中的故事和概念強調智慧型失敗在生活、專業領域和公司的曲折經歷，以幫助你駕馭失敗。一旦你領會智慧型失敗的要素，你就能更輕鬆地經歷失敗。做到這一點，首先要認識到一個你足夠在意、願意去冒失敗風險的機會。然後，要避免糟糕的風險，並接受合理的風險。這需要做足功課，確保你已經弄清楚什麼是已知的、什麼已經嘗試過但沒有成功的，並設計好實驗，這樣即使你失敗了，失敗也不會規模太大、造成痛苦或浪費。當今運用失敗的精英如海姆斯特拉、韋斯特、雷澤比和代頓，就像一百年前的愛迪生一樣，都明白當他們踏入未知領域時，失敗是可能的（甚至很可能的），但是由於有潛在的好處，他們願意承擔風險。

將智慧型失敗的原理納入認知，有助於你培養健康的情緒反應，並且能產生建設性和有利的效果。回顧塞利格曼研究的健康歸因風格，我們可以看到，花時間診斷出錯的原因是明智的，同時提醒自己，智慧型失敗是無法預防的。在新的領域，取得進步的唯一途徑就是不斷嘗試和失敗。我相信，理解明智失敗的要素將幫助你感覺好一些，並在工作和生活中更有效率。也許，提醒自己，智慧型失敗並不是由應受責備的行為造成的，這也會有所幫助。它們會讓人失望，但絕不會讓人尷尬或羞愧。相反的，智慧型失敗應該讓你感到好奇，渴望找出失敗的原因，並弄清楚下一步要嘗試什麼。這是否意味著我們的杏仁核會欣然接受智慧型失敗，並給予智慧型失敗真正應得的讚揚和滿足？還差得遠呢。
比起失敗，我們還是更喜歡成功，就算是最智慧型的失敗。

在某些情況下，智慧型失敗尤其值得慶賀，因為它們指引我
們走向最終的成功。它們關閉一條道路，迫使我們尋找另一條道
路。發現無效的方法，有時與找到有效的方法一樣有價值。這就
是禮來公司等企業失敗派對發揮作用的地方：先鋒團隊為公司帶
來寶貴的新資訊，他們的工作值得讚賞，同時也需要一些鼓勵，
來幫助他們面對失望。2013年，禮來公司開發出一種名為愛寧達
（Alimta）的實驗性化療藥物，並花費大量資金進行臨床試驗，
就是這種情況。可惜的是，在第三期臨床試驗中，該藥物未能確
定所謂的治療癌症的療效。[77]這無疑是一次智慧型失敗，沒有人
能夠提前知道會發生什麼事，而試驗的規模僅限於進行適當的資
料分析。舉辦失敗的派對是應該的。

故事或許就到此結束，但進行這項試驗的醫生一心想盡可能
地從失敗中吸取教訓。他發現，有些患者確實從藥物中獲益，而
未能獲益的患者則缺乏葉酸。於是在後續的臨床試驗中，他在藥
物中添加了葉酸補充劑。這大大提高療效，該產品成為最暢銷的
產品，年銷售額近25億美元。[78]

智慧型失敗是正確的犯錯，現在應該很清楚，當我們將「擁
抱失敗」限定為為智慧型失敗時，「擁抱失敗」不僅在理智上可
行，而且在情緒上也是可行的。擁抱智慧型失敗是發明家、科學
家、名廚和公司創新實驗室的必備條件，但它也可以幫助我們其
他人活得更充實、更有冒險精神。

　　接下來的兩章探討不那麼明智的失敗。儘管如此，無論是基本型失敗，還是複雜型失敗，都不是一個該隱藏或羞恥的事件，而是生活中不可避免的一部分。因此，我們必須學會如何面對它們，以及如何從中吸取教訓。

第三章

基本型失敗

> 只有從不做任何事的人，才絕對不會犯錯。
> —— 美國總統老羅斯福

2020年8月11日發生歷史上天價的銀行失誤事件。大多數金融服務業的失誤都很複雜，由於公司獎勵政策、不良貸款、經濟狀況、不當行為、政治事件或自然災害等各種起因造成，但這次不同。花旗銀行作為化妝品牌露華濃（Revlon）的貸款代理機構，三名行員誤把9億美元貸款本金，而非原本應償還的800萬美元利息，匯給露華濃的幾家債權公司。[1]根據彭博社報導，在貸款軟體上批准電匯的資深經理沒有勾選所有必要的選框，以變更原本自動預設的模式。基本上，銀行匯還了本金，而非只有貸款利息。這個小小的錯誤引發基本型錯誤，而且是一個嚴重的基本型失敗！當你遇到像這樣的基本型失敗時，你最希望的就是讓時間倒流，重新開始。

犯下疏失的花旗銀行員工曾試圖挽回這筆錢，但當他們試圖收回款項時，有些收款的債權方拒絕歸還，儘管他們是收到行員粗心大意匯出的錢。想當然的，花旗銀行提起訴訟。隨後，法官做出一項頗具爭議的「誰撿到就歸誰」裁決，阻止花旗銀行追回損失的資金。[2]無論你如何看待法官的裁決，你可能都很同情那些因失誤而導致數億美元損失的員工。

我們都有過事情似乎老出錯的時候。通常，這些日常的小錯誤仍然會造成干擾和浪費，像是，要是你有記得給手機充電就好了；從車道上倒車出來時，為什麼沒有多注意一點？很多失誤的發生都是因為**疏忽大意**所致。你是否因為說話前沒有仔細思考而得罪朋友？而**臆斷**是疏失的另一個原因。你原本期望得到的工作，難道你沒有給面試官留下深刻的印象嗎？你們之間的對話融洽、你的經驗和資歷看起來都很完美。也許是你**過於自信**，這可能會導致錯誤。另一方面，你家屋頂排水溝堵塞，導致漏水流進地下室，並損壞了地基。其實你原本一有空，就打算去清理那些排水溝的，所以**疏忽**是另一種犯錯的常見原因。

這些都是基本型失敗，與發生在未知領域的智慧型失敗不同，基本型失敗意味著在熟悉領域中的疏失，所以基本型失敗並不是正確的犯錯。在一系列程度不同的失敗類型中，它們與智慧型錯誤相距最遠。基本型失敗是無效的──浪費時間、精力和資源，而且它們在很大程度上是可以預防的。如圖3.1所示，當錯誤的不確定性愈大時，可預防的機會就愈低。我們永遠無法完全消除人為疏失，但我們可以做很多事情來盡量減少基本型失敗。為此，我們需要預防可以預防的疏失，發現並糾正其餘的疏失。所以我們必須斷開疏失和潛在失敗之間的聯繫，因為如果不及時發現，疏失可能會導致失敗。

圖 3.1
不確定性與可預防性之間的關係

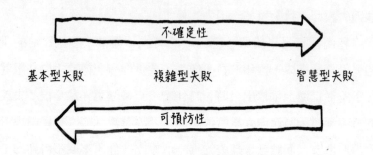

請記住，疏失與錯誤同義，顧名思義是非己所願的。疏失通常會產生相對較小的後果，例如由於倒車速度太快而在汽車保險槓上留下的一道小凹痕。

這些日常所謂的「哎呀」和「糟了」，我們學會不太放在心上，然後加以補救。我們會向不小心冒犯的朋友道歉；趁週末來清理排水溝。

簡而言之，基本型失敗每天都會發生，而且很多都不會造成嚴重後果。但偶爾也會發生悲慘的基本型失敗。而疏失，即使是很小的疏失，有時也會帶來嚴重的後果。但它們都不是正確犯錯，那麼為什麼應該要花時間來學習基本型失敗呢？

首先，它們為我們提供一個機會，讓我們練習接受錯誤會發生，並坦然面對這樣的事實。為錯誤而過度自責是無益的，也是不健康的。錯誤和由此引發的失敗是生活的一部分，有時它們甚至會帶來突然領悟的時刻。在路上轉錯彎會讓你開會遲到，但卻讓你發現一條你不知道的美麗步行小徑。

其次，如果我們想在活動中不斷進步，並加深我們最重視的人際關係，就必須願意面對錯誤，並從中吸取教訓，所以我們必須克服對錯誤的厭惡。

但了解基本型失敗發生的情況，主要動機是為了盡可能預防此類事件。關於疏失和疏失管理已有大量的研究文獻，有一些見解和實務做法可以幫助你做到這一點。

我們對於疏失管理的許多知識來自於航空業數十年的研究和培訓成果，航空業為了減少可能引發嚴重基本型失敗的疏失，在設計步驟和系統方面有著亮眼的紀錄。其實，預防和減少那些帶來麻煩的「壞」失敗，才是處理基本型失敗的方法；若是失敗能讓我們有新的發現，就不算「壞」失敗。例如，機師及機組人員發現，在起飛前，對步驟和規則的口頭檢核表進行確認，可以有效減少可預防的疏失，由於葛文德（Atul Gawande）在暢銷書《清單革命：不犯錯的祕密武器》（*The Checklist Manifesto*）中的介紹，[3]這種做法已經在醫學等領域變得更加普遍。

檢核表並不能保證就不會出現基本型失敗，而是提供一種賦能的結構，但也必須有意識地使用。1982年1月13日那天天氣寒冷，佛羅里達航空90號航班從華盛頓國家機場飛往羅德岱堡（Fort Lauderdale），起飛後不久就墜入冰雪覆蓋的波多馬克河。根據駕駛艙內機師的錄音，調查人員查明這場嚴重的基本型失敗純粹是人為疏失所引起。[4]以下是機師檢查例行飛行前檢核表時的錄音摘錄。按照慣例，副機長會讀出檢核表上的每個項目，然後機長在檢查駕駛艙內的相應指示燈後做出回應：

副機長：空速管加溫。

機長：開。

副機長：防除冰裝置。

機長：關。

副機長：輔助動力系統。

機長：運行中。

副機長：啟動桿。

機長：空檔。

你注意到機長的回答有什麼問題嗎？你不需要有開飛機的技術知識，但如果你習慣於寒冷的氣候，會更容易發現當中的錯誤，因為這正是佛羅里達航空公司機師的人為失誤所在。

由於習慣在溫暖的氣候條件下飛行，他們的檢核表通常要求**關閉**防除冰裝置，對這個關閉動作進行確認已經習慣成自然。就像俗話說的那樣，他們閉著眼睛都會做。機組人員沒有停下來思考一下，在對於他們是少有的嚴寒天氣情況下，做法需要偏離他們的常規，也就是應該**開啟**防除冰裝置，所以機組人員引發了嚴重的錯誤，導致78人喪生。就像花旗銀行經理所犯的軟體錯誤一樣，他們沒有對習慣的做法做出修改。

基本型失敗的基礎常識

幾乎所有基本型失敗都可以在小心謹慎的情況下避免，而不需要巧思或創新。關於疏失，最重要的一點是，它們是無心之過，所以用懲罰錯誤的方式來防止錯誤，這樣的策略會適得其反，反而促使人們不去承認疏失。更諷刺的是，這反倒更容易出現可預防的基本型失敗，這種情況在家庭和公司都是如此。

雖然基本型失敗沒有智慧型失敗那般令人振奮，但仍然提供了學習的機會。此外，即使它們沒有複雜的錯誤細節，但仍可能造成嚴重的後果。

並非所有錯誤都會導致基本型失敗，這一點似乎很明顯，不過也有許多疏失並不會造成失敗。誤把麥片放入冰箱、牛奶放入櫥櫃，這種情況算是疏失，但只有當這些疏失未獲修正時，才會導致牛奶酸掉和麥片受潮的基本型失敗，其後果仍微小。有時，患者拿到的是錯誤的藥物，卻沒有任何後果，你可以稱這是幸運的逃過一劫。

人都會犯錯。只要你在繼續用手機通話的同時，找個地方插上電源，那麼忘記給手機充電並不會導致基本型失敗。不小心在麵糊中加入過多或過少的糖，意味著蛋糕會比預期的甜或不甜，但不會導致蛋糕無法食用。棒球隊在幾名球員三振出局的情況下，仍可能贏得比賽。從不犯錯，這不是任何人要有的現實目標，根本也不應該是理想的目標。

然而，所有基本型失敗都是由小錯引起的。如果你因為忘記給手機充電，因而可能錯過一通電話，而這通預先排定好的電話要為時間緊迫的問題提供必要資訊，這就是基本型失敗。如果不小心把鹽誤作是糖加入蛋糕裡，蛋糕就讓人吃不下去。如果一支棒球隊只會讓敵隊打者三振出局，而自己從未得分，那麼他們就會輸球。疏失一直以來都是基本型失敗的導火線。

那麼蓄意的疏失怎麼辦？蓄意的疏失是一個自相矛盾的詞，更適合稱之為惡作劇或破壞行為。故意把你廚房裡的糖罐和鹽罐貼上錯誤標籤的人就是在惡作劇。在有組織的體育賽事中，如果一支球隊表現不佳，故意輸球，以求得某種預期的利益，則屬於破壞行為。說到疏失時，意圖很重要。

如何識別基本型失敗

公車司機茫然地離開展望萊弗茨花園（Prospect-Lefferts Gardens）的事故現場，他的手腕疼痛又流血。[5]他在紐約市大都會交通管理局擁有十三年的駕駛經驗。現在，他那輛四十英尺長的藍黃相間的公車被壓在布魯克林一棟連排褐石住宅的底部。他告訴聚集在人行道上的目擊者，他的腳卡在剎車和油門之間，所以無法掌控公車。公車突然向前衝撞到其他車輛，然後撞上大樓的側面，一樓醫生辦公室的玻璃窗被撞得粉碎。十六名乘客受傷，所幸無人傷勢嚴重。隨後發布的影片顯示，司機雙腳夾著購物袋。[6]

這起事故是典型的基本型失敗。

儘管在踏板附近存放任何物品都是違反規定的，但2021年6月7日下午，這位55歲的司機還是抱著僥倖心態將購物袋放在了踏板旁。調查人員發現公車沒有機械故障，公車一直沿著正常路線行駛，天氣和能見度都很好。這起事故的原因很簡單明瞭，就是司機的腳被卡住了。

該事故呈現出基本型失敗的兩個特點：它們發生在已知領域中，且往往僅有一個原因。

已知領域

錯誤要被歸類為基本型失敗，條件是該領域已經具備達到預期結果的知識。那位把公車撞上大樓側面的司機違反安全規定，將購物袋放在雙腳之間。同樣的道理，當你不按組裝說明書操作而使得一張椅子垮掉時，地板上斷裂的椅腳就證明了基本型失敗。指南、規則、先前的研究以及從你認識的人那裡收集的知識都是已知領域的例證。如果你可以在網上找到說明，那就是已知領域。簡而言之，現有的知識無需魔法或奇蹟就能派上用場，已經有可供人取得的管道或培訓。建築法規和安全條例將已知領域編纂為法律，以防止失敗，這些法律的制定通常是為了回應先前的失敗。

簡而言之，如果我們沒有使用可以獲得的知識，無論是出於疏忽大意、忽視，還是過度自信，而導致錯誤的發生，那麼就屬於基本型失敗。

如果你第一次烤餅乾或打造咖啡桌時犯錯了，怎麼辦？在一個語言不通的城市迷路了，怎麼辦？隨之而來的失敗可能是基本型的，因為如何烘焙餅乾、打造咖啡桌或遊覽城市的知識是可得的，你可以找到食譜、按照說明操作，或是使用地圖。當然，我的分類系統也有判斷的成分。例如，在某些情況下，你可能不知道已有先驗知識。好吧，在這種情況下，把你的失敗歸類為智慧型失敗也是可以的，因為對你來說，失敗是發生在新的領域。兒童會經歷許多錯誤和基本型失敗（幼兒會跌倒、孩子會弄丟作業），因為這個世界對成年人來說並不陌生，但對他們來說卻是新奇陌生的。家長如果試圖阻止孩子經歷任何錯誤或失敗，就會剝奪他們寶貴的學習機會，而犯錯對他們的成長極為重要。

單一原因

這起公車事故是基本型失敗，原因只有一個——司機的腳被卡住了。手機不能使用，是因為電量耗盡；蛋糕無法下嚥，是因為誤把鹽當成糖加入；飛機墜毀，是因為在冰冷的天氣中關閉了除防冰裝置；銀行虧錢，是因為沒有勾選正確的軟體選項。

有時候，最初看似只有單一原因的失敗，結果卻是由一系列複雜的原因造成的。例如，2020年摧毀貝魯特港口那場嚴重的爆炸，最初是由一個簡單的原因造成的：2750噸化肥儲存不當。[7]然而，進一步的資訊顯示，安全流程不良、缺乏監管，以及可能涉及政府等問題。正如你將在下一章中會看到，當多個錯誤，有時會因運氣不佳，屋漏偏逢連夜雨，而使狀況加劇，這時就會導致複雜型失敗。

導致基本型失敗的人為因素

2021年3月31日《紐約時報》的頭條新聞一針見血地指出：「工廠人為失誤導致1500萬劑嬌生疫苗遭損毀」。[8]在全球許多地方，人們焦急地等待著疫苗一年多後，現在迫切尋找能夠拯救生命的注射機會。在美國，疫苗被分批定量釋放給民眾，並根據職業、年齡、健康狀況和地區，按照嚴格的分配準則。

所以，怎麼會要銷毀1500萬劑的疫苗？

工作人員誤把嬌生的疫苗成分與阿斯特捷利康製藥公司（AstraZeneca，簡稱AZ）疫苗的成分搞混，因而汙染了嬌生公司的一批疫苗。[9]代工廠是Emergent BioSolutions生物製藥公司，與這兩家藥商都簽訂了合約，在巴爾的摩的工廠中，誤把一家客戶的原料用於另一家客戶的疫苗中。隨著事件持續發展，到2021年6月，浪費的劑量已攀升至約6000萬劑。[10]這種基本、極度浪費的失敗是由於警惕性不足造成的。更簡單地說，就是疏忽大意。

疏忽大意

由於疏忽大意而導致的粗心錯誤，這是基本型失敗的最常見原因之一，我也是經過慘痛的教訓才學到的。我最難忘的經驗是在2017年5月13日發現自己躺在醫院急診室，醫生的助理在我右眼附近的額頭上縫了九針。我的粗心錯誤造成這個基本型失敗，所以我才落得這個下場。

就在兩個小時前，我還在波士頓查爾斯河（Charles River Basin）參加帆船比賽，因為我報名了一場特別的校友比賽。我原本以為這只是一個輕鬆有趣的活動，參加者都是像我一樣幾十年前參加過大學帆船隊比賽的人。當我到達碼頭時，很快意識到這些校友大多數都是剛畢業的學生，都是年輕、身手矯捷、實力堅強的人，其中有些人還是全國冠軍。但是我仍願意嘗試一下，畢竟，我和夥伴山迪都是經驗豐富的水手。多年來，我們一直一起參加夏季比賽（雖然使用稍大型的船隻）。

在前幾場比賽中，我沒有大幅落後成為最後一名，這讓我覺得像是贏了，尤其是我已經有35年沒有駕駛過高性能帆船了。這些小船乘風而行，幾乎在水面上滑行掠過，專為提高速度而設計，操作上需要技巧和警戒心，所以山迪和我利用這兩點來跟上其他隊伍。

因此，當大家在下一場比賽前，開往岸邊稍作休息時，我感到放鬆，享受著陽光讓涼爽的春天早晨漸漸溫暖起來。由於碼頭正順風，我們的船帆已盡可能地全開。任何有經驗的水手都知道，當帆船順風行駛時，即使是微小的風向變化，就可以使桅杆甩到船的另一側，而查爾斯河又是風向不斷變化。

我一邊和山迪聊天，一邊朝碼頭走去，目光從船帆上移開了一下下。這一瞬間就足以讓桅杆甩到船的另一側，把我撞落水中。我驚愕地發現自己在冰冷的河裡游泳，當他抓住舵柄轉身來救我時，我設法維持漂浮。我拖著沉重的濕衣服，攀爬回船尾，然後我看到了血，很多的血，積在帆船的船體上。（我頭上的傷口流了很多的血。）

我渾身發抖，流著血，好不容易來到碼頭，感到非常尷尬和羞愧。我算什麼角色，竟然想和這些年輕運動員一起參加比賽？進了醫院，換上借來的乾爽手術服後，我有更多的時間陷入更深的羞恥之中：我對自己白費一場感到難過，對造成混亂感到抱歉，佔用了幾位臨床醫生的寶貴時間，還讓我的夥伴失望。這次受傷似乎是懲罰我狂妄自大地報名參加帆船賽，我非常想讓時光倒流。

　　我的錯誤屬於非數位時代中的舊式錯誤，但生活在數位時代，我們的注意力被日益剝奪，這只會加劇我們犯錯的人性。回到嬌生公司的事件，儘管受汙染的產品沒有被運送出去，但這個錯誤在數天內一直未被察覺，直到品管檢查時才被發現。[11]儘管如此，這對代工廠來說是顏面掃地，對嬌生公司來說也是一次重挫，更別忘了還有許多人正等待注射疫苗。事情過後，人們很容易就忘了，但早在2021年的初春，全球各地都極度迫切需要接種新冠疫苗。對於許多人來說，更長的等待時間將危及生命。

　　與許多理論上可預防的失敗一樣，Emergent BioSolutions工廠的基本型失敗並非個別事件，而是反映了有問題的安全文化，正如以下報告所指出：[12]早些時候的疫苗批次也曾因受到汙染而被扔掉，在本應保持一塵不染的區域，卻長期存在黴菌的問題。處理龐大的疫苗生產需要很多新員工，但他們獲得的監督和培訓卻是不足的。儘管疫苗生產被認為是一項「變幻莫測」的行業，出現一些錯誤在所難免，但報告顯示，一系列失誤導致這次被汙染的數百萬劑疫苗備受矚目。[13]當疏忽大意成為組織中的一種文化特徵時，就會變為基本型失敗和複雜型失敗的溫床。

　　因注意力不集中而出現差錯時，疲勞也是原因之一。美國疾病管制與預防中心（Centers for Disease Control and Prevention）報告指出，三分之一的美國成年人睡眠不足。[14]這種令人擔憂的情況不僅會引起各種健康問題，還會導致意外和受傷。[15]舉例來說，調查人員發現，40%的高速公路意外把人為疲勞視為「可能的原因、促成因素或調查結果」，[16]儘管自1970年代初以來，美國國家運輸安全委員會（National Transportation Safety Board）已提出205項針對疲勞的建議。

另一項研究發現，相較於休息充足的實習醫生，睡眠不足的實習醫生診斷錯誤高出5.6％。[17]2020年的一項研究發現，在我們「實施日光節約時間」[18]後的那一週，致命車禍增加了6%，這幾乎與每個人都息息相關。[19]對於居住在該時區西部邊緣的人來說，這個數字甚至更高，約為8%。

我們都容易因為種種因素而出現睡眠問題，並且確實，睡飽一些可能有助於減少生活中的日常錯誤。但我們應該退一步思考導致睡眠不足的原因，這一點也很重要。長途卡車司機因疲勞而導致的醫療事故或意外，可能是總部人員安排的輪班時間過長造成的，或者更糟糕的是，排班演算法因為力求效率最大化，而不顧常理。好的做法是，不要在確定第一個、最接近失敗的主因後，就停止探求原因。將看似簡單的原因（比如疲憊的工人）進一步追溯緣由（比如有問題的班表），這是系統思維的一環，也是「好好從失敗中學習成長」科學中的關鍵做法，我們將在第七章中討論。這一點很重要，因為最表面的原因可能不代表是未來預防類似失敗的最佳方法。

疏忽大意是人之常情。在那些最需要集中注意力的時刻，保持警惕是很困難的。同樣的，有時我們意識到某件事需要我們去注意，但卻拖延了起來，因為也沒發生不好的事情，至少暫時沒有。

忽視

水槽長期漏水導致地板損壞，這就是一個簡單的例子，說明人們往往忽視可能達到失控點的情況。忽視往往不會立即造成傷害，反而會讓問題積重難返，最終導致失敗。因為我們健忘又忙碌，所以很容易拖延事情。事後回想起來，很容易看出哪裡出了問題。如果你更努力念書，考試成績本來可以更好的。當初天氣預報會下雨時，你本來應該要帶把傘的。幸運的是，日常生活中大部分這種「本來可以、本來應該」的錯誤不會造成過多的傷害。但在其他時候，忽視可能會造成嚴重後果。

只要問問吉勒姆（Jack Gillum），他是密蘇里州堪薩斯城凱悅飯店的負責工程師，該建築最初設計包含一個高聳入天的中庭，標榜四個由混凝土和玻璃製成的懸空人行天橋。[20]飯店竣工大約一年後的1981年7月17日，在中庭舉行了一場舞會。參加派對的人群湧入一樓，還有很多人紛紛走到上頭的天橋上，看著遠處底下跳舞的男男女女。突然之間，二樓和四樓的天橋開始搖晃，然後就坍塌了，巨大的衝擊力撞向下面的人群。

二十年後，吉勒姆回想起來說，這種走道的設計缺陷非常明顯，「任何大學一年級的工程學生都能找出來」。[21]利用現有的知識本來可以避免那次事故發生。最初的設計圖紙要求在五十英尺高的中庭內安裝一根長的直立鋼筋。在施工過程中，金屬加工商Havens Steel Company提出用兩根較短的鋼筋來代替一根長鋼筋。草率的施工圖把較短的鋼筋安裝到天橋橫樑上的螺栓處，變更了設計，專案工程師在一次簡短的電話中就批准這項變更。變更後的設計將二樓天橋連接到四樓天橋，而不是連接到屋頂，因而使承受重量增加一倍。就在那一刻，以及接下來的幾個月裡，監督建造這家豪華飯店的每個人都忽視了安全檢查的問題。沒有人採取行動來停止施工，因為即使是工程學生也能想到這一點：新版的兩段式鋼筋設計在物理上使天橋「幾乎無法支撐自身的重量」。[22]

這是一個註定會發生的基本型失敗。在那個致命的夜晚，天橋上的狂歡者站上去的重量使天橋不堪重負。

在後來的調查中，吉勒姆承擔了最終責任，他因嚴重疏忽而被吊銷執照。[23]然而，早先出現的一些預警信號也被忽略了，這些警訊本應促使人們更仔細檢查梁筋結構。在人行道坍塌的一年多前，當飯店仍在施工時，中庭屋頂就已坍塌。[24]後來，當天橋建好後，推著沉重手推車的建築工人回報天橋不穩，但工人只是被重新安排路線，[25]所以錯失許多機會，無法更仔細地研究這種要求過高的建築設計，是否存在安全隱憂。飯店業主皇冠中心重建公司（Crown Center Redevelopment Corporation）迫於時間壓力，不願增加本已極其昂貴的建築支出，但諷刺的是，最終卻付出超過1.4億美元的損失。[26]

多年後，吉勒姆在談到凱悅飯店倒塌事件時坦言，「我每天都在想著這場悲劇。」那時他已經七十多歲。在工程會議上演講時,他強調:「工程團體需要討論失敗,這是我們學習的方式。」[27]凱悅飯店倒塌事件是結構工程上的失敗,成為現代許多課堂上傳講的經典例子。114人喪生,成為迄今為止最致命的結構工程事故之一,但這絕不是唯一的災難。正如第四章中會提到,當佛羅里達州瑟夫賽德(Surfside)的香普蘭大廈南棟(Champlain Towers South)於2021年6月24日倒塌時,也發生了關於設計缺陷、忽視早期預警和最後一刻變更的類似對話。[28]然而,那場倒塌的原因更多,而且演變緩慢,那次(複雜型)失敗提供我們更明顯的混合因素,有些與組織行為有關,有些則與工程設計有關。

過度自信

　　儘管一些基本型失敗源於錯用鋼筋或忽視法規,但根本沒有反思決策的影響,這也是一個常見的根本原因。人們無法利用現有資訊,甚至沒有用到常識,所以常會聽到:我當時到底在想什麼啊?我當時到底在想什麼,為什麼要同時安排兩場重要會議?我當時到底在想什麼,去寒冷的地區旅行,竟忘記帶毛衣或襪子?在通常情況下,你可能也有類似經歷,答案很簡單:我沒有用腦子。比如,在安排會議時,我沒有檢查行程表;在收拾行李時,我沒有去查天氣預報或者我一心想著其他事情,或者兩者兼是。

　　在千禧年之際,有一家新寵物食品公司的吉祥物是一個會說話、會唱歌、會開玩笑的襪子手偶，公司投入巨資進行一項屢獲殊榮的廣告活動，最終在超級盃轉播期間打出廣告。[29]亞馬遜的貝佐斯等投資者慷慨提供融資，讓這家初創公司有望成為網上最大的寵物食品供應商，並能購買大型倉庫和收購最大的線上競爭對手。

2000年2月，公司極其成功的首次公開募股，入袋8250萬美元。[30]他們當時在想什麼？顯然，沒有人做過最基本的市場調查，來評估寵物食品和寵物用品市場的實際規模。商業計畫中也沒有考慮到公司銷售商品的定價比買入成本低三分之一。[31]不到一年後，執行長溫萊特（Julie Wainwright）就被迫清算Pets.com。[32]儘管會說話的襪子手偶很受歡迎，但這不足以支撐起一個企業，可說是一個基本型失敗的案例。幸運的是，溫萊特從中吸取教訓，開啟她所謂的「自我發現之旅」。[33]「在Pets.com之後的日子，」溫萊特回憶道，「是我一生中最徹底改變的時期。我極力追求正常的生活，但卻沒有實現，我達到的是更豐富、更強大的境界。」[34]後來溫萊特被評為2021年《富比士》雜誌50位50歲以上的成功人士之一，當中包括有影響力的企業家、領導者和科學家，她似乎並沒有因為眾所皆知的失敗而受挫。[35]

有些領導者忽視或隱瞞新冠病毒具有高度傳染性和潛在致命性的早期明顯證據，因而犯下錯誤，導致這場疫情在2020年初迅速蔓延。[36]決策者不願意根據現有資訊採取適當的公共衛生措施，致使原可預防的判斷錯誤。根據國際權威醫學期刊《柳葉刀》（The Lancet）的一份報告，未能採取行動的後果造成近20萬人死亡。[37]

　　這並不是說新冠疫情沒有帶來許多複雜型失敗。事實上，確實帶來許多複雜型失敗。例如，由於供應鏈的挑戰，口罩和其他防疫裝備無法送到最需要的人手中，從而阻礙限制疫情蔓延的機會。[38]在2020年春夏之際，有些領導者被要求增加防疫裝備的生產設備時，不願意授權，這很容易被歸類為錯誤（因為當時的知識已明確表示急需口罩）。[39]這個錯誤加劇了極大的複雜型失敗，導致全球的疫情爆發。

　　COVID-19包含所有的情況：基本型失敗、複雜型失敗，甚至最終也有智慧型失敗。疫苗研發的驚人速度和成功，有賴於科學家們知道如何在實驗室中應對以假設為基礎的失敗。但是，如果能避免許多領導者那樣因忽視現有的專業知識，而犯下的嚴重錯誤，則可能會大大減輕病毒的傳播和死亡人數。

錯誤的假設

　　顧名思義，假設無需經過明確的思考就在我們的腦海中形成。當我們假設某件事時，我們並沒有直接專注在這事情上。我們不會對假設提出質疑，因為它們對我們來說似乎不言自明就是真實的。因此，假設讓我們誤以為自己的模式或思維是正確的，這往往是因為這個假設在以前是有效的，並且已經成為我們信念體系的一部分。**我們以前見過這種情況，我們向來都是這樣做的。**老大睡得很好，所以老二也能一覺睡到天亮。我們一直走這條路線，為什麼要檢查橋是否被沖毀了呢？因此，基於證據不足或邏輯欠佳的錯誤假設，是基本型失敗的溫床。（每個子女都會一樣、這場暴風雨並沒有那麼嚴重。）我們一直使用化石燃料，因此關於化石燃料對環境負面影響的證據一定是錯誤或誇大的。昨天有人在賭場中了大獎，所以贏錢的機率很大。那部電影我原本以為會很棒，結果我並不喜歡，這是屬於判斷錯誤，是人之常情、不可避免的，這跟錯誤的假設是不同的，錯誤的假設會在無形中推動決策。

荷姆斯（Elizabeth Holmes）一案的審判揭露了驚人的事實，許多知名投資者嚴重缺乏盡職的調查，竟願意假設其他人已經對這項技術進行了審查。荷姆斯被指控在明知自己的驗血公司Theranos的血液檢測方法是騙人的，仍承諾可以提供革命性、且有潛力帶來利潤的血液測試方法，她的故事是一個教訓，讓我們明白從表面跡象做出假設是多麼容易。[40]

假設是被視為理所當然的信念，感覺就像事實，因為我們沒有意識到這些假設，所以我們不會對它們進行檢驗。許多假設都是無傷大雅的；我們可以放心地假設我們的車停在昨晚離開時的位置。如果我們停下來質疑自己的每一個假設，早上就永遠出不了門了。但在我們的日常生活中，由於依賴錯誤的假設而導致微小的基本型失敗也屢見不鮮。當我們假定友善的新鄰居認同我們的政治觀點，並批評他們欣賞的大眾人物時，這會導致彼此之間關係冷淡。當我假定（現在回想起來真是不可原諒）自己已經為多變數微積分期末考試做好準備，因為我在期中考試中考得很好，結果我沒有好好讀書，導致考試不及格。雖然失敗可能會打擊我的信心，但這反而讓我養成更好的讀書新習慣。現在我們已經清楚知道，錯誤的假設可能會導致失敗，而且我們很難避免做出假設。讓我們看看一些最佳實務做法，了解暫停、辨識和質疑假設的時機和方法，以及在生活中減少基本型失敗的其他策略。

何時不要快速且頻繁地失敗

你懂的，大家都會犯錯。人非聖賢，孰能無過。錯誤的後果通常是無傷大雅的，有時會是不幸的，偶而會有災難性的後果。現在有一股美化失敗的趨勢，這是一種「快快犯錯，常常失敗」的文化，希望我們看似盲目地接受失敗，認為可以從創新自然會有的智慧型失敗中汲取靈感，但卻有可能忽視在各式各樣的情境下存在不同類型的失敗，其中也包括基本型和複雜型失敗。有些失敗是很糟糕，不是有道德方面的問題，而是指浪費資源的問題。無論是悲慘的（有人喪命），還是糊塗的（打翻了牛奶），我們都可以認真運用良好的錯誤處理方法，來減少浪費。基本型失敗是這三種類型中最容易預防的，所以優秀的公司會盡力避免盡可能多的基本型失敗，你很可能也希望如此。

這就是為什麼我們不能忽視錯誤所帶來的影響。基本型失敗無處不在，因此我們需要努力減少失敗。我的目標是讓基本型失敗更少、更不常碰到。（而我們對智慧型失敗的看法恰恰相反，我認為我們應該努力增加智慧型失敗，以加速創新、學習和個人成長。）但是可以預防基本型失敗的行為和系統，可以挽救生命，創造巨大的經濟價值，並帶來個人滿足感。

減少生活中的基本型失敗

近年來，有關錯誤管理的研究有了長足的發展。[41]雖然這方面的研究通常側重於高風險組織，但它提供了一些處理方法，你也可以用來減少你自己生活中的基本型失敗。其中包括將安全置於首位、預期和發現錯誤，以及盡可能地從中學習。但第一步要和錯誤，以及和我們容易犯錯的特性做朋友。

拋卻對犯錯的厭惡感

我們對犯錯的厭惡讓與錯誤為友變得複雜，我們討厭出錯，因為會覺得尷尬或羞愧，但我們可以做得更好的。在我的帆船意外之後不久，我注意到態度健康的歸因技巧研究，我意識到犯錯並不是深感羞恥的原因。對於這種情況更好的思考方式是，確實，報名參加帆船賽很冒險刺激，這是一個純粹為了樂趣而做出來的謹慎決定。我質疑自己的信念，認為報名參加比賽是錯誤且愚蠢的。我的錯誤就是在危險的情況下疏忽大意，如此而已。現在唯一剩下要做的就是，從中吸取正確的教訓。

由於對錯誤的厭惡，會使人們以輕鬆且富有想像力的方式來解釋錯誤。例如，我的丈夫用「大家都會這麼做」這樣率性的口吻來搪塞他的小錯誤。在凹凸不平的人行道上大家都會絆倒；大家都會走錯路，走進這條死胡同，因為這條路就在導航系統要你走的那條路之前。反正失敗是由於某種外部因素造成的，不是因為我而搞砸了，是人行道或導航程式出了問題，才造成錯誤，錯不在我！[42]是的，這些因素都與錯誤有關，但毫無疑問的，每一個因素都增加了出錯的機率。但是人為錯誤才是罪魁禍首。汽車保險公司經常聽到，人們用「停車讓行的標誌突然在我的車前冒出來」之類的話來為自己的事故辯解。

在承認錯誤和保護自我形象之間，我們很容易做出選擇。我們想要相信自己沒有錯，所以找了各種理由來證明自己所做的事情是正確的，但這樣就很難學習了！有一種被稱為「基本歸因錯誤」的心理偏見加劇了這個問題，史丹佛大學心理學家羅斯（Lee Ross）發現這種有趣的不對等現象：當我們看到別人失敗時，我們會本能地將他們的人品或能力視為原因。[43]有趣的是，我們在解釋自己的失敗時，卻恰恰相反，我們會本能地將外部因素視為原因。例如，如果我們開會遲到，我們就會歸咎於塞車；如果同事開會遲到，我們可能會認為他不敬業或懶惰。

因為對失敗進行診斷是個重要的分析任務，而認知偏差卻會使診斷變得複雜。即使其他因素也發揮了作用，但失敗總是與你有某種程度的關聯。但是，比起修理人行道，你更有能力改變自己的行為，所以專注於你原本可以採取的不同做法，會比抱怨環境的缺陷更實際、更有效。「今日德州新聞」（Texas News Today）網站上在傳奇將軍、前國務卿鮑爾（Colin Powell）去世後不久，發表一篇名為「鮑爾的智慧」的文章，強調他勇於面對和承認失敗的精神。[44]正如鮑爾在2012年所說，「失望、失敗和挫折是部隊或公司生命週期中正常的一環，領導者要做的就是不斷站出來說，『我們遇到了問題，讓我們去解決它。』」[45]這很簡單！

　　但並不容易做到。

與脆弱為友

　　當我們接受人類容易犯錯的事實，並把這種態度運用於學習和改進時，承認自己的錯誤就變得更容易。在我的研究中最成功的團隊，尤其是團隊領導者，這些人都會談到事情永遠存在出錯的可能。他們用坦誠和善的態度面對錯誤，這培養了人們快速說出錯誤所需的心理安全感。如果你想減少基本型失敗，不僅在工作團隊中，在家庭中這都是最佳的做法。

　　我發現這樣想，會很有幫助：人們的脆弱是事實。我們誰都無法預測或控制所有的未來事件；因此，我們很脆弱。唯一真正的問題是？你是否承認這件事！許多人擔心這樣做會讓自己顯得軟弱，但研究表示，公開自己知道和不知道的事情可以建立信任和承擔。[46]面對不確定性時，承認自己的疑慮，展現的是力量而不是軟弱。

　　另一個最佳做法是承認你自己對確實發生的失敗有所責任，無論應負的責任大小。這樣做不僅明智，而且很務實，原因有兩個。首先，這讓其他人更容易有樣學樣，使診斷失敗的分析工作變得更容易；其次，其他人會認為你平易近人、值得信賴，並且會更熱衷於與你合作或結交。

安全第一

　　儘管人們很容易認為基本型失敗是日常瑣事，因此不太可能在時間或金錢投資上帶來回報，但事實上，減少錯誤的潛在好處很大。歐尼爾（Paul O'Neill）在1987年10月出任鋁製造商美國鋁業公司（Alcoa，簡稱美鋁）執行長時就明白了這一點。[47]歐尼爾的職業生涯起步於美國退伍軍人事務部（Department of Veterans Affairs）以及政府管理和預算局（Office of Management and Budget），他似乎不太可能成為這家跨國公司的領導者，而在他第一次在華爾街附近一家飯店舉行的新聞發布會上更讓人們加深了這種印象。杜希格（Charles Duhigg）在他鼓舞人心的著作《為什麼我們這樣生活，那樣工作？》（The Power of Habit）中記述，歐尼爾在向投資者和分析師發表講話時一開場就說道：「我希望和各位談談勞工安全。」[48]也許大家本以為會聽到有關庫存、市場前景、資本投資或地域擴張計畫的資訊，現場陷入一片愕然的沉默，歐尼爾繼續說道：「每一年，不少美鋁員工因為傷勢過重，不得不請一天假。」[49]杜希格幽默地紀載，一位投資者跑去打電話，告訴他的客戶：「美鋁董事會找了一個發瘋的嬉皮掌舵，他會搞垮這家公司。」[50]這位投資者建議他的客戶立即賣掉手中持股，「以免其他與會券商捷足先登，打電話叫客戶趕緊拋售美鋁股票。」[51]

　　值得注意的是，美鋁在1987年並沒有出現「安全問題」，他們的安全紀錄比大多數美國公司都要好，「尤其考量到我們員工的工作條件，」正如歐尼爾當天在飯店宴會廳解釋的那樣，「包括得接觸一千五百度的高溫金屬、可能慘遭斷臂的機器。」[52]考慮到這個生動的畫面，歐尼爾設定了一個雄心勃勃的目標：「我打算讓美鋁成為美國最安全的公司，我打算以零工傷為目標。」[53]

歐尼爾知道，只有公司（各級）員工都全力以赴，培養他所謂「可爬上巔峰的習慣」，[54]才能實現勞工安全，這種習慣會將正面影響生產品質、正常運作時間、盈利能力，當然也包括股價。注重細節是這種卓越習慣的核心，每個員工都願意抵制不安全的做法，並指出其他人看似微小的錯誤。（是的，這確實意味著歐尼爾如果想實現目標，就必須創造一個心理上安全的工作場所。）

要怎麼做呢？首先，歐尼爾邀請員工暢所欲言，提出所有關於安全或維護方面的建議。他還給每名員工發送了一封備忘錄，上面寫著他的個人電話號碼，告訴員工如果他們的經理不遵守安全規定，就給他打電話。當有人這樣做時，他會感謝對方，並採取行動。為了幫助管理者建立心理安全的環境，他鼓勵所有人每天問自己，團隊中的每名成員是否都能同意以下三個問題：[55]

一、無論我的種族、民族、國籍、性別、宗教信仰、性取向、職稱、薪資等級或學歷的高低，在每天的每一次與人接觸中，我是否都受到每個人的重視和尊重？

二、我是否擁有所需的資源：教育、培訓、工具、財務支持、鼓勵等，以便為這個組織做出貢獻，為我的生活帶來意義？

三、我所做的事情是否得到認可和感謝？

　　最後，透過表現出他更關心員工安全而非利潤，歐尼爾消除了員工直言不諱的主要障礙。當安全事故發生時，無論大小，他都會立即優先處理。他直接與發生此類事件的工廠員工交談，了解他們對所發生事件的看法。當他上任六個月後，一名工人在工作中喪生，他承擔起責任，他告訴主管們，「是我領導無方，是我害死了他。」[56]歐尼爾認為，受到尊重和支持的員工更有可能遵守安全規定，抵制不安全的工作要求，並勇於直言錯誤和違反安全規定的行為。

　　如果你想知道那位驚慌失措的投資者的客戶得到的服務有多好，答案是非常糟糕。當歐尼爾於2000年底退休時，美國鋁業的安全紀錄有了顯著改善，年度淨利潤增長到1987年業績的五倍，公司市值增加270億美元。[57]杜希格計算出，如果你在1987年10月歐尼爾上任的那天投資100萬美元買入美鋁的股票，光股息就有100萬美元入袋，並且你在歐尼爾退休的那天可以用500萬美元的價格賣出該股票。[58]

　　這個極大的成就首先需要與人為錯誤做朋友，然後建立系統，以便人們能夠在工作中發生傷害之前，經常發現錯誤並加以糾正。

發現錯誤

　　1867年，日本鄉村誕生了一個叫佐吉的男孩，他的母親織造當地種植的棉花，他從父親那裡學會木工技藝，但他卻有著發明家好奇、探究的頭腦，並充分理解智慧型失敗的意義。他喜歡在

舊穀倉裡對木頭敲敲打打，在那裡他不怕摧毀自己第一次辛苦為
建造更好紡織機所做出來的失敗品。24歲時，他獲得自己第一項
木製織布機的專利，並立即開始生產這種織布機。一年後，他的
工廠倒閉，但他並不氣餒，繼續發明、創新和改進他的織布機。
三十歲時，他發明日本第一台蒸汽動力織布機。這一次，他的創
業成功了。到1920年代，豐田自動織布機工廠（Toyoda Automatic
Loom Works）已成為日本90%織布機的製造商。1929年，英國頂
尖的紡織機械製造商普拉特兄弟公司（Platt Brothers）買下豐田
的專利權。[59]豐田佐吉堅持告訴他的兒子豐田喜一郎，在未來汽
車製造業才是發展的方向，所以他兒子出售專利作為種子資金，
成立了後來的豐田汽車。[60]

　　然而，豐田佐吉流傳最持久的東西可能是織布機的錯誤管理
技術：在織布過程中，經紗意外斷掉時，機器會自動停止。為了
防止破壞珍貴的材料，在修理好紗線之前，織布機將不會再次啟
動。為了描述這個功能，豐田佐吉創造了「自働化」（jidoka）[61]
一詞，意思是「貼近人性的自動化」。[62]

　　如今，在豐田的汽車工廠中，自働化最能體現在公司備受
讚譽的「安燈繩」。當團隊成員在生產現場發現問題，甚至有可
能出現問題的跡象時，會拉動工作站上方的繩索，以防止問題惡
化。

　　儘管豐田的安燈繩很出名，在美國汽車公司的主管看來，
曾一度感到很荒謬，他們無法想像把這種權力賦予一線工人，但
大多數人並沒有意識到安燈繩作用中重要的細微差別。[63]立即拉

動繩索會向團隊組長發出訊號，表示可能存在品質問題，[64]此時並不會立即停止生產線，而是延遲一會兒後（大約六十秒，也就是每個裝配任務所需的週期時間）停止生產線。在這個短暫的空檔，小組成員和組長一起診斷情況。對於大多數（十二次中有十一次）拉繩的情況中，問題很快就解決了，並且再次拉動繩索，[65]第二次拉動可防止生產線停擺。當問題無法快速解決時，不會進行第二次拉動，並且生產線會自動停止，直到問題得到解決。透過這種方式避免浪費，一輛完美的汽車就將從生產線的終點誕生出來。

安燈繩方法簡潔且實用，對我來說，它代表簡單的領導智慧，傳達的資訊是：「我們想聽聽你們的意見」。你們指那些最接近工作的人，也就是那些最有資格判斷工作品質的人。員工不僅不會因舉報錯誤而受到譴責或懲罰，反而會因為他們的密切觀察而得到感謝和讚揚。這或許可以解釋為什麼在豐田遍佈全球的工廠中，每隔幾秒鐘就會有人拉一下安燈繩。[66]這也解釋了因為品質不斷地改進，最終將這家小小的日本織布機公司變成全球汽車巨頭。

安燈繩有如神來之筆，在於它是防止缺陷的品質控制裝置，也體現錯誤管理的兩個關鍵方面：（一）在小錯誤演變成重大失敗之前及時發現；（二）是「無責舉報」（blameless reporting），這對於確保高風險環境中的安全，發揮著重要的作用。

從錯誤中學習

在任何領域中要掌握技能，你都需要願意從一定會犯的許多錯誤中實際學習東西。當紐約的十歲男孩阿德伍米（Tanitoluwa Adewumi）成為美國最新的全國西洋棋大師時，這個男孩說的話，就像他的頭銜一樣，遠遠超越了他的年齡：「我對自己說，我永遠不會輸，我只會學到東西，因為當你輸棋的時候，你就必須先犯下一個錯誤才會輸掉那場比賽。所以，你可以從那個錯誤中學到東西，這樣整體上就學到了東西。所以，失敗就是為自己贏得勝利的方式。」[67]

西洋棋是一項需要練習、技巧和智力的遊戲，僅僅每天花十小時坐在棋盤前移動棋子是不夠的。你會犯無數的錯誤（並且輸掉很多場比賽），但如果你不研究為什麼那個特定的錯誤導致了輸棋，你將無法達到精通的境界。

職業運動員也同樣會從平衡木上摔下來、投籃不中、三振出局、絆倒、輸球和墊底，但他們會觀看自己和隊友犯錯的影片，以找出犯錯的原因和技巧上的弱點。教練會建議如何改進，並減少犯錯的次數。透過練習，划船運動員可以學習用正確的角度划槳；跳水選手學會在跳躍起來之前，軀幹要前屈到什麼程度；高爾夫球手學習如何精確擊球。正如高爾夫冠軍曾雅妮所說：「你總能從錯誤中學到東西。」[68]我們可以從精英運動員的方法中得到什麼啟示呢？在我看來，他們學會了透過專注於潛力和可實現的成就，來面對自己的錯誤，即使這些成就今天還無法實現。

他們向我們示範出如何更關心明天的目標，而不是今天的自我滿足。

　　培養對人們易犯錯誤的健康態度是幫助我們發現和糾正錯誤的第一步，也可能是最重要的一步。但為了補充和支持這些行為做法，實施失敗預防系統可以大大地增加成功的機會。

預防系統

　　這些防止失敗的系統都不是完全創新的，全都反映了常識。然而很少有公司或家庭花時間去建立這些系統，其中我最喜歡的是「無責舉報」，這是一個能夠及早發現潛在危害的明確系統。

無責舉報

　　許多深思熟慮的組織和家庭體認到，壞消息不會隨著時間而變好，因此明確（或有時暗示）實施無責舉報。這樣的政策是否意味著容忍不良行為或低標準呢？愛怎樣就怎樣嗎？還差得遠呢。這種政策要求人們迅速說出錯誤和問題，以防止它們演變成更大的問題或嚴重的失敗。雖然承諾舉報的人不會受到懲罰，但是如果後續調查發現有人故意無視標準，或有不道德或非法的行為，無責舉報並不承諾這些違規行為將不會受到懲罰。因此，無責舉報有時甚至確立了學習系統和評估系統之間的區隔。在包括美國空軍在內的一些機構中，此政策甚至會對不及時舉報問題的人進行懲罰。[69]

　　無責舉報也適用於家庭，例如，青少年的父母可以確保他們的孩子知道，如果他們需要接送回家，可以在白天或晚上的任何時間打電話，父母不會問原因。這些父母認為，透過確保溝通管道暢通，是控制酒精、危險駕駛和青春期躁動共同造成的風險的最佳方法。他們希望孩子明白，「不問原因」確實是一個可行且無懲罰的選擇。因此，在危險情況下，學習和安全優先於評估。

心理安全感既能實現無責舉報，也能被無責舉報所促成。該政策傳達的資訊是，「我們知道事情會出錯，我們希望盡快聽到你的意見，這樣我們就能解決問題，避免傷害。」回想一下，在我的醫療錯誤研究中，最有效的醫院團隊可以回報錯誤，而不必擔心受到指責。[70]與那些不願回報錯誤的團隊相比，這些團隊更能從錯誤中吸取教訓，並採取措施，預防錯誤。

2006年，當穆拉利（Alan Mulally）就任福特汽車公司的新任執行長時，他很快意識到，人們並沒有直言不諱地談論困擾福特的許多問題（由於負債累累，公司當年預計將虧損170億美元）。[71]為了開始了解和解決這些問題，穆拉利建立一個簡單的架構來進行無責舉報。他要求團隊把報告標記為綠色（正常）、黃色（可能出現問題或疑慮）或紅色（進度落後或沒在執行）。穆拉利微笑著告訴他的高層團隊：「數據會說話。」[72]透過強調實際問題的存在和需要面對，穆拉利希望主管們能夠開始以團隊的形式積極管理問題，而不是迴避問題。[73]

但建立一個如實報告的新系統是一回事，讓人相信他們不會受到懲罰或羞辱又是另一回事。這就是為什麼無論是老闆，還是父母，這些人在聽到壞消息時的最初反應極為重要。

在福特，顯示問題的紅色報告遠遠不如穆拉利希望的多。為了鼓勵說真話，他提醒團隊，公司預計將損失數十億美元。最後，一位名叫馬克・菲爾德斯（Mark Fields）的主管勇敢地透露，即將推出的新款福特銳界（Edge）出現了嚴重的問題。這款車子原本是福特的下一個「代表作」。團隊陷入了沉默，預料這個消息傳出後會遭到情緒激動的斥責或被解雇。出乎他們意料的是，穆拉利鼓掌並說：「馬克，這見解太棒了。」[74]然後穆拉利問：「誰能幫助馬克解決這個問題？」

幾位主管感到震驚，但也鬆了一口氣，他們分享想法，找出以前的經驗，並主動派遣工程人員幫助解決問題。根據穆拉利的說法，整個「交流過程只花了十二秒」。[75]與團隊或家人分享壞消息，是改善事情的第一步。

穆拉利認為，透明度增加了績效壓力。[76]「你可以想像其中要承擔的責任！」他在一次訪談中提出一個假設場景來說明問題：「你是否要在一個任務上呈現紅色的落後狀態，然後一週過後回來對所有同事說：『上週我真的很忙，我沒有機會處理那件事。』」穆拉利明白，無責舉報並不意味著低標準，也不意味著降低完成工作的壓力，恰恰相反。隨著透明度的提高，互相問責的意識也隨之增強，從而促使人們共同解決問題。

無責舉報是廣泛的航空安全報告系統（Aviation Safety Reporting System）中的重要環節，該系統最初是由NASA與聯邦航空總署（Federal Aviation Administration）合作開發的，並隨後在國際上被業界所採用。[77]空服員、空中交通管制員、維修人員，連機師都可以在不透露出錯人員姓名的情況下舉報錯誤，甚至可以不包括機場名稱和航班號碼。[78]此外，法規保證資訊是「保密的、自願的和非懲罰性的」。[79]報告以書面形式填寫在正式表格上，並包括描述導致問題的事件鏈、問題是如何得到糾正的，以及所涉及的人為因素，例如判斷、決策和行動。[80]

匿名的目的是鼓勵人們毫無顧忌地舉報錯誤，許多錯誤都是相對較小的疏失，並未導致損失或失敗；例如，花了太長時間才發現跑道燈。收集龐大錯誤報告的資料庫是非常有價值的，因為透過分析可以發現最常見的錯誤和問題，替機師的培訓場景提供參考，並引導飛機製造商未來的研發。[81]

簡而言之，無責舉報是協調學習系統的一部分。只有發現錯誤，才能解決和預防錯誤。一項對美國從1983年首次引入錯誤培訓到2002年期間558起事故報告的研究發現，飛行員可讓事故的錯誤率下降達40%。[82]更重要的是，根據航空記者帕斯特（Andy Pasztor）所述，在2009年至2021年的12年間，美國航空公司的旅運人次超過80億人次，沒有發生過致命的墜機事故。[83]

避免低估未來後果

牙科和汽車有什麼共同點？這裡有一個提示：就像飯後刷牙可以防止疼痛和昂貴的修補蛀牙費用一樣，定期更換汽車機油也可以防止引擎受損。在這兩個領域，預防性維護都是必不可少的。這種做法雖然枯燥，但卻很有用。那麼，究竟是什麼原因讓我們如此容易忽視預防性維護呢？

　　部分答案可以用心理學家所稱的時間折現（temporal discounting）來解釋，[84]這種傾向使人們低估或貶低延遲反應的重要性。研究指出，與當前發生的事件相比，人們對未來才會發生的結果較不重視。正如下週得到的一美元不如馬上得到的一美元一樣令人興奮，我們常常也無法重視因為當下不執行乏味任務所帶來的負面後果。我們傾向於低估未來，這解釋了許多普遍存在的無益行為，無論是多吃一塊巧克力蛋糕，還是拖延準備考試，所以沒有堅持預防性維護，也同樣存在問題。我們無法認真對待沒有發生的汽車故障，不會因為目前汽車引擎沒有失靈而感到高興，然而現在要投入時間和金錢進行汽車保養，則會帶來明顯的不便。

　　2016年10月，熱門podcast「怪誕經濟學」（Freakonomics）播出一集令人捧腹的節目，解釋了我們不願投資預防性維護所帶來的經濟拖累。[85]主持人杜伯納（Stephen Dubner）和他的來賓聚焦於城市和基礎設施，而不是個人習慣，但是將未來價值折現的原則同樣適用。正如杜伯納的來賓、經濟學家和城市專家格雷瑟（Edward Glaeser）所指出的那樣，政治人物會很希望能限制當前的支出，然而現在的投資將支撐未來社區的發展，從而使社會受益。出乎意料的是，在建設和維護社區賴以生存的重要系統方面，古羅馬政府進行了大量而明智的投資，但與現代城市和國家相比，古羅馬政府比較少受到時間折現的影響。如果沒有投資基礎設施的長遠眼光與行動，古羅馬不可能有如此多的人口，國祚也不可能如此長久。儘管我們擁有更多的知識、技術，以及模擬和預測衰退的能力，但現代世界的變化速度似乎加劇我們對現在的過度關注。

規範化

　　餐廳廚房依賴詳細的任務清單來進行隔日開店前後的工作，透過將流程規範化（codification），任何人都可以按照步驟執行。速食店依靠流程步驟來確保效率和統一性，通常會在廚房牆上張貼圖解的步驟食譜。

　　無論我們是否意識到，大多數人在生活的某些方面都已經採用半規範化的流程。出門前，我們會確保瓦斯爐和電燈都已關好；把門鎖上；檢查錢包、鑰匙、手機有沒有帶。我朋友在電腦中有一個文件夾，裡面有詳細的個別清單，列出她四個孩子每年暑假露營時需要帶的東西。因為五歲的孩子無法像十二歲的孩子那樣獨立地收拾行李，所以她按年齡整理清單；這樣她只需每隔幾年為年齡最大的孩子寫一份新的清單即可。每次旅行前，她都會把每個孩子的行李清單列印出來，貼在孩子的床邊。除了節省時間之外，這樣的規範化還減少有人可能會忘記帶牙刷或最喜歡的毛絨玩偶，她也為先生和她自己準備了清單。並不只有她會這樣做，條理清晰的人傾向於規範家庭和職業生活的許多方面，我還沒有做到像他們那樣。有許多生產力的工具是軟體程式，本質上可以幫助你規範流程，以提高效率、減少浪費，並防止錯誤。

　　談到規範化，就免不了提到我在哈佛大學的同事葛文德（Atul Gawande）所著的《清單革命：不犯錯的祕密武器》（*The*

Checklist Manifesto）一書。[86]自2009年出版以來，這本書幫助普及和建立了製定一系列流程步驟的習慣，以確保一致性和注意細節，並減少粗心的錯誤。葛文德讚揚普羅諾沃斯特（Peter Pronovost）醫生，這名醫生希望減少和預防巴爾的摩約翰霍普金斯醫院加護病房患者的感染，所以寫了一份清單，列出醫生在插入中央靜脈導管時需要做的五件事：

一、用肥皂洗手。

二、用消毒劑清潔患者的皮膚。

三、將無菌單覆蓋在患者身上。

四、佩戴無菌口罩、帽子、長袍和手套。

五、插入導管的部位放上無菌敷料。

儘管這些步驟看起來簡單明瞭，但檢核表已成為一種行之有效的方法，可以防止因倉促和記憶失誤而造成的人為錯誤。[87]舉一個例子，密西根州的醫生和護士遵循普羅諾沃斯特的檢核表操作了十八個月，挽救了1500條生命，並為該州節省下1億美元。[88]然而，檢核表並不是萬無一失，醫療錯誤仍然是醫院和醫護行業面臨的巨大挑戰。根據附屬於醫療之星的醫療體系人為因素國家研究中心（MedStar Health's National Center for Human Factors in Healthcare）主任拉特瓦尼（Raj Ratwani）表示，醫療檢核「只讓我們減少20%的錯誤」。[89]據估計，美國醫院的錯誤每年至少造成25萬名患者不必要的死亡，[90]其中絕大多數都是複雜型失敗，你將在第四章中瞭解到這一點。

就像本章開頭的佛羅里達航空機師一樣，他們太習慣在溫暖的天氣裡飛行，以至於沒有停下來考慮除防冰裝置的問題，我們需要確保在使用檢核表時，保持頭腦清醒。此外，當知識發展或規則發生變化時，檢核表也需要更新。

所需的培訓

在1970年代初，飛機開始配備一個稱為「黑盒子」的設備，記錄飛行中的資料，例如速度和高度，同樣重要的是記錄駕駛艙內機組人員的聲音。由於黑盒子的資料可以從飛機失事現場實際取回，因此調查人員可以重建飛行最後幾分鐘發生的情況，而這往往也是機師、機組人員和乘客生命中的最後幾分鐘。為了找出事故原因，藉由黑盒子進行調查重建，隨著一次又一次的空難發生，人們愈來愈清楚地認識到，大多數事故都是由駕駛艙機組人員的人為失誤造成的。[91]這些往往是簡單的錯誤，但卻導致了悲慘的基本型失敗。

以1972年12月的東方航空401號航班為例，機師和駕駛艙內的機組人員都是訓練有素且經驗豐富的專業人員，他們總共累積了五萬多小時的飛行時數。這趟從紐約甘迺迪機場飛往邁阿密的例行航班，當天天氣狀況良好，導致飛機墜毀的原因是機師和機組人員太在意前起落架上一顆指示燈燒壞的問題。機長多次告訴駕駛艙內的其他人尋找指示燈的問題；但當他們試圖解決這個問題時，他和其他人都沒有注意到一個更緊迫的問題，直到為時已晚：飛機的飛行高度正在快速下降。這架洛克希德（Lockheed）L-1011客機墜毀在佛羅里達大沼澤區（Everglades），[92]最後101人喪生。

到了1970年代末，許多人都明白航空安全問題亟待解決。與第四章中討論的醫學和核子反應爐一樣，航空是一個高風險領域，微小的錯誤就可能導致災難性後果。1979年舉辦的NASA工業研討會匯聚來自私營企業和政府的航空專家、心理學家和學術研究人員。此後的幾十年裡，稱為「組員資源管理」（crew resource management）的培訓經過多次進行，降低了事故發生率。[93]我的論文導師在培訓中扮演重要角色，最終促成我於1990年代初期進行有關醫院錯誤的研究。除了無責舉報和錯誤管理之外，組員資源管理還發展到包括領導力、溝通、狀態意識和危險態度等方面的培訓內容。組員資源管理的許多核心原則已被企業所接受，並且愈來愈被醫療保健行業所採用。

防錯裝置

1967年之前，父母如果把藥瓶放在孩子易取得的地方，就會產生要送小孩去急診的風險。因為太多孩子意外中毒，加拿大安大略省溫莎市（Windsor）一家醫院的兒科主任兼中毒控制中心主任布羅（Henri Breault）醫生有一天凌晨三點回到家後告訴妻子：「你知道嗎，我受夠了！那些孩子吃了不該吃的藥，我已經厭倦了給他們催吐！我必須為此採取行動。」正是在這種想法的推動下，發明出一種對孩子來說過於複雜而無法打開的瓶蓋。這項發明最初被稱為「壓旋蓋」（Palm N Turn），在溫莎地區推出後，將中毒事故減少了91%。[94]

　　這是預防失誤的一個例子，採取措施來減少已知的風險因素。如今，在家中和汽車上安裝兒童安全裝置已司空見慣。不僅是需要閱讀能力和用力擰開的藥瓶，還有自動上鎖的車門、電源插座蓋、家具防傾倒的固定帶、游泳池周圍的圍欄等等。

　　英語中的Poka-yoke為日語中「ポカヨケ」的音譯，意思是「防錯」，[95]這個詞起源於豐田生產系統（Toyota Production System），是現代製造業的重要做法。我們使用的許多物品都受益於防錯的觀念，這證明基本型失敗無處不在。我們都經歷過疏忽大意的情況，持有錯誤的假設，並且過於自信。防錯的目標是採取措施，減少這些人性傾向導致的基本型失敗次數。

　　著名設計領域學者諾曼（Don Norman）自1980年代開始思考，並撰寫有關人類與使用的物品之間的關係，[96]他的工作為現在稱為「以人為本的設計」領域奠定基礎。[97]諾曼認為，我們所說的人為錯誤很大程度上可以歸因於設計不良。他以網路上的下拉式選單為例，要求使用者在填寫地址時，從按字母順序排列的50個州中進行選擇，這種就是不良的設計。諾曼稱，由於密西西比（Mississippi）和明尼蘇達（Minnesota）排列在一起，所以很容易選錯，[98]這種設計沒有防錯功能。

　　諾曼對人類思考方式的深刻理解，緊密地融入他的設計理念。例如，他指出我們可能比較不去注意熟悉的任務，[99]因而增加出錯的風險。這就是經驗豐富的機師在寒冷天氣飛行時，忘記打開除防冰裝置的下場；他們身為專家，卻未能給予檢核表足夠的重視。軟體設計人員若能相信人為錯誤是不可避免的，就可以提供訊息錯誤的警告（Twitter 會在達到字元限制之前發出警示），提供安全保護（檔案的復原功能），並透過儲存使用者先前輸入的資訊，來支援任務資訊量大時的短期記憶喪失。[100]

就像規範化一樣，我們都可以想出有創意的方法來防止日常生活中的失敗。在車道盡頭的石牆上安裝一盞燈，以減少你倒車撞上的機會。在門附近放一把雨傘，鼓勵你在看起來要下雨時帶著雨傘。與朋友約好學習時間，增加你充分準備考試的機會。注意假設，有意識地避免時間折現。預防錯誤的機會多不勝數。

最後，保持開放的心態，因為你的基本型失敗可能實際上是隱藏的機會。

靈光乍現！當基本型失敗轉變為成功

李錦裳是中國南部沿海省份廣東一家供應熟牡蠣的小餐館的廚師，26 歲的他在 1888 年那個決定命運之日，無意中改變了烹調的準備過程。[101]他誤將一鍋牡蠣煮得太久，結果變成了黏稠的棕色蠔汁。品嚐過後，他發現味道很美味！沒過多久，他就決定特意製作「蠔油」，並以李錦記品牌罐裝出售。最終，這個「聰明的錯誤」將使李錦裳和他的後代變得極其富有。當李錦裳的孫子於 2021 年去世時，這個家族身價超過 170 億美元。[102]即使大多數基本型失敗並不能產生有價值的新產品，許多當今最受歡迎的食物，包括洋芋片和巧克力餅乾，都是偶然發現的。[103]

儘管大多數基本型失敗不會產生數十億美元的業務，但那些確實能夠做到這一點的失敗必須引起人們的注意，並將其重新架構為機遇。只有當你以開放的心態，並對錯誤做出善意的反應時，這種情況才會發生。

犯錯是人性，防止基本型失敗是神聖的行為

錯誤肯定會存在，很多時候，它們是無害的。其他時候，它們會造成基本型失敗，從告訴朋友一個好笑的故事（保險槓凹陷）到毀滅性的喪命（堪薩斯城凱悅飯店倒塌）。我們每天都有機會，打破連接錯誤和失敗的因果鏈。基本型失敗之所以難以避免，是因為我們本能地厭惡錯誤，特別是自己犯下的錯誤。但是，透過與錯誤為友，我們可以發現、舉報並糾正錯誤，從而避免重大失敗。

同樣有用的是採取各種預防策略──從培訓到防錯，在從失敗中學習成長的過程中，這並不是會吸引人的部分，也不會讓你在社群媒體上獲得按讚，更不會被譽為最新管理趨勢。考量其背後巨大的價值（只要問問美鋁的股東或商業航空公司的乘客就知道了！），這真是遺憾。從失敗中學習成長的一個重要部分是預防基本型失敗。如果你渴望在交貨時實現零傷害和無失敗的成品，那麼與人為錯誤交朋友至關重要。

確實，犯錯是人性，而原諒（尤其是原諒我們自己）確實是神聖的行為。但是，採取簡單的做法來防止生活和組織中的基本型失敗是做得到的，也是值得的。你甚至可以說這樣做具有賦予力量的效果。

第四章

複雜型失敗

> 遺憾的是，大多數預警系統不會警告我們，
> 它們已經無法再發出預警了。
> —— 社會學教授佩羅（Charles Perrow）

　　魯吉亞蒂（Pastrengo Rugiati）船長是一位健壯、和藹可親的人，熱愛大海和自己曾經服役過的船隻，[1]他以個性善良聞名。當他的屬下得知小孩出生時，魯吉亞蒂會命令船員吹響船上的汽笛，在桅杆上懸掛藍色或粉紅色的絲帶，並為所有不在值班的人舉辦一場派對。1967年3月的那個星期五晚上，午夜過後，「托利卡尼翁」號（Torrey Canyon）向北航行，這趟從科威特到英國米爾福德港（Milford Haven）的一個月旅程即將結束，此時他在甲板上徘徊。海面上風平浪靜，預計未來幾天都能順利航行。

　　由於即將進行特別困難的操作，魯吉亞蒂徹夜未眠，檢查細節，他將要卸下船上裝載的約11.9萬噸原油。事情必須順利進行，所以這艘船的時間緊迫。如果魯吉亞蒂沒有在第二天晚上11點之前到達米爾福德港，他就必須再等六天，才能等到可以讓托利卡尼翁號這樣規模的船隻卸貨的大潮。他、船員以及僱用他們

的賴比瑞亞籍航運公司都無法承受這樣的延誤。他在計算時特別小心，因為船上的《海峽引導手冊》（*The Channel Pilot*）不知去向，而這本標準海事手冊提供指引前方水域的最佳知識。當他最終回到自己的床位時，他要求屬下在看見英格蘭西南部沿岸的西西里島（Isles of Scilly）出現在右舷（在船的右側）時，要叫醒他。

早上6點30分左右，大副叫醒船長，並報告說，洋流和風把船推離原定路線。為了糾正這個問題，大副重新調整船的方向，魯吉亞蒂對他未經許可改變航向感到惱怒。更令人煩惱的是，改變航線會增加他們的航行時間。魯吉亞蒂讓船回到原來的航線，這是他前一天晚上精心計算出來的。儘管他們現在必須經過七石礁（Seven Stones Reef）附近，那裡是水手們傳說中的危險地帶，但魯吉亞蒂相信這艘船和船員們會安全的。現在回顧起來，這一點值得商榷，甚至是一個判斷錯誤。

然而，如果不是接踵而至的兩起意外小事件，魯吉亞蒂可能已經安全地把他的船駕駛到港口。首先，兩艘龍蝦船突然出現在濃霧中，阻礙船的前進，迫使船長轉向。由於幾乎沒有迴旋餘地，時間分秒必爭。其次，方向盤出現機械故障，導致方向舵無法立即反應魯吉亞蒂試圖轉彎的動作，那個小小的延遲很關鍵。

魯吉亞蒂非常留心觀察情況，但他來不及了，船離暗礁太近，他的運氣不好。上午8點50分左右托利卡尼翁號全速撞擊礁石，這艘巨輪的底部破裂開來，14個貨艙被撞開，引發1300萬加侖的毀滅性漏油事故。1967年3月18日那個星期六只是一場巨大失敗的開始，這也是迄今為止英國最嚴重的漏油事故。[2]

　　正如魯吉亞蒂船長後來在官方調查中所說：「許多小事情加起來，釀成一場大災難。」[3]最後期限、海流、濃霧、龍蝦船和操控問題，如果換作別天，一切可能都會順利。這些因素若去除其中的任何一個，事故就有可能避免。魯吉亞蒂很可能會繼續做他最喜歡的事情很多年：駕駛油輪橫渡世界。相反的，他變得像他的船一樣支離破碎，受到羞辱和指責，職業生涯也隨之破滅。[4]「對於船長來說，他的船就是一切，而我卻失去了我的船，」他承認道。在包括船東和保險公司在內的大多數人眼中，尤其是在他自己看來，這位技術高超的船長已經成為一個徹底的失敗者。

許多小事

　　托利卡尼翁號的災難替複雜型失敗提供了典型的例子。「許多小事」，無論大小，加起來就會導致失敗，這體現出第三類失敗的基本特徵。就像許多故事一樣，經常發生、但不會發生意外的「小事」，碰巧以錯誤的方式依序發生，從而導致失敗悄悄地突破平常會阻止憾事發生的護欄。

　　本章深入探討複雜型失敗的本質，以及為什麼它們在當代生活的各個方面幾乎都呈現上升趨勢。[5]但首先，這個故事提醒我們要冷靜地對待失敗這個話題。並非所有的失敗都屬於正確犯錯！有些是徹頭徹尾的災難，有些是悲劇，而其他的只是令人懊惱而已。好好從失敗中學習成長的科學，始於對失敗的類型進行清晰的診斷，從而更好地理解、借鑒失敗，最重要的是，盡可能防止破壞性失敗。與基本型失敗一樣，複雜型失敗也不是正確的犯錯。

儘管如此，聲稱複雜型失敗不屬於正確犯錯，並**不意味著可以免受譴責**。雖然有些是應該受到譴責的，但正如你將會明白，大多數複雜型失敗其實不該受到譴責。就像智慧型和基本型失敗一樣，如果我們願意努力從複雜型失敗中學習，複雜型失敗也可以讓人學到意義重大的事情。

尋找罪魁禍首

儘管出發時他的健康狀況良好，但魯吉亞蒂船長最後一次旅程所帶來的身體勞累和心理衝擊損害了他的健康，體重掉了9公斤，肺部也受到感染，除了每天來看望他的妻子安娜之外，現在醫生嚴格要求他不能見任何人。但是，魯吉亞蒂和其他幾名船員在向賴比瑞亞任命的調查委員會作證前，狗仔隊在熱那亞找到他，之後調查委員會得出結論：魯吉亞蒂船長應負全部責任。他的執照被吊銷，他再也不能出海了，有攝影師拍下這位驚恐不安的船長躲在床下的照片。[6]

後來，這個決定被認為是倉促做出的。一名船員作證說，他在事故發生前的最後幾個小時所做的導航測量和報告並不準確。此外，甲板上有人（目前還不清楚是誰）誤動方向盤上的側桿，在最後關鍵的幾秒鐘減慢了魯吉亞蒂的操作速度。還有就是那本不見蹤影的《海峽引導手冊》，這原本可以提供導航指引。把責任歸咎於船長一個人，不僅相對容易地解決出錯的問題，而且對船東和保險公司來說也是個好消息；根據至少一項估計，這個判決為他們節省近1700萬美元。[7]

責備別人、將錯誤歸咎於單一個人或某個原因，這種本能反應幾乎是普遍的現象。遺憾的是，這削弱有效地從失敗中學習所需的心理安全感。當公司表現不佳時，執行長就會被解僱；夫妻倆會指責對方沒有按時去托兒所接送孩子；小孩經常把責任推給其他人，以逃避指責。尋找單一原因和單一罪魁禍首是很容易和自然的，但對於複雜型失敗，這種本能不僅沒有幫助，而且不準確。此外，這使得我們更難公開、合理地談論到底發生什麼事情，以及下次如何做得更好。稍後我將討論減少複雜型失敗的方法，但現在我想強調的是，心理上安全的環境能讓人們知道，自己不會因為錯誤或令人失望的結果而受到指責，這是讓組織和家庭都能出現更少錯誤類型的失敗和更多正確類型的失敗之基礎。

那麼如何確保問責制度呢？來自醫院和投資銀行等不同行業的主管都向我提出過這個問題。當然，個人必須為失敗承擔後果，以避免過度寬鬆的文化，對吧？如果人們不會因為失敗而受到責備，又怎麼能激勵他們改進呢？這種擔憂是根據錯誤的二分法。事實上，讓人能夠安心地承認失敗的文化可以（在高風險環境中更是必要）與高績效標準並存。指責文化的主要作用是讓人們不會及時說出問題來加以糾正，顯然這樣對績效沒有幫助，[8]這就是為什麼無責舉報如此重要。正如你將明白，在任何不斷變化的情境下，不受約束、快速舉報異常情況對於實現高績效至關重要。

複雜型失敗的複雜度

雖然基本型失敗有時會造成毀滅性的後果，但複雜型失敗才是在我們的生活、組織和社會中日益嚴重的真正怪物。基本型失敗涉及單一原因，問題相對容易解決；而複雜型失敗在本質上是不同的，這種類型的失敗在醫院急診室和全球供應鍊等環境中很普遍，因為多種因素和人們以某種不可預測的方式交互作用，其中愈來愈不穩定的天氣系統是複雜型失敗的另一個溫床。我多年來研究醫療保健、航太和商業領域的複雜型失敗，從中發現一連串截然不同的例子，但它們具卻有著共同的特點。最重要的是，它們的原因不止一個。複雜型失敗發生在人們熟悉的環境中，這就是它們與智慧型失敗的區別所在。儘管發生在熟悉的環境，但這些環境又呈現出一定程度的複雜性，多種因素可能以意想不到的方式交互作用。複雜型失敗在發生之前，通常都會出現微妙的預警信號，往往最後至少包括一個看似無法控制的外部因素。

熟悉的環境

智慧型失敗發生在新領域，比如選擇以前從未搭配過的食材來創新料理、透過約會尋找人生伴侶，或者進行聲學實驗，創造出顛覆傳統規格的駐極體麥克風，而複雜型失敗則不同，會發生在你可以找到大量先驗知識和經驗的環境中。儘管在魯吉亞蒂船長的最後一次航行中，他之前可能沒有在那樣的天氣條件下航行過這條完全相同的航線，但成功航行所需的基本知識已經很成熟。在社交活動、假期旅行或學校的學期當中，都是我們可能或多或少經歷過複雜型失敗的熟悉環境。日常新聞中出現的大多數事故、悲劇和災難，都是在相當熟悉的環境中發生的複雜型失敗。

想想看發生在新墨西哥州的《Rust》電影拍攝現場，攝影師哈欽斯（Halyna Hutchins）於2021年10月21日遭受致命槍傷。博南薩溪牧場（Bonanza Creek Ranch）以前曾被其他電影製片人使用過，對於已經在那裡工作幾天的劇組人員是相當熟悉的地方。製作過程中每個人都相當熟悉電影業製定的必要流程和預防措施，以確保在拍攝電影使用槍支時的安全。然而演員兼製片人鮑德溫（Alec Baldwin）不知何故拿著一把槍，不小心射出致命的子彈，「聽起來像是抽打的聲音，然後是一聲巨響」。[9]站在哈欽斯旁邊的導演蘇薩（Joel Souza）則是肩部受傷，這是一場悲劇性的複雜型失敗。

隨後展開的調查顯示，片場沒有嚴格遵守處理槍支的既定安全流程。24歲的槍械管理員葛鐵雷斯—莉德（Hannah Gutierrez-Reed）在片場負責監督槍械的安全和使用，她告訴調查人員，事故發生當天早些時候，她按照規定，檢查當天用於拍攝場景的彈藥中只有「空包彈」，而沒有實彈。然而，助理導演霍爾斯（David Halls）是最後一個檢查槍支安全的人，然後他把槍交給鮑德溫，並說那是假槍；他告訴調查人員，自己犯了一個錯誤，那天沒有檢查所有子彈，這嚴重違反安全規定。[10]此外，通常在電影拍攝現場禁止使用的實彈，當初是如何出現在現場的，這一點目前還不清楚。[11]更糟糕的是，一週前已發生了兩次「擦槍走火」，但卻沒加強注意片場的安全措施。[12]

　　正是這種對情況的熟悉感使得複雜型失敗變得如此有害。在熟悉的情況下，你會高估自己對實際情況的控制能力，例如，雖然在聚會上喝了酒，但仍開車回家（熟悉的地方），這樣就很容易陷入不可靠的自信感。由於前一天晚上的精心計畫和多年的經驗，魯吉亞蒂船長覺得對自己的船完全在掌控之中。我相信你能從自己的生活中想到類似的例子。也許你對自己領導團隊專案的能力充滿信心，之前已經做過很多次了，結果卻發現自己面臨意想不到的挑戰，而且你低估這些挑戰的難度。也許你或你認識的人因為採取看似足夠的預防措施，而認為自己不容易確診，但後來卻被感染。更普遍的情況是，當你發現自己在想「我閉著眼睛都會做」時，就要小心了！過度自信是複雜型失敗和基本型失敗的前兆。

　　複雜型失敗並不一定是災難性的。我們都有過這樣的經歷：一場小型的「完美風暴」打亂了我們的計畫。把鬧鐘設成下午，而不是上午的時間，結果害你出門遲到；你的油箱快要空了，所以你停下來加油。然後，高速公路上發生的事故導致交通異常壅塞，使得開車去看醫生的時間比預期要長。你比預定的預約時間晚了三十分鐘抵達，而醫生因突發情況趕去醫院急診室，無法見你。儘管這次失約相對來說並無害處，但沒看到醫生卻是一個複雜型失敗。

多重因果關係

複雜型失敗是由多個原因造成的，並非其中一個原因單獨造成失敗。通常是內部因素（例如流程和技術）與外部因素（例如天氣或供應商的交貨延遲）一起出現而引發問題。有時，多種因素會互相作用，使問題更加嚴重；有時它們只是不斷累積，就像壓垮駱駝的最後一根稻草一樣。博南薩溪牧場槍擊事件後，出現大量的訴訟和指責，但有一點很清楚：如果能夠發現或避免其中**任何一個**小錯誤，這場悲劇性的失敗就可以避免。如果哈欽斯站在鏡頭後面的角度稍微不同，也許子彈就不會射中她。如果鮑德溫掏出那把左輪手槍的速度更慢或力道更小，也許就不會走火。如果這些彈藥從未被允許進入片場就好了。如果處理人員沒有大聲宣稱那是假槍就好了。在這起案件中，就像在許多其他情況下一樣，系統及其預定的規則很鬆散，執行也不嚴格。

2021年6月24日，香普蘭大廈南棟倒塌，被稱為美國歷史上「最致命的工程失敗之一」，這是一場悲慘的複雜型失敗，奪走98條生命。[13]為了尋找原因，我們甚至可以回溯到1890年代，當時雄心勃勃的開發商決定在邁阿密海灘這片沼澤地帶建造城市。接下來開發商砍除紅樹林，而紅樹林是「天然的防風牆，可以減輕潮汐帶來的破壞和阻擋強風」，這使得建築物從一開始就埋下脆弱不堪的隱憂；而在風暴加劇、海平面上升的今天，情況更是惡化。[14]除此之外，隨著這座擁有三十九年歷史的建築逐漸老化，大樓業主可能不願意支付昂貴、而且對他們來說是預期之外的維護費用。由於當地法規要求此類結構在四十年後要重新獲得認證，一年半前檢查這個社區的工程師注意到，游泳池甲板下方混凝土板的設計導致水積聚在建築物的地基中。他還看到小裂縫和侵蝕，但似乎不會立即造成危險。修復甲板問題的估計費用為900萬美元，遠遠超出社區的預備金，這導致後續時間的延誤、租戶之間的激烈爭論，以及一些社區委員的辭職。雖然人們會很想從開發商、業主、市政府或氣候變化中，找出單一的罪魁禍首，但終究徒勞無益。

外部因素

在複雜型失敗中，外部或不可控的因素常常會混合在一起，你可以認為這是運氣不好。托利卡尼翁號事件是由不可預測的外部因素（意外出現的龍蝦船）和不可控因素（洋流）共同造成的悲劇；在槍械管理員的庫存設施中發現一顆實彈；邁阿密地區水位上升加劇香普蘭大廈的結構老化。其他的外部因素範例，像是一名青少年參加完派對駕車回家，在突然結冰的道路上，他受損的判斷力變得更差；一種化學成分未知的病毒變得像人類行為一樣無法控制。

有時，基本型失敗和複雜型失敗之間的界線是模糊的。最初看起來是基本型失敗，例如誤裝實彈而不是空包彈，但經過進一步檢查，揭露當初明顯的單一原因的原因時，發現它其實是複雜型失敗。

　　舉例來說，35歲的海軍軍官巴格（Brian Bugge）喜歡潛水，卻犯了一個微小但卻致命的錯誤。儘管他平時一絲不苟、細心留意，但在進階訓練班的最後一次潛水時，他沒有打開呼吸器上的氧氣供應，就下了船，進入檀香山附近的海域。幾分鐘之內，他就因缺氧而溺水身亡，而他的老師和同學就在不遠處。[15]

　　雖然他沒有打開氧氣供應這個錯誤表示這是一個基本型失敗，但如果從更遠的距離，來觀看更大範圍的情況，我們可以看到有多種原因導致這個失敗變得複雜起來。首先，課程的教練是新手，這個緊湊的訓練課程時間安排經常臨時改變。[16]為什麼沒有進行潛伴檢查？為什麼布萊恩那天潛水前沒有再次檢查他的裝備？也許是過度自信。布萊恩是一位經驗豐富的潛水員，這次潛水是在他熟悉的地方，他們這個班以前就曾在那個位置潛水過。另一個外部因素是：大部分學員都是軍官，習慣了尊重階級制度，不願意大膽質疑教練的權威。最後，根據巴格的遺孀艾希莉（Ashley Bugge）說，丈夫對於完成星期天清晨的那次潛水感到猶豫。前一天晚上，他曾提議放棄這次潛水活動，與艾希莉和兩個年幼的小孩共度時光。艾希莉自己也是一名熱衷於潛水的人，因此鼓勵他去參加。「我看著他的眼睛，告訴他去做吧，」[17]艾希莉後來回憶說，「我告訴他，我知道你真的不想退出這門課。」

　　可以理解的是，艾希莉後來經常想，如果她沒有鼓勵布萊恩去最後一次的潛水，而是堅持讓他待在家裡，事情會有怎樣不同的結果。但是，她說：「對我來說，重點不在於誰應該受到責備，誰做了這個，或誰做了那個的問題。對我而言，重點不是要

怪來怪去。」[18]這是一個重要的觀點，把責任歸咎於他人只是讓
我們免除了責任，意味著我們不需要仔細檢討造成失敗的因素，
而這對於預防未來的複雜型失敗至關重要。正如本章後面所述，
在本質上複雜的環境中，當目標是要確保操作安全時，事後仔細
檢討造成失敗的因素，尤其重要。

預警信號

　　最後，複雜型失敗之前通常會出現一些小的預警信號，這
些徵兆會被遺漏、忽視或淡化。在《Rust》片場上，儘管上週道
具槍意外走火時沒有人受傷，但工作人員提出的安全問題並沒
有得到重視，顯然沒有採取任何額外的安全措施或預防措施。
相反的，劇組成員表示，他們覺得被迫趕著在規定的拍攝進度
內完成這部電影。其他的工作條件也不太理想，原本承諾依照
劇組人員要求，讓他們住在附近聖塔菲（Santa Fe）的飯店房
間，但他們在片場每天工作12到13個小時，還被迫從阿布奎基
（Albuquerque）通勤去片場，單程就須一小時，薪水也不一定按
時發放。五名攝影組成員對此感到厭倦和沮喪，在拍攝前一天晚
上寫了電子郵件，表示他們打算辭職。[19]

　　毫無疑問，在一次重大失敗之後，你會回顧過去，看看如何
才能避免這種情況。如果你在長途駕駛之前，沒有忽略汽車引擎
發出的奇怪聲音，結果到了修車廠寥寥可數的地區，也許就不會
站在路邊孤立無援了。如果你在期中考試考得不好後與教授討論
改進的方法，而且如果家裡沒有急事佔用你的時間和精力，你就

會更加努力地準備期末考試，並通過課程。了解為什麼我們經常遺漏警告失敗的信號，這對於預防失敗至關重要，本章稍後將討論這個問題。

對複雜型失敗進行徹底的診斷，通常會找出遺漏的信號，同時讓我們更深入地了解是誰，以及什麼原因要承擔後果。檢查香普蘭大廈南棟的工程師發現混凝土中的小裂縫和鋼筋中的輕微侵蝕──這兩種情況都沒有明確顯示直接的風險。對於失敗的分析往往流於表面，而採取的補救措施最終使情況變得更糟。[20]

雪上加霜

托利卡尼翁號在七石礁解體後的幾天和幾週後，這場悲劇性的失敗變成更糟糕、更複雜的事情。正如研究油輪漏油對野生動物影響的科學家霍金斯（Stephen J. Hawkins）所說，「對策比問題還更糟糕。」[21]檢視事件的關係鏈，以及未能成功阻止這場不幸事件的思考過程，是非常有用的。多種原因導致的失敗會變得扭曲而難以解開，就像打結的繩子一樣，愈用力拉就愈難鬆開，這種情況並非只有托利卡尼翁號災難。了解複雜型失敗的架構是找到預防措施關鍵的一環。

首先，托利卡尼翁號的船東認為這艘船可以打撈上來，所以聘請一家荷蘭公司，派出拖船和救援人員上船，將石油卸入水中，並將減輕重量的油輪從岩石中拉出，魯吉亞蒂船長和船員們勇敢地留在船上。但這艘超級油輪被卡在岩石中太深了，無法拉出來，它的巨大船體繼續分裂，石油繼續嚴重地洩漏，並有起火的危險，迫使所有人上岸。接下來，英國石油公司往海中倒入70萬加侖的BP1002工業洗滌劑，有時甚至將洗滌劑一桶一桶地從懸崖頂端滾下來。[22]

沒有人知道這些化學物質對海洋生態的危害有多大，記者描述西康瓦爾郡（West Cornwall）的海灘為「一層厚厚的黑色粘液地毯」，[23]最終大約一萬五千隻海鳥死亡。英國政府和皇家海軍對於這場災難的處理方式含糊其辭，起初拒絕承認其嚴重性，所以加劇了混亂。這艘船當時在國際水域，因此不清楚是由哪個國家負責，以及哪些事情是完全合法的。[24]最後，在最初擱淺十天後，皇家海軍轟炸了這艘超級油輪。投下的四萬一千磅炸彈中，只有二萬三千磅的炸彈擊中目標；還投下了凝固汽油彈，冒出三英里高的黑煙，一百英里外都能看到。[25]最後，在3月30日，即石油首次洩漏近兩週後，托利卡尼翁號開始下沉。

像托利卡尼翁號這樣成為頭條新聞的大規模危機，通常結合了多個較小的失敗和各種類型的失敗。沒有人知道如何控制破裂的船隻和漏油；也沒有人知道如何處理成噸的原油在數百英里的原始海岸線上洩漏。一件事出了錯，接二連三又發生其他問題。「許多小事情加起來，釀成一場大災難。」雖然基本型失敗帶來可以合理解決的問題，但正如這場悲劇所顯示的那樣，複雜型失敗在本質上是不同的。不幸的是，這些完美風暴並非過去式，有時它們的影響會持續數十年之久。

數十年的持續影響

2018年10月29日，獅航610號班機從印尼雅加達機場起飛13分鐘後，墜入爪哇海。初步調查發現，這架波音737 MAX飛機的兩個感測器中之一出現工程問題，該感測器誤觸自動系統，導致機頭快速向下壓。飛機以每小時超過五百英里的速度下降，無人生還。[26]在美國方面，美國聯邦航空總署通知波音公司，737系列飛機的安全風險很低，可以繼續飛行。波音公司有七個月的時間來測試和修改自動軟體系統，並被要求告知機師如果再次發生故障，該如何處理。

問題解決了嗎？

很不幸的是，並沒有。僅僅五個月後，也就是2019年3月，又有一架737 MAX因完全相同的原因墜毀。衣索比亞航空公司302號航班從衣索比亞首都阿迪斯阿貝巴（Addis Ababa）起飛，幾分鐘內以每小時575英里的速度撞向地面，並完全解體。[27]這一次，美國聯邦航空總署停飛了整個737 MAX機隊。[28]更深入、更廣泛的調查很快就會發現造成這種複雜型失敗的多種原因。當然，工程設計和新的軟體系統並不太理想，這也是理解這些事故會發生的重要原因。但如果你仔細觀察，波音公司的文化及其更廣泛的產業環境在這些失敗中發揮關鍵作用，呈現出複雜型失敗的經典案例。

我在2019年讀到這些頭條新聞時，有一種不祥的熟悉感。我的學術生涯一直致力於理解複雜組織中可預防的失敗。就像

《Rust》片場那把走火的槍和沒有正確設定好的氧氣罐一樣,人們很容易把這兩起墜機事件歸因於軟體錯誤導致自動感測器失靈,屬於複雜技術中出現的特殊故障。但和以前一樣,仔細觀察後,你會發現一些定義複雜型失敗的常見罪魁禍首:在相當熟悉的環境中出現多種原因,並產生虛假的安全感;錯過了信號;以及在不斷變化的商業環境中複雜的交互作用。有時我簡直無法忍受這種反覆出現的故事頻率,我的研究清楚地顯出這種情況發生的原因,認知、人際和組織方面的原因導致複雜型失敗變得如此棘手,這種多重因素也意味著你有很多手段可以阻止那些看似不可避免的失敗趨勢。代表我們任何人都可能成為避免複雜型失敗者的關鍵角色。

每一場完美風暴中都有一線希望:每一個複雜型失敗都包含多個避免的機會。想想那次錯過的醫生預約:你所需要的只是仔細檢查鬧鐘是否調到上午,或者在前一天晚上把油箱加滿油,只要修正其中一件事就可以避免這次的失敗。有鑑於此,想想所有你可能避免的複雜型失敗。

有時,我們必須回溯到幾十年前,才能了解複雜型失敗的起源,從而找出許多可以預防的機會。對於737 MAX墜機的原因,可以追溯到1997年發生的一個重要因素,那一年,波音以133億美元的股票收購其主要的美國競爭對手麥道公司(McDonnell Douglas)。[29]很快,伴隨收購而來的領導層變動(另一個原因)導致公司文化發生轉變,從波音的向來強調工程(重視發明和精確度),變成麥道的向來強調財務(優先考慮利潤和股東價值）。[30]在收購之前，波音的主管往往是工程專業出身，與波音員工擁有共同的技術語言和感受的能力。無獨有偶，他們共同的工程背景感受能力，幫助整個組織中的工程師可以放心地對飛機速度、設計、燃油效率，尤其是安全問題提出擔憂。[31]工程師和主管可以、也確實在工作之外進行非正式的互動，討論新的想法或建議。波音收購麥道之後，高層管理人員往往具有財務和會計背景；記者福斯特（Natasha Frost）嘲笑他們為「過於精打細算的人」，因為他們缺乏對飛機功能的技術知識。[32]2001年，公司總部從西雅圖遷至芝加哥，加劇這種文化的變化。高階管理人員的工作地點與設計飛機的工程師因而相距兩千多英里，進一步使這兩個群體產生隔閡。

時至2010年，這一年波音公司最大的歐洲競爭對手空中巴士公司（Airbus）推出新型A320飛機（第四個原因），由於燃油效率提升，這款飛機的成本效益顯著提高。[33]波音公司的高層感到震驚，空中巴士公司在完全保密的情況下開發了新飛機，理所當然地擔心波音可能會失去忠實的客戶。由此可見，接下來的災難是如何發生的。一邊的場景：剝奪工程師權力，並賦予精算者權力的文化；另一邊的場景：競爭威脅可能對股東造成負面財務後果，從而導致聲譽受損。從這裡開始，劇本變得非常容易預測。

為了回應空中巴士突如其來的威脅，波音的主管決定放棄昂貴且冗長的研究來設計全新的機型，轉而對現有的737飛機進行更新。[34]突然之間，新機推出的速度變得最重要。主管打包票，新款737 MAX的燃油效率將比新款空中巴士高出8%。[35]從理論上講，主管的想法是在相當熟悉的領域改進現有設計，而不去冒著全新創新的風險，因為不可避免地會有智慧型失敗，這是資源合理利用的明智選擇。但事實上，改裝737的工程挑戰相當大。為了適應更新、更省油的引擎，工程師必須把引擎的位置移到「更靠向機翼的更高處」，這影響了飛機以陡峭角度攀升的操控方式。[36]為了彌補新機的空氣動力學特性，工程師開發一種自動防失速系統，稱為「機動特性增強系統」（Maneuvering Characteristic Augmentation System，簡稱MCAS）。

　　波音工程師和管理層之間的衝突在這裡變得嚴重。美國聯邦航空總署規定，當飛機設計與以前的機型有很大不同時，機師必須經過模擬機訓練。模擬機訓練費用昂貴，這對航空公司（那些忠實的客戶）來說是一個問題，因為這樣會佔用到機師這種寶貴的資源。為了規避這個規定，波音公司的管理層想出一個聰明、但在道德上存在問題的策略，所以輕描淡寫MCAS軟體及其給機師帶來的困難，不去強調737 MAX的設計差異，[37]沒有在機師手冊中提及新的MCAS防失速系統。首席技術機師面臨到壓力，要堅稱沒有必要進行模擬機訓練。[38]直到第二次墜機事故發生後，工程師之間表達安全隱憂的電子郵件才被公開。一位員工寫道：「你會讓你的家人搭乘MAX嗎？……我可不會。」[39]另一位工程師聲稱，由於「成本和潛在的（機師）培訓會帶來衝擊」，管理層拒絕了他提議的設計升級。[40]對於在心理安全感較低的組織中工作，一位工程師寫道：「對於批評公司政策，大家有一種壓抑的文化態度，特別是如果這種批評是由於致命事故引起的。」[41]
這樣的描述很典型。

在大型組織中，「對於批評有一種壓抑的文化態度」，這往往不僅限於那些直接參與737飛機故障的人員。在兩起致命空難之後，經過嚴格的審查發現，南卡羅來納州波音787夢幻客機工廠的工人備感壓力，因為他們必須遵循過於雄心勃勃的生產計畫，並且擔心如果提出品質問題，就會丟掉飯碗。[42]儘管他們並不在生產出事的737飛機的工廠工作，但南卡羅來納州工人的經歷了教科書般的案例，說明員工普遍認為，直言不諱會招致報復，而非讚賞。2019年12月，即第一次獅航墜機事故發生一年多後，波音公司將執行長解雇，並停止生產737 MAX。公司股票下跌，導致公司的市值暴跌。更糟糕的是，三年後，美國司法部指控波音公司涉嫌刑事欺詐罪，導致該公司被判處超過25億美元的罰款和對受害者的賠償。[43]

看到托利卡尼翁號和737 MAX的失敗，我們很容易感到憤怒。但請記住，事後諸葛很容易。回想起來，如何做得更好是顯而易見的。我們每個人都必須牢記在心，在當今生活中幾乎各個層面都存在不確定性和相互依賴，這意味著複雜型失敗正在增加。學術研究可以幫助我們理解失敗的原因，正如你將看到的，它還可以幫助我們做得更好。一旦你了解這些因素以及它們對你的組織和生活的影響，雖然一開始可能會讓人感到畏懼，但實際上卻能增強你的能力。看清周遭的**複雜型失敗趨勢**，就能讓你好好地應對不確定的未來。

複雜型失敗持續增加

現代複雜型失敗的最明顯原因是日益複雜的資訊科技，它是當今生活和工作各個方面的基礎。許多其他行業的工廠、供應鏈和營運都依賴精密的電腦控制，系統某個部分的小故障就可能讓系統很快失去控制。你可能還記得，信用評估公司Equifax曾爆出近1.5億美國人的社會安全號碼、地址和信用卡號碼已從該公司的軟體平台被竊取。[44]根據執行長史密斯（Richard Smith）2017年10月在國會的證詞，「此次資料外洩是由於人為錯誤和技術故障共同引起的。」駭客獲得三台伺服器的登入憑證，從而可以存取另外48台伺服器。由於漏洞在長達76天的時間裡都沒被發現，因此這個複雜型失敗不斷升級，給了駭客充足的時間在系統中漫遊，提取個人資訊，以及有關Equifax資料設計和基礎設施的高階資訊。[45]

也許你弄丟了儲存在個人電腦上的寶貴資訊，你因疏忽未能備份重要資料，儘管你知道備份很重要。希望這種弄丟資料的後果不會像英國威爾斯一位系統工程師豪爾斯（James Howells）的經歷那樣慘痛。[46]2013年，他不小心扔掉一台舊電腦的硬碟（這塊硬碟是因為打翻的檸檬水弄壞他的電玩筆電，才取出硬碟），等他想到自己丟掉六十四個字元的私密金鑰，而這個私密金鑰可以解鎖他最初的小額比特幣投資。儘管他不遺餘力地請求允許他從市府垃圾掩埋場找回他寶貴的硬碟，但八年過去了，他還是沒能找回當時價值5億美元的比特幣。

　　社群媒體改變了商業、政治和友誼，使得「爆紅」成為家喻戶曉的詞彙。全球金融業將每個國家的每家銀行和無數家庭聯繫在一起，使我們很容易受到世界另一端發生的人為錯誤的影響。正如我的朋友哥倫比亞大學策略教授麥奎斯（Rita McGrath）所解釋的那樣，幾年前，我們的大多數機構都是獨立的，從而可以抵擋外部錯誤帶來的影響，但現在情況不同了。隨著計算能力成本的下降，大量資訊的數位化持續呈指數級增長。自主通訊來往的智慧系統持續地發展，使得可能出現的問題無窮無盡，這種互相依賴的關係是複雜型失敗的滋生地。正如麥奎斯所說，當「過去各自獨立的事物互相接觸影響時（換句話說，當曾經是**繁複、但卻可以解釋的**系統變得**複雜且難以解釋**時），預測接下來會發生什麼情況變得更加困難。」[47]資訊科技會產生新的漏洞，因為互相牽連的情況會立即擴散小錯誤的影響。

　　2019年新冠病毒起源於中國武漢，並迅速傳播到世界各地，我們無需再看其他例子，就能發現全球互相牽連如何使複雜型失敗更有可能發生。舉個小例子吧，2020年初，全球對防護口罩的需求突然激增，中國的工廠開始加緊生產，將防護口罩裝上貨船，運往世界各地。結果，正當中國最需要貨櫃來出口更多口罩時，這些空置的貨櫃卻堆積在遙遠的國家。[48]

　　接觸者追蹤是透過找到與感染者有過接觸的人，來隔離所有相關人士，以限制病毒的傳播，這源於對複雜型失敗的認識，每名感染者或接觸過病毒的人都可能是造成疫情持續的眾多原因之一。我的朋友克利菲爾德（Chris Clearfield）和提爾席克（András

Tilcsik）撰寫了《系統失靈的陷阱》（*Meltdown*）一書，闡述複雜型失敗及其不斷增加的原因。[49]這本書引人入勝，有時甚至令人恐懼，解釋了「核災、推特災難、石油洩漏、華爾街系統漏洞，甚至不法行為的共同基因。」克利菲爾德和提爾席克跟我一樣，受到社會學家佩羅的影響，他發現使某些類型的系統容易失靈的風險因素。

系統如何產生複雜型失敗

對於失敗分類的框架，我的初步想法是在三十年前開始形成的。我的研究一直在探討為什麼即使是在一流的醫院，甚至在專家和大眾對這個問題的關注激增之後，醫療錯誤仍然存在。[50] 1990年代末，人們發現醫院中失誤的盛行情況，震驚了大眾和醫療專業人員。[51]據估計這些錯誤每年造成美國醫院25萬名不必要的患者死亡，[52]那些自稱不會造成傷害並接受過良好培訓的護理工作者如何持續做出這樣的事情？我發現，大部分原因在於複雜型失敗的本質。[53]

我具備工程背景，對佩羅在1984年首次出版的開創性著作《常態性意外》（*Normal Accidents*）深感興趣，[54]這本書對專家關於安全和風險的思考產生深遠的影響。對於重大失敗造成的原因，佩羅專注於系統，而不是個人，這種區別非常重要。了解系統如何產生失敗，尤其是哪些類型的系統特別容易出現失敗，有助於消除指責因素。它還幫助我們專注於改變系統來減少失敗，而不是改變或更換在有問題的系統中工作的個人。

我翻閱佩羅的著作來幫助我弄清楚長期存在的醫療事故。佩羅有意挑釁地指出「常態性意外」（normal accident）一詞，這是由於系統具備複雜的交互作用與緊密耦合（tight coupling），因而產生的預期（也就是常態的）結果。「複雜的交互作用」意味著多個部分相互作用，使得行動的後果難以預測。例如，魯吉亞蒂船長因為稍微改變船的航向，導致兩艘龍蝦船突然出現，需要他隨後進行突然、且難以操作的轉彎，最終導致一場致命事故。「緊密耦合」借用自工程學的術語，意味著系統某一部分的作用不可避免地會導致另一部分的反應；不可能中斷事件的關係鏈。當銀行自動提款機的機械硬體接收你的提款卡時，控制機器的軟體和銀行應用程式會緊密耦合在一起，共同完成你的交易。如果任何一個環節發生故障，整個系統也會發生故障，緊密耦合的系統並沒有容錯的空間。

對於佩羅來說，「常態性意外」意味著某些系統本質上就是等待發生意外。它們的設計存在著危險，這些系統遲早都會失靈的。相比之下，交互作用的複雜程度低、鬆散耦合的系統（例如小學）就不容易發生常態性意外。如果一個系統複雜程度高、但缺乏緊密耦合（例如，大型大學，各學術部門運作相對獨立），那麼某個部分出現問題，可能並不會自動引發整個系統的重大失敗。

正如佩羅的學生克利菲爾德和提爾席克在《系統失靈的陷阱》中指出的那樣，久而久之，愈來愈多的機構進入佩羅所描述的危險區域：[55]「當佩羅在1984年出版《常態性意外》一書時，

圖 4.1

重新審視佩羅的模型

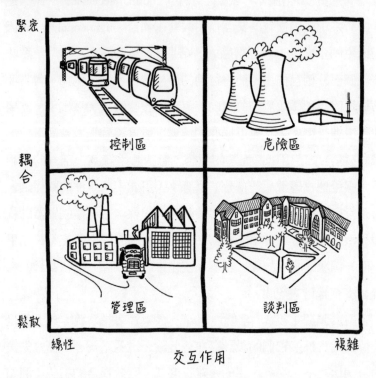

他所描述的危險區域還很少，包括核設施、化工廠和太空任務等系統。從那時起，各種系統，從大學和華爾街公司，到水壩和石油鑽井平台等各種系統，都變得更加複雜和緊密耦合。」

佩羅是在1979年賓州三哩島核電廠險些熔毀後寫的書，這次事故引起人們的高度關注。因為佩羅是社會學家而不是核工程師，他在評估核電廠是否具緊密耦合和具有複雜的交互作用時，可能忽略一些技術上的細微差別,所以他認為核電廠本質上是不安全的,這個評估後來受到專家的質疑。[56]但他的框架幫助我們許多對安全和事故感興趣的人,以有用的新方式思考我們所研究的背景。圖4.1呈現佩羅的經典模型,我為每個象限建立新的標籤。右上角體現佩羅的核心思想,即具有複雜的交互作用和緊密耦合(例如核電廠中的情況)會產生「危險區」。佩羅用鐵路來說明緊密耦合和線性交互作用的結合,我稱之為「控制區」。典型的製造工廠呈現出鬆散耦合和線性交互作用,因為傳統的管理方式在這種情況下效果非常好,所以我將其稱為「管理區」。最後,在大學中,複雜的交互作用搭配著鬆散耦合,透過不斷的談判,來保持事物的運作有條不紊,從而產生我所說的「談判區」。

在我對醫療事故的研究中,我想知道醫院的患者照護系統是否具有複雜的交互作用和緊密耦合。如果兩者都是肯定的,那麼根據佩羅的框架,醫院的照護系統失敗是不可避免的,而且無法減少。

醫院中的鬆散耦合

早在1996年,我對這些問題的回答可以說是,也可以說不是。[57]如今,我的回覆仍然如此。在醫院的患者照護具有相當複雜的交互作用,例如,醫生開出處方,由藥劑師配藥後,交由其他人送到病房的樓層,並在患者住院期間由幾名護士給藥。然而,我認為這條關係鏈中各個環節之間的耦合度很低。處理複雜故障的一個好處是，如果系統的某個部分出現故障，由於各環節之間需要人為參與才能交接，因此可以隨時檢測和進行修復。我的結論是，醫院並不屬於佩羅的最壞情況象限，這意味著實現零傷害是可能的。

儘管如此，系統失敗仍然發生，所以我決定更仔細地研究這個問題。我了解到鬆散耦合並不意味著系統不會崩潰，這只是意味著可以在發生複雜型失敗之前發現，並糾正錯誤。以下舉一個我在醫院研究中的真實例子，一名十歲的男孩，我姑且稱他為馬修，被誤打了可能致命的嗎啡劑量。馬修因為幾個看似無害的因素，而成為複雜型失敗的受害者。

上演的過程

在我的分析中，我發現導致這次事故的七個因素。[58]加護病房裡人滿為患（第一個因素）意味著馬修在手術後被轉移到普通病房，那裡的專業人員較少。一位剛畢業的護士（第二個因素）在病房值班時，彎下身子去設定電子輸液幫浦，來設定針劑量，以釋放規定量的嗎啡，以幫助減輕術後疼痛，而這個儀器剛好放在房間光線不好的地方（第三個因素）。由於不熟悉這個設備（第四個因素），這名護士向同事尋求幫助。這位同事是一位經驗豐富的護士，當時很匆忙（第五個因素），但停下來幫忙，查看機器的刻度。設定幫浦需要正確輸入兩個數值：嗎啡濃度和輸液速率。標籤是在藥房印製的，並包覆在藥物盒上，在一定程度上遮住了濃度資訊（第六個因素）。經驗豐富的護士利用清晰可辨的資訊計算，並對機器設定了她認為正確的濃度。第一位護士並未自己進行計算（第七個因素），而是從第二位護士的肩膀後面核對數字。這七個因素中的每一個都提供了獨特的預防機會。

幾分鐘之內，馬修的臉開始變藍，呼吸明顯困難。第一個護士關掉輸液機器，叫來醫生，並開始用呼吸袋給孩子進行人工呼吸。醫生在幾分鐘內就趕到，並確認馬修服用了過量的嗎啡，比適當劑量多了幾倍。腦筋動得快的醫生給馬修注射了一種逆轉嗎啡作用的藥物，幾秒鐘內馬修的呼吸就恢復正常了。

去除任何一個造成因素，都可以避免這次雖不致命、但仍造成嚴重後果的醫療事故。儘管所有參與者都努力工作，但這場由稍微不尋常的事件組成的小型完美風暴還是導致了失敗。如今，醫護失誤專家使用所謂的「瑞士起司模型」（Swiss cheese model）來解釋這種系統失敗。

瑞士起司模型

瑞士起司模型由英國曼徹斯特大學錯誤專家李森（James Reason）博士於1990年提出，呼籲人們關注在醫院等複雜系統中通常可以防止重大失敗的防禦措施。[59]瑞士起司上的洞孔被比喻為小的流程缺陷或錯誤，一個洞孔可以被視為一個缺陷，這是一個不會提供營養價值的空間。李森表示，幸運的是，起司上的洞孔是分散且封閉的，這使得起司保持完整。但偶爾這些洞孔會排成一排，形成一條通道，變成一系列加劇的缺陷，最終導致事故。如果護士沒有立即注意到馬修的痛苦，這一系列因果事件可能會導致更嚴重的缺失,而且是無法挽回。

　　想像起司上的小洞,這樣可以幫助我們理解機率的作用,以及在小缺陷累積成災難性後果之前,始終有機會來發現和糾正小缺陷。李森強調,系統故障很常見,但可以(並且通常)透過系統的許多防線來預防。今天如果你走進一家醫院主管的辦公室,看到一塊三角型瑞士起司的海綿模型,請不要感到驚訝。它會放在那裡是提醒每個人,事情可能會出錯,因此必須在傷害發生之前注意到,並加以阻止。

　　在醫院等複雜系統中,追求零傷害並不等同於追求消除人為的錯誤。人非聖賢,孰能無過,錯誤肯定會出現,但我們可以設計社會群體的系統,讓每個人都意識到錯誤不可避免,並準備好在錯誤造成傷害之前,發現並糾正錯誤。這意味著要理解,瑞士起司的洞孔儘管被時間或距離相隔開來,有時也會連成一線,形成一條通道,讓複雜型失敗可以暢通無阻。

　　複雜型失敗的範圍從小型到結果嚴重,由於它們的複雜程度以及日益普遍的趨勢,可能會讓我們對預防此類失敗感到悲觀,不過我們有不斷增長的相關知識可以提供幫助。這要從1989年提出的一個學術理論說起,明確反駁佩羅的觀點,因為佩羅認為某些系統過於危險,根本無法安全運作。

如何減少複雜型失敗

　　佩羅的觀點認為,組織無法在複雜的交互作用和緊密耦合的情況下安全地運作,但問題在於,許多這樣的組織實際上已經運作多年，甚至幾十年都沒有發生任何事故。核電廠的運作幾乎一直沒有發生事故。空中交通管制系統、核動力航空母艦，以及許多其他本質上危險的操作也是如此。由加州大學柏克萊大學羅伯茲（Karlene Roberts）領導的一小群研究人員開始研究這些組織是如何做到這一點的，結果發現原因更多是涉及行為而非技術。[60]

「高可靠性組織」（high reliability organization，簡稱HRO）一詞捕捉了這個理論的精髓，高可靠性組織之所以安全可靠，是因為它們讓組織中的每一個人都感到對彼此負責，要在實務中不斷發現和糾正偏差，以防止重大傷害的發生。「警覺」是代表這種組織的一個詞，但不止於此。

對我來說，高可靠性組織研究中最有趣的部分是觀察到，這種組織中的人們並沒有掩飾失敗，而是**關注失敗**。[61]我的同事威克（Karl Weick）、薩克利夫（Kathie Sutcliffe）和奧布斯特費爾德（David Obstfeld）寫了一篇帶來深遠影響的論文，強調高可靠性組織的文化對於失敗非常關注、不願意簡化問題、對正在進行的運作非常敏感（能夠快速發現微妙的意外變化）、致力於恢復能力（發現並糾正錯誤，而不是期望無錯誤的運作），並重視專業知識勝過職位等級。換句話說，高可靠性組織是個奇怪的地方。那裡的人不會揣摩上意，而是會毫不猶豫地發表自己的意見。為了避免危機，前線員工可以告訴執行長該怎麼做。失敗顯然被視為無時不在的風險，但可以始終避免。

透過對複雜系統、人為錯誤和高可靠性組織的研究，我得出一個重要結論：複雜型失敗是一個值得對抗的敵人。我們不應

低估未來的挑戰，但也不應迴避。無論你對瑞士起司模型，還是
對高可靠性組織的文化特徵更感興趣，這些專家觀點所傳達的一
致資訊是，我們**可以**透過遵循一系列簡單（但並不容易！）的做
法，減少生活中複雜型失敗的發生，首先要盡可能地從已經發生
的複雜型失敗中學習。

從過去複雜型失敗中吸取教訓

　　災難性的複雜型失敗常常成為警鐘，喚醒人們進行調查和改
變培訓、技術或法規。托利卡尼翁號災難發生不久之後，國際急
難救助機構制定了新規則，要求油輪在建造上提供更多保護（使
用雙層船殼而非單層船殼），並提供新設備，以更好地控管石
油。[62]船東現在必須承擔嚴格的責任，而以前他們只需承擔過失
責任。美國1990年通過《石油汙染法》（Oil Pollution Act），制定
應對災難性漏油事故的法律程序、有關石油儲存的法規，以及應
對緊急情況的要求。[63]如今，我們對使用毒性較低的成分來清理
漏油，以及何時對受影響地區不進行處理有了更多的了解，部分
原因是從法國的處理方式中學到的經驗，他們對於托利卡尼翁號
流到其岸邊的漏油：不使用清潔劑、海洋生物沒有受到那麼嚴重
的影響，且油汙被更有效地分解。[64]

　　托利卡尼翁號漏油事件在1970年代激發了人們的環保意識
和行動，直接導致今天的環保運動。志工湧向海灘，試圖營救
和沾有油汙的鳥類。記者和海洋生物學家不僅提醒大眾注意到
海鳥的死亡，還有注意到從英國南海岸到法國諾曼第海岸大部

分海洋生物死亡的情況。五十年後，普利茅斯大學（Plymouth University）海洋研究所所長阿特里爾（Martin Attrill）解釋了這次事故如何改變我們對自然資源的看法：「托利卡尼翁號沉沒時，我們仍然認為把廢棄物都排放到大海是最好的方式。當時的想法是『環境可以處理這個問題』，而人們主要關心的是這艘船，以及它是否可以被打撈上來。」[65]同樣的，哈欽斯的意外死亡也激起電影界討論在片場處理槍支時，要有加強的規則和監督。[66]如今，潛水界的人們正在積極建立更嚴格的安全文化，以防止像巴格那樣的溺水事故發生。[67]

儘管災後調查很重要，但複雜型失敗的頻率和嚴重程度的增加，意味著我們不能只在災後才採取行動。減少複雜型失敗首先留意我稱之為「模糊的威脅」，雖然明確的威脅（明天會有五級颶風襲擊你的地區）很容易引發糾正措施（撤離你的住處），但我們往往低估模糊的威脅，從而錯過預防傷害的機會，這種低估模糊的威脅與高可靠性組織中的情況相反。從NASA太空梭計畫到華爾街，再到藥物研發，我都觀察到這種低估的現象。除了複雜性之外，這些不同環境還有什麼共同點？它們都是高風險和渴望成功的環境，尤其是對成功的渴望強大到讓人們看不到微妙的預警信號。

留意早期的預警

2003年2月1日，哥倫比亞號是美國NASA太空梭計畫五架中最舊的一架太空梭，在重新進入地球大氣層時解體，七名太空人全部遇難。後來的調查發現，一大塊絕緣泡沫在發射時，從太空梭的外部油箱中脫落，擊中太空梭，在機翼上造成一個大洞，從而導致這次任務的失敗。[68]也許有些讀者還記得自己聽到挑戰者號十七年前發射事故新聞時，你當時人在哪裡。我對那些時刻記憶猶新，部分原因是我逐漸產生了恐懼感，認為這些失敗本來是可以避免的。

有時，正如你很可能經歷過的那樣，失敗突如其來，也就是說，沒有人預見到失敗的到來，甚至沒有人擔心這種可能性，但哥倫比亞號事故並非如此。

2003 年 1 月 17 日，哥倫比亞號看似成功發射的次日，也就是解體事故的前 15 天，美國 NASA 工程師羅查（Rodney Rocha）仔細研究著發射影片，似乎有什麼東西看起來不對勁。羅查在影片中看到一個模糊的小點，無法確定那是什麼東西，但他擔心可能有一塊發泡隔熱板從船艙的外燃料箱上掉下來，撞到了太空梭的左翼。[69]總之，他發現一個模糊的威脅，這是一個早期的預警信號。為了進一步了解情況，他想要取得太空梭機翼的衛星照片，而這只能向國防部尋求協助才能得到。然而 NASA 的管理層拒絕羅查的請求，主要是因為他們普遍認為一小塊發泡體並不危險。如果當時能夠取得那些機翼的照片，也許就能避免這場災難。

模糊的威脅就是這樣，模糊的。它可能是一個真正的失敗威脅，也可能什麼都不是。你的汽車可能正常行駛，你的孩子可能負責任地行事，而股市下跌可能沒什麼大不了的。回想起來，工程師在檢查香普蘭大廈南棟時看到的侵蝕狀況似乎是即將倒塌的明顯信號,但在當時,它無疑是模糊的。模糊的威脅之所以成為問題,是因為人類天生有低估這些威脅的傾向,認為事情沒有什麼問題,所以採取觀望的態度,這是很自然、也是更輕鬆的反應方式。也許你聽說過「確認偏誤」(confirmation bias)[70]——我們傾向於看到自己所期望的東西,從而去注意確認我們想法的資料,而忽略反駁的資料,來強化現有的信念或預測。正如你將在下一章中看到,提高自我覺察的能力是學會注意早期預警信號,這也是為了保守起見,積極尋找反駁資料的一種必要能力。但是,人們很自然地會採取觀望態度,而不會好奇去仔細觀察一些微妙的異常信號。金融業對於抵押貸款的風險集體視而不見,因為這些不可靠的貸款是提供給既無資產、又無收入可保證償還的人。[71]所以當房地產的泡沫破裂時,引發了另一場完美風暴,與抵押貸款相關的大量金融資產價值崩盤。波音公司主管對於新軟體出現故障的風險輕描淡寫,以迴避昂貴的機師培訓。在我的研究中,我發現低估微妙的風險信號是很自然的,但這並不意味著我們不在乎。我們對事情不會出錯的信心是透過希望、期望和之前的經驗所加強的,認為事情大多會按預期進行。

　　研究公共部門失敗案例有一個優點,那就是可以取得資料。2003年8月26日,美國政府的哥倫比亞號事故調查委員會(Columbia Accident Investigation Board,簡稱CAIB)發布一份冗長而詳細的報告,在這之後我和同事羅伯托(Mike Roberto)開始從組織的角度分析太空梭的失敗。[72]我們很快又加入另一位同事——博默(Richard Bohmer)醫生,並花了幾個月的時間研究與哥倫比亞號災難有關的文字記錄和電子郵件通信。最終,我們發現(並命名)了「模糊的威脅」現象,這對於理解發生什麼情況至關重要。當至少一個人察覺到潛在的風險時(這種風險絕不是明顯的),就會出現模糊的威脅。你的汽車引擎發出奇怪的聲音,這可能意味著它很快就會故障,或者可能沒有什麼特別的意思;你家的青少年正在參加可能提供酒精的大型聚會;法拍屋增加可能意味著金融崩潰;而羅查在影片中看到一個模糊的斑點。

太空梭計畫多年來取得的成功——自挑戰者號發射失敗以來,連續十七年執行了110多次成功任務,這導致美國NASA管理層低估了這個模糊的威脅。工程師們缺乏足夠的資料,但認為影片可能顯示有一塊更大、更快速的發泡體飛向太空梭的機翼。高層把發泡體撞擊視為維修的問題,雖然惱人,但不會造成災難,管理層共同想法的力量有效地阻礙了對問題進一步的探索。

人類認知和組織系統會合謀抑制微妙的危險信號,使複雜型失敗更有可能發生。美國NASA的管理層忽視工程師們的擔憂,因為管理者的大腦和規則強化了這樣的信念,即發泡體撞擊了不起也只是一個小問題。多年來儘管有小規模的發泡體撞擊,太空梭任務仍安全返回地球。同樣的認知因素解釋了為什麼如此多的領導者未能意識到新冠病毒可能使世界陷入停滯,並導致數百萬人不必要的死亡。如果他們能夠更早地認識到COVID-19的威脅,就可以更快、更堅定地採取預防性公共衛生措施。

面對模糊的威脅本身就是一項挑戰,我們能做些什麼來防止生活中的複雜型失敗呢?要回答這個問題,讓我們來看看一些在這方面做得很好的特別組織。

善用補救的時機

　　為了抵消我們低估模糊威脅的傾向，請想想在發生複雜型失敗之前，仍有可能進行補救的可行時機。當有人察覺到失敗可能發生的信號時，無論信號多麼微弱，時機就會出現。當失敗發生時，時機就會消失。補救的時機可以持續幾分鐘到幾個月不等。一旦發現了時機，就提供了辨識、評估和應對的重要機會。首先是更深入地了解正在發生的事情，然後採取糾正措施。例如，如果美國NASA當初要求了衛星照片，就會清楚地看到發泡體撞擊造成的損壞對機組人員構成了真正的危險。然而，美國NASA浪費了補救的時機。同樣的，從電影《Rust》片場第一次發生槍械意外走火事故，到哈欽斯不幸遇難的一週時間，也是被浪費掉的補救時機。波音MAX飛機第一次和第二次墜毀之間的幾個月，情況也是如此，儘管機師向NASA的匿名報告系統——航空安全報告系統，提交了四份擔憂的報告。對隨後駕駛新型波音737 MAX的機師進行模擬機培訓，原本可以提供MCAS系統故障方面的經驗，幫助機師在飛機開始急速俯衝時做出反應。[73]

　　補救的時機可以被視為快速學習的寶貴機會，即使事實證明威脅是無害的，仍是值得學習。例如，父母與青少年坦誠討論酒後駕車的危險，並讓他們知道可以隨時打電話回家要求父母接送，而不會問原因，這是對模糊威脅的明智回應，可能會避免不幸事故的發生。但這些時機取決於願意在不確定未來是否會失敗的情況下，大膽發聲。這是一種方式，讓心理安全的環境可以防止犯錯誤類型的過錯。

歡迎錯誤警報

我們如何在事情發生之前察覺到複雜型失敗？由於複雜型失敗的本質涉及多種因素，以獨特、前所未有的方式交互作用，因此這種想法似乎很愚蠢。然而，有一些簡單、優雅的方法可以嘗試。

首先要改變你對錯誤警報的態度。

回想一下，在豐田工廠中，任何一名工人都可以拉動安燈繩，在可能出現的錯誤演變成生產失敗之前，向組長發出警報。團隊領導和團隊成員檢查潛在問題，無論問題有多小，然後一起解決或消除威脅。如果十二次拉動安燈繩中，只有一次因真正的問題而使生產線停止，你可能會認為公司會因為浪費主管的時間去處理十一次錯誤警報而感到不滿。

事實證明，情況恰恰相反。拉動了安燈繩而沒有發現實際錯誤，會被視為有用的演習。虛驚一場反而被視為寶貴的學習機會，是一次值得歡迎的教育，讓我們了解事情是如何出錯的，以及如何調整來減少這種可能性。這不是文化上的細微差別，而是一個實用的方法。每一次拉動安燈繩都被視為一個有價值的事件，從長遠來看，可以節省時間，並提高品質。

快速反應小組（rapid response team，簡稱RRT）這個引人入勝的醫療創新也採用類似的方法，床邊護士觀察到患者的細微變化（如皮膚蒼白或情緒改變），這些變化可能、但同樣可能不是意味著迫在眉睫的危險，像是心臟病發作等情況，而快速反應小組旨在回應床邊護士的求助，在幾分鐘內將專業醫生和護士召集到病床旁，以對情況進行評估，並在必要時進行干預。在引進快速反應小組之前，護士只會在實際緊急情況下請求外部團隊介入，例如真正的心臟病發作，從而觸發全面緊急搶救，以挽救處於嚴重醫療情況的患者。

快速反應小組最初於二十年前在澳洲實施，降低了心臟病發作的頻率。[74]十年後，羅伯托、艾格（David Ager）和我在哈佛大學指導了一篇獲獎的大學部榮譽論文，該論文由帕克（Jason Park）對美國的四家醫院進行研究，這些醫院是快速反應小組的早期採用者。[75]我們開始把快速反應小組視為放大模糊威脅的工具。就像人們通過擴音器向人群講話可以放大自己的聲音一樣，快速反應小組和安燈繩也會放大複雜型失敗的模糊信號。放大並不意味著誇大，這樣只是有助於聽到微弱的信號。

放大患者可能出現問題的模糊威脅最終減少了心臟衰竭的案例。首先，這使得護士（在醫院層級中影響力相對較小的第一線工作人員）在報告患者呼吸或認知變化等早期預警信號時，比較不會被忽視。[76]快速反應小組使此類呼求幫忙變得合乎情理。其次，如果患者看起來或感覺不對勁，即使是沒有經驗的護士，也會更放心地大膽說出來，甚至是患者情緒上的變化也足以引起注意。

你可能還記得《狼來了》這篇伊索寓言，在故事中牧羊男孩經常虛假地警告人們狼來了。當狼最終出現時，沒有人聽他的話，所有的羊（在某些版本中還包括男孩）都被狼吃掉了。這個故事對無數後代兒童傳達的訊息是什麼呢？也許本意是「不要說謊」，但在我看來，很多人都將這個資訊內化為「除非你確定，否則不要說出來」。

如果因為自己有種感覺，就去提醒別人，但最終證明是虛驚一場，沒有人願意被認為是愚蠢的。我相信你肯定能想到自己曾經因害怕是虛驚一場，所以選擇保持沉默的時候。也許你認為人們會嘲笑你，或者認為你提出這個問題很幼稚，等著看別人是否會先提起來總是比較容易。為了幫助克服這種普遍存在的傾向，快速反應小組的最佳實務做法包括一系列早期預警信號，護士可以參考這些信號來使他們的請求受到認可。這份清單幫助護士建立了他們模糊的預感，因為他們只需遵循規則即可。當快速反應小組出現時，就會有更多訓練有素的人來到病床，評估患者狀況是否正在惡化。

這不僅僅是警惕而已。當人們被允許放大和評估微弱信號時（例如使用安燈繩或快速反應小組），他們就會被鼓勵全心全意地投入到工作中，接受其固有的不確定性，相信自己的眼睛、耳朵和大腦很重要。設計妥善的快速反應小組系統傾向於包容，強調如果可以減少死亡人數，那麼診斷所花費的時間就是值得的投資。愈早發現正在形成中的問題，就愈有能力解決問題，避免傷害。史丹佛大學的一項研究發現，實施快速反應小組後，緊急搶救減少了71%（這是搶救心臟停止跳動患者的一個曲折、且往往不成功的過程），[77]而風險調整後，死亡率降低了16%。[78]有趣的是，其他研究未能發現有改善效果。為什麼會有這種差異呢？

僅僅宣布快速反應小組的計畫是不夠的，重要的是如何規劃這項工作。如果醫院工作人員期望每次呼叫快速反應小組時，都能發現隱藏的致命威脅，那麼每個人很快就會對錯誤警報感到厭倦，該計畫也會逐漸消失。然而，如果誤報被視為培養團隊技能的有用培訓課程，那麼就像在豐田一樣，誤報不僅不會讓人覺得浪費，反而會讓人覺得有價值。[79]羅伯托在他頗具洞察力的著作《知道你不知道的事》（*Know What You Don't Know*）中，將快速反應小組的心態轉變，描述為偵測煙霧而不是滅火。[80]

你如何在你的團隊或家庭中應用這個想法？其實很簡單，就是學會感謝他人說出自己的擔憂——無論這種擔憂是真實的，還是想像的。感謝他人在沒有把握的情況下，冒著微小的風險說出自己的想法，這會強化勇敢發聲的行為，並定期避免嚴重事故。

跳脫問題來思考

無論是在工廠、醫院，還是在飛機上，發現和糾正錯誤，使工作場所真正安全，都需要具備警覺的文化。採用安燈繩防止小錯釀成大錯，有助於建立這樣的文化，同時在工作時間內要執行忽視職責的後果。因為我們確信，事情確實會出錯。

我最近採訪前海軍機師迪莫克（Aaron Dimmock），他敘述自己成功避免一次複雜型失敗的經歷。身為退休的海軍航空訓練和操作流程標準化教官，迪莫克執行過無數次的操作和訓練任務，包括那些旨在評估飛機準備情況的任務。他告訴我幾年前在波多黎各進行的一次例行維護飛行，當時他和他的團隊必須檢查飛機是否可以正常運行。除迪莫克外，機組人員還包括一名副駕駛、一名飛行工程師和一名觀察員。

飛行中出現四個意想不到的問題：（一）起飛後，起落架不能完全收起；（二）本應在關閉後重新啟動的引擎沒有重新啟動；（三）第二台引擎開始出現故障；（四）下降途中起落架發生故障。如果這些偏差像瑞士乳酪般連成一片，導致複雜型失敗，很可能會造成墜毀、大量設備損失，甚至是機組人員死亡。然而，迪莫克和他的機組人員卻安全著陸，因為他們對每個瑞士起司洞孔都採取了糾正措施。我問他們到底是怎麼做到的？

迪莫克解釋說，在每次出錯的情況下，他和他的團隊都能「跳脫問題來思考」。他們沒有陷入「問題」或眼前的錯誤，而是能夠「跳脫」，並共同努力進行所謂的「發現和糾正」。

讓我們來分析一下。首先，他們注意到每次都是起落架或引擎出現了問題，這就是操作的「發現」部分。其次，每次出錯時，他們都會有條不紊地謹慎應對。「我們有信心，但不會過於自信，」他繼續說道，「我們能夠在飛機上保持冷靜，這樣我們四個人都能在對話中有所貢獻，『引擎看起來怎麼樣？你聽到什麼？』我們四個人都盡可能準確地分享我們所看到的情況，然後我們將這些資訊整合起來做出決策。我們有一個安全的空間，可以在其中互相挑戰，互相分享。」

這就是發現和糾正當中的「糾正」部分。

「我必須確保每個人都有發言權，」當我問他作為團隊領導者最重要的責任時，迪莫克表示，「有時候，能與飛行工程師交流意見真棒，但也有幾次，對方把他自己的觀點當成唯一重要的事。」這時，迪莫克會介入，他請其他機組人員發表意見。「湯姆，你覺得呢？」「羅賓斯士官，你呢？」這是心理安全感的重要一點：心理安全感需要培養，以免失去關鍵的聲音。確保每個人的意見都被傾聽，並不是為了禮貌或包容。更準確地說，它有助於飛機在空中飛行並安全降落。

相比之下，在哥倫比亞號太空梭發射之前，使太空飛行的風險雪上加霜的是NASA的組織文化，這種文化使工程師羅查難以暢所欲言。會議記錄清楚地顯示出，NASA管理層並沒有積極尋求不同意見。工程師們表示，他們感覺幾乎無法坦誠地談論潛在的威脅、提出尖銳的問題，或表達與上司不同的觀點。波音公司的工程師在MAX失敗之前，情況也是如此。

擁抱失敗的可能，減少失敗的發生

幾十年來，我對錯誤、傷害和失敗的迷戀，讓我在這些議題的複雜程度面前感到謙卑。科技、心理、管理、系統等因素的混合意味著我們沒有人能夠掌握相關知識的各個方面，來感覺到「我們已經掌握這一切」。但我的工作中出現一些簡單的方法，可以幫助防止複雜型失敗。有了這些方法，我們就有能力在自己的生活和關心的組織中做出這樣的改變。

首先是**框架設定**，明確強調情況的複雜性或新奇感，這有助於讓你處於正確的心態。否則，我們往往期望事情順利進行。「我從未達成完美的飛行，」伯曼機長（Ben Berman）說道，在第六章中你將再次見到他。他知道下屬可能會因為他的級別而猶豫不敢直言，因此他讓他們知道，他預期自己會犯錯，從而降低這種風險。他對即將到來、看似例行公事的航班描述為絲毫不平凡。

接下來，請確保放大微弱的信號，而不是加以抑制。想像一下你站在人群面前，試圖讓別人聽到你的聲音。你孤獨的聲音隨風飄散，你的聲音消失了。你需要一個擴音器，人們才能聽到你的聲音。對於任何團隊、組織或家庭來說都是如此。既然我們知道，人類傾向於忽視（在《Rust》片場）或低估（波音737 MAX飛機、哥倫比亞號發泡體）可能預示著複雜型失敗的微弱信號，因此我們有責任把信號放大到足夠長的時間，以便聽取它們所代表的意思。放大並不意味著誇大或無休止地老想著它；它只是意味著「確保人們可以聽到信號」。如果信號最終是「一切都好」，我們必須學會慶幸自己提出疑問。

最後，養成練習的習慣。音樂家、運動員、公開演講者和演員都會在演出前進行排練，盡可能做好準備。在安全紀錄出色的企業中，例如歐尼爾領導下的美國鋁業公司，如果你看到員工進行模擬、演習或練習，請不要感到驚訝。他們之所以有出色的紀錄，並不是因為他們想方法來消除人為錯誤，不是這樣的。他們之所以有很好的紀錄，是因為他們發現並糾正錯誤。這需要經過練習，也有助於建立一種表揚錯誤的文化。飛機模擬機、消防演習、主動射擊演習和快速反應小組都是排練的例子，以便在問題發生時做好更好的準備。不可能做到為每一次失敗制定應急計畫，但建立情緒和行為的實力是做得到的，讓我們能夠快速而優雅地應對人為錯誤和突發事件。

　　所有這三種方式都是透過我所說的自我覺察、狀態意識和系統意識的能力來實現和增強，這三種能力是我們接下來要討論的主題。

第二篇

從失敗中學習成長

第五章

戰勝本能與自我局限

在刺激和反應之間，有一個空間。在這空間中，我們有能力選擇自己要做出的反應，而我們的反應決定了我們的成長與自由。
—— 神經學家弗蘭克（Viktor Frankl）

　　他把所有積蓄都拿去賭一場錯誤的經濟預測，結果證明是完全錯誤的。達利歐（Ray Dalio）是一位精力充沛、頭腦聰明的企業家，還擁有哈佛大學MBA學位，他已經預見自己會功成名就。他在二十六歲時創立的投資公司橋水基金（Bridgewater Associates）七年來取得的驚人回報，使達利歐成為全國商業新聞節目中討論經濟或股市的常客，他對自己準確預測長期趨勢的能力感到特別自豪。然而，在1982年，33歲時，他突然發現自己無力支付家裡的開銷。

　　達利歐堅信，由於少數經濟指標持續動盪，美國經濟正走向危機。他很清楚自己的預測具有爭議性，但仍然非常確信自己是對的。他堅信，大多數人都錯了。因此，他冒著巨大的風險，投入所有資金，希望能獲得豐厚的回報。[1]然後，美國經濟非但沒有進入衰退，反而開始了歷史上數一數二的最長成長時期。[2]

到現在為止，本書的讀者已經明白，在複雜且不確定的世界中，犯錯是生活的一部分，對未來判斷錯誤並不可恥。無論我們做多少功課，無論我們在預測時花了多少心思，有些預測最終都會被證明是錯誤的。只要問問愛迪生，或者海姆斯特拉就知道了。不入虎穴，焉得虎子，尤其是當涉及到智慧型失敗時更是如此。然而值得注意的是，達利歐的失敗並不符合智慧型失敗的所有標準。沒錯，他是**在新領域中尋找機會，而且做足功課**（很少有人比達利歐更了解市場行為。然而，由於賭上了身家，達利歐沒有注意到智慧型失敗的一個要項——**承受小風險**。考慮到經濟本身存在著不確定性，他的賭注太大了，根本算不上明智之舉。

「**輸掉這個賭注就像用球棒敲了我的頭**，」達利歐回憶道，「我破產了，還必須向我父親商借四千美元來繳家裡的帳單。」更糟糕的是，達利歐繼續說道，「我被迫解雇我非常關心的人，直到我的公司只剩下一名員工，就是我自己。」[3]達利歐的故事是我見過比較公開的失敗故事之一，同時也引發了他最戲劇化的個人轉變。

如今，達利歐認為這次失敗是他後來成就大業的主要原因，包括他的公司成為歷史上最大、最賺錢的對沖基金：「回想起來，那次失敗是發生在我身上最好的事情之一。它給了我所需的謙虛態度，讓我能夠平衡自己的強勢心態，並從認為『我是對的』，轉變成問自己『**我怎麼知道我是對的？**』」[4]

我怎麼知道我是對的？

這是一個威力強大的問題。從失敗中學習成長，甚至好好生活，都需要我們變得非常謙虛和好奇，這種狀態對於成年人來說並非自然就可以做到。心理學家和神經科學家發現，對於我們的健康和成功來說，「我們是對的」這種本能感覺往往會蒙蔽我們，這又是確認偏誤搞的鬼。我們實際上無法看到反駁的證據。有時候，我們私下意識到自己失敗了，但卻不願承認。達利歐最終把他那次嚴重而眾所皆知的失敗視為禮物，原因就在於：它無法被忽視，「我錯的離譜，尤其是如此眾所皆知的錯誤，這讓我感到無比慚愧，讓我幾乎失去在橋水基金建立的一切。」[5]

他別無選擇，只能從中吸取教訓。

大多數人都沒有這麼幸運。我們在工作和生活中，常常受制於某些有充分證據的人類天性，並且在一定程度上毫無察覺，因此這些傾向使得我們很難吸取失敗所帶來的寶貴教訓。問題的部分原因在於，我們不願意與他人分享自己的失敗，這是長期以來的事實，如今社群媒體更加劇這種現象，所以降低了每個人從失敗中學習的能力。因為少了重要的資訊，我們注定會重複那些本來可以避免的失敗。

對於一些人來說，要開始從失敗中學習，就需要經歷一次大到無法否認的失敗。我們需要被自己的錯誤當頭棒喝，讓我們停下來，並開始思考自己到底錯在哪裡。達利歐的失敗正是如此，它在財務上造成毀滅性的打擊，同時也給他帶來思想和情感上的傷害，這只能怪他自己。他以前常常是全場最聰明的人，這讓他在犯錯時更加痛苦，但這也更有助於塑造他日後的工作方式。

我們不需要公開的慘敗才能改變心態，幫助我們更有效地應對日常生活中那些不太嚴重的普通失敗所帶來的不便和尷尬。我們只需要學習一種新的思考方式，一種偏向於學習而非知曉的思考方式。

不是我！不可能！

哪怕是最小的小問題，人們也會本能地尋找某人或某事去指責，克服這種本能是好的開始。也許你還記得小時候朗朗上口的兒歌，無限循環地跟著唱，每段歌詞都與下一段歌詞直接相連，永無止境。一個人開始唱著「誰從餅乾罐裡拿走了餅乾？」然後一群孩子熱烈地回應起來，每個孩子都堅決否認指控，大聲喊道：「不是我！不可能！」並把歌曲傳遞下去，直到大家都厭倦了這首歌。否認和推卸責任的儀式會帶來笑聲和共鳴。我們本能地會逃避責備，還記得我朋友桑德的三歲小孩，他在爸爸與一輛停放的汽車發生輕微碰撞後，立即叫屈自己是無辜的。

前面的章節描述了人們從各種失敗中吸取教訓的故事，其中許多人都是聰明人，他們具有好奇心和從挫折復原的能力。韋斯特、海姆斯特拉和丹尼斯等人巧妙地運用他們從痛苦挫折中獲得的教訓，建立成功而充實的生活。但我們並不是天生就會深思熟慮地面對失敗，所以**我們必須學會去面對失敗**。本章深入探討我們本能的思維，難以用建設性的態度來面對即使是最智慧型的失敗，並介紹可以有所幫助的做法。若想加入本書中所介紹的精英失敗者行列，都可以使用這些方法，它們同樣適用於你的個人和職業生活，因為心理學家、藝術家、運動員、科學家和醫生都曾培養或實踐過這些方法。這些方法有一個共同點：誰都無法替你做這些事情。

我們天生的思考方式

從神經科學到組織行為學，各個領域都在研究我們對失敗的厭惡。早在1987年，我讀到高曼（Daniel Goleman）的一本思想深刻的著作《心智重塑：自欺人生新解讀》（*Vital Lies, Simple Truths: The Psychology of Self-Deception*），第一次了解到大腦和社會系統之間相互關聯的動態，那時我立刻被吸引住了。高曼寫道，認知、群體動力和制度系統，[6]這三個層面的機制會互相強化，讓我們對不樂見的事實視而不見，而失敗無疑是一個不樂見的事實。這些多層次的自我保護機制可以暫時提升我們的情緒，但從長遠來看，會損害我們的生活和人際關係。

相信就能看見

首先，我們的大腦結構使我們很容易錯過失敗，常常讓我們樂而忘憂地沒有意識到自己的不足。我指的並不是故意否認，而是我們實際會錯過需要採取糾正行動的關鍵信號。即使你熟悉確認偏誤的概念，也可能很少停下來思考它在你日常生活中所扮演的角色。你是否曾經發現自己在開車的過程中，確信自己正在前往預定的目的地，然後突然意識到自己迷路了？也許你忽略了沿途令人費解的信號（「太奇怪了，他們移動了那個標誌」），而這些信號本可以點醒你的？我知道我有過這樣的經歷。對我來說，當我的錯誤不可否認地顯露出來時（也許是夕陽的位置透露了端倪），我感到有些尷尬又覺得非常好笑。

即使是資料解讀專家也可能被自己的信念所蒙蔽，我們都很容易注意到強化自己現有信念的信號，並無意識地刪掉挑戰這些信念的信號。這一點適用於特定情況（我現在開車的方向），也適用於對世界的普遍看法（氣候變化是一個騙局）。要了解這背後的運作方式，你只需看看自己偏好哪些動態消息，以驗證你對某些事件的現有解釋就可以了。[7]想想達利歐一定錯過某些信號，而這些信號本可以質疑他對經濟走向的解讀，他很容易注意到強化他所預測的信號。當你閱讀本章時，確認偏誤可能會出現在你生活中的哪些方面呢？我們每個人很可能永遠不會意識到自己造成的一些失敗（在會議上說了一句不中聽的話），同時也會因為錯過某些明顯訊號而感到驚訝（例如被解僱）。

沉沒成本謬誤是一種確認偏誤，即在投入時間或金錢後，雖然止損會更有好處，但我們仍然堅持失敗的行動。我們很難相信自己最初的評估是錯誤的，不想重新考慮，於是固執地繼續下去，結果錯得更離譜，正如俗話說的那樣，花了冤枉錢。不願相信我們最初的評估是錯誤的，這也是在新領域中（例如公司的創新專案）原本智慧型失敗變得不那麼智慧的原因之一：儘管人們愈來愈心照不宣地意識到該專案注定要失敗，但團隊仍然繼續做下去。

確認偏誤是由我們維護自尊的天性驅使，這使我們忽略那些可能證明自己是錯誤的訊號。自戀程度高的人更容易經歷確認偏誤。[8]唉，正如我的同事查莫洛－普雷謬齊克（Tomas Chamorro-Premuzic）所指出的，「數十年來，人們的自戀程度一直在上升。」[9]但是，不僅僅是那些非理性地自私和過度自信的人而已，每個人都容易讓自尊心阻礙到顯然是理性、符合我們最大利益的事情：學習進步。當然，這需要理性思考，但也需要努力。

大腦偏好系統一思考

　　神經科學研究指出大腦中的兩條基本路徑──低路腦和高路腦（low road and high road，又稱為系統一和系統二）。[10]比起在意獲得，我們更厭惡損失，這個觀念由心理學家康納曼（Daniel Kahneman）在2011年出版的《快思慢想》（*Thinking, Fast and Slow*）中廣為人知。[11]系統二（慢速）處理掌管深思熟慮、理性、準確的事物，而系統一（快速）處理掌管本能、自動的事物。為什麼這些區別很重要？透過大腦裡快速、本能、自動的系統一路徑來處理失敗，對我們來說既容易又自然。問題在於，系統一認知會引發大腦杏仁核（負責自我保護的恐懼模式）對失敗做出立即反應，這有時會阻礙我們在當今的社會中冒險。正如我們已經看到的，我們對事件的解讀取向會影響自身對事件的情緒反應。幸運的是，我們可以學習如何重新解讀生活中的事件，以避免持續陷入無益的負面情緒中。要達到這個目標，你必須用資訊和邏輯思考，來對抗杏仁核從偵測潛在威脅到觸發恐懼的快速反應。

　　要了解這是如何運作的，請想像一下你在工作中遇到突發事件時的強烈情緒反應。也許你看到你的團隊成員在午餐時間都離開了，你以為他們故意排擠你。如果你隨後得知其中一個人去看牙醫，另一個人去開家長會，第三個人則是去買三明治，你可能會立即感覺好一些。通常，你接收資訊的速度不夠快，不足以反駁你的最初反應並恢復平靜，但你可以學會暫停並質疑最初的反應。相比之下，如果你在街上開車，一輛車突然出現在十字路口，你會猛踩剎車以避免發生車禍，這在一定程度上是由杏仁核引發的強烈恐懼反應所致。在這種情況下，快速處理的方式救了你的命。但如今，你很可能更多是感受到潛在威脅而引發反應，但並沒有真正的威脅。

在史前時代，杏仁核保護我們免受許多真正的威脅，其運作邏輯是「寧可安全也不要冒險」。想像一下，晚上穿過樹林，看到前面有一個龐大的陰影。是熊嗎？還是一塊巨石？從生存的角度來看，生物體最好對事實上沒有的事做出過度反應（逃跑或躲藏，因為那個陰影可能是一隻危險的熊），而不是未能及時對事實上真有的事做出反應，並毫無戒心地繼續前行，結果被熊咬傷。但今天，同樣的恐懼模式讓我們不願意承擔對事業和生活有幫助的人際風險，而這些風險已不再威脅我們的生存。

被本能恐懼所束縛

我們都有心理學家稱為「本能恐懼」（prepared fear），包括對危險動物、巨響和突然動靜的恐懼。除了這些本能恐懼之外，還要加上被部落驅逐的恐懼。維吉尼亞大學教授迪特（James

"Jim" Detert）和我認為，被群體拒絕是一種攸關生存的本能恐懼。[12]在老闆等權威人士的眼中，表現不佳的風險會在大腦中引發類似於被驅逐出部落的本能恐懼，這在過去是一個真實的威脅，可能導致因缺乏庇護或食物而死亡。但今天，當我們害怕談論失敗時，我們的同事就錯失了學習他人經驗的寶貴機會。此外，我們還錯過避免可預防失敗的機會。

同時，由於非理性的本能恐懼分散了我們的注意力，我們錯過了長期危險的信號，這些信號需要更慢慢地來思考，但對生存構成真正的威脅，例如氣候變化對糧食供應和海平面的影響。快速、自動的系統一處理會助長認知偏誤，鼓勵自滿情緒，並掩蓋失敗中的有用教訓。當我們停下來質疑本能的反應，問發生了什麼事，以及它可能意味著什麼時，就會發生緩慢的系統二處理過程。最重要的是，當我們停下來問自己：我是如何造成這次失敗的，就可以啟動系統二處理過程。

本能思維和深思熟慮之間的區別讓我著迷的是，專家們為克服人類習慣性認知而設計的解決方案，其核心都是相似的。這些策略來自精神病學、神經科學和組織行為學等不同領域，它們一致指出：我們可以**先暫停下來，選擇如何回應**。本章會介紹幾位我最喜歡的思想家，他們發展出實踐這些重要選擇行為的方法。但首先，我們需要仔細審視在面對失敗時遇到的另一個障礙：即使我們知道自己失敗了，也可能無法學到避免重蹈覆轍所需的知識。

未能從失敗中學習

我們生活在一個推崇接受失敗的社會，並從中獲得寶貴的經驗。然而，實際上，我們很難從自己忽視或掩蓋的失敗中吸取教訓。如果對失敗的常見反應是停止注意，而不是學到任何有價值的東西，那怎麼辦呢？行為科學家埃斯克雷斯－溫克勒（Lauren Eskreis-Winkler）和菲什巴克（Ayelet Fishbach）表示，實際的情況正是如此。

埃斯克雷斯－溫克勒和菲什巴克進行了五項研究來檢驗這個假設：失敗實際上並沒有促進學習，反而會**破壞**學習。[13]在一項研究中，他們向受試者提出一系列問題，首先是讓他們從兩個虛構的古文字中，找出哪個符號代表動物。隨後，一組研究受試者被告知「你答對了」（成功反饋），而另一組被告知「你答錯了」（失敗反饋）。為了看出他們從每種類型的反饋中學到多少東西，受試者接受了後續測試。這次，他們被要求觀察完全相同的符號，並辨別哪個符號代表非生物實體。聽起來很簡單，對吧？然而，那些在第一輪測試中被告知答案正確的人，在第二輪測試中的得分高於那些被告知答案不正確的人。一而再，再而三，人們從犯錯的資訊中學到的東西，比從正確資訊中學到的東西要少。

這是因為成功反饋更容易應用嗎？為了驗證這個解釋，下一項研究設計了失敗反饋，讓失敗反饋運用在接下來的任務時，可以用較少的「心理推理」和流程步驟。也就是說，與成功反饋相

比，研究人員讓失敗反饋在應用時對認知造成的負擔更小。儘管
如此，得到失敗反饋的受試者仍然表現較差！結果還指出，即使
有金錢獎勵來鼓勵受試者使用失敗回饋，這種模式也沒有改變。
相比於失敗反饋，在幫助人們學習方面，成功反饋仍然更有效。

研究人員得出的結論是，失敗會「威脅自尊，導致人們不願
聽取經驗。」[14]對這個解釋的進一步支持來自第五項研究，受試
者觀察其他人進行類似的測試，而不是自己參加測試。這一次，
他們從失敗（以及失敗反饋）和成功中學到了同樣的教訓。在沒
有威脅自尊的情況下，失敗反饋的缺點就被抹去了。看來我們很
善於從別人的失敗中學習！然而，在現實生活中，我們常常聽不
到這些失敗的資訊。

埃斯克雷斯－溫克勒和菲什巴克還發現，不出所料，與成
功相比，人們較不願意分享失敗的資訊。[15]第一個原因很明顯：
人們不想在別人面前出醜；但第二個原因更為微妙。當他們詢問
57名公立學校教師是否願意分享過去失敗或過去成功的故事時，
68%的受試者選擇分享成功。儘管這些故事將以匿名方式分享，
消除了在別人面前丟臉的風險，但老師們仍然選擇了成功的故
事。為什麼？他們認為，失敗告訴了他們**不該**做什麼，但不一定
告訴了他們下一次應該怎麼做才能成功。埃斯克雷斯－溫克勒和
菲什巴克得出的結論是，不了解失敗的有用資訊，這使得從失敗
中學習變得困難。因此，他們設計了一個實驗，幫助受試者找到
失敗中的有用資訊，這使他們更願意分享這些資訊。

我的同事史塔茲（Bradley "Brad" Staats）和吉諾（Francesca

Gino）當時都是北卡羅來納大學的教授，他們在一項非常不同的研究中得出了類似的結論，研究了71名外科醫生在10年來總共6,516例心臟手術中從失敗和成功中學習的情況。這些外科醫生從自己的成功中學到的東西，比從自己的失敗中學到的東西更多；但從別人的失敗中學到的東西，比從別人的成功中學到的東西更多。[16] 如果外科醫生有過個人的成功經歷，這種效果就不那麼明顯，同樣是因為自我保護的關係。有了先前成功的緩衝，失敗的影響可能不會那麼嚴重。

請注意，埃斯克雷斯－溫克勒、菲什巴克、史塔茲和吉諾的研究，就像所有在學術期刊上發表文章的研究人員一樣，都經過同行評審，由同一領域專家評估其弱點和不足之處。根據我自己的經驗，我知道這種特殊的「學習過程」在心理上是多麼殘酷，旨在改進論文的善意批評就是一種失敗反饋。當出現「如果這篇論文這麼糟糕，何必花心思去修改呢？」這樣的想法時，人們很容易忽視同行評審的本意。或者，更適得其反的想法是，「這些學者根本不知道自己在說什麼！」最終，我痛苦地學會暫停那些無益的想法，這樣我就可以利用批評來改進我的論文。

你的一生中可能經歷過險些犯錯的經歷，那些千鈞一髮的時刻幸好沒有釀成大禍。你及時轉向，避免了撞到另一輛車；再晚五分鐘，你就會錯過航班；你差點犯下嚴重的社交失禮，但靈機一動，在最後一刻挽救了自己。不難看出，與真正的失敗相比，險些犯錯對自尊的威脅要小得多，你不必遭受尷尬或更糟的事情。這是否意味著比起實際的失敗，我們更能冷靜地看待險些犯錯的事，從而更能夠從中吸取教訓？愈來愈多的研究（其中一些我也有參與）探討了這個想法。[17]從這項研究中你可以學到的是，重新架構很重要，例如，你如何看待那次千鈞一髮的事情？你認為這是一次失敗（差點失手），還是成功（很棒的糾錯）？如果你認為這次千鈞一髮是成功的，你就更有可能告訴你的同事或家人，讓大家更有能力從中學習。

　　從這些汲取失敗經驗的學術研究中，我們應該得到什麼啟示呢？從失敗中學習之所以困難，有許多原因。有時我們忽略自己的錯誤，有時失敗會威脅到我們的自尊，或者失敗似乎缺乏有用的資訊，或者我們不願意談論這些失敗。特別是當我們拿自己與他人相比時，這些心理障礙會被失敗帶來的負面情緒所加劇。

羞恥的無聲力量

　　在這個迷戀成功的世界裡，我們不難理解失敗會讓人感到害怕。許多人的生活與其說是無聲的絕望，不如說是無聲的羞恥。沒有人比布朗（Brené Brown）更能解釋和減輕這種情緒造成的痛苦。

擺脫羞恥感

　　布朗是休斯頓大學的教授，她透過一系列書籍、podcast和TED演講中推廣她對羞恥、脆弱和同理心的研究。當我們在自己或他人眼中失敗時，都經歷過布朗所說的「羞恥的吞噬感」。[18]她將羞恥定義為「一種強烈痛苦的感覺或經歷，認為自己是有缺陷的，因此不配得到接納和歸屬。」[19]一些研究人員將羞恥視為「我們這個時代情緒困擾的主要原因」。[20]沒有人願意長時間處於這種強烈痛苦的吞噬感中。

當我們認為失敗是可恥之事時，就會試圖隱藏它們。我們不會仔細研究它們，從中吸取教訓。布朗區分了羞恥和內疚，羞恥是一種「我很糟糕」的信念；相比之下，內疚是體認到「我所做的事情是不好的。」「我很糟糕，因為我沒有做作業」會產生羞恥感。但如果我認為自己的行為是不好的（內疚），就會增強責任感。因此，感到內疚會比感到羞恥來的好。正如布朗告訴我們的那樣，「羞恥與成癮、抑鬱、暴力、攻擊、霸凌、自殺、飲食失調高度相關⋯⋯〔而〕內疚與這些問題成反向關係。」[21]

如果我們以這種方式重新思考失敗，會怎樣呢？如果我們只需將情況從「因為我是個失敗者，所以沒有得到升遷」，重新架構為「我沒有得到升遷」，就可以幫助自己從失敗中學習。當我們擺脫「因為我犯了那個錯誤，所以我是個糟糕的護士」的信念，轉而理解成「我犯了一個錯誤」，並問自己：「我能從中得到什麼教訓，來幫助我避免之後再犯同樣的錯誤？」這樣我們對待失敗的態度就會改善。

按讚和分享

社群媒體這種相對較新的傳播現象，利用了我們自古以來不願分享失敗的心理。社群媒體持續的視覺效果，讓我們很容易專注於自己在別人眼中的形象，如果我們不符合群體的完美理念，

就會感到羞愧。以下是一位大學生描述她使用 IG 時的感受：[22]

當時我根本不符合 IG 的標準，這讓我感到很不安……我發了一張照片，然後我就會得到別人按讚。我對照片進行的修改愈多，我發現自己獲得的按讚就愈多。如果我得到這樣數量的按讚，那我就是有價值的……如果你沒有得到預期中的按讚數量，這會讓你感覺有點被人拒絕……IG 原本是可以分享生活中不同方面的地方，但現在已經不完全是這樣了。你只分享看起來風光的東西，你分享好的一面，你只看到好的一面。

多項研究得出的結論是，使用社群媒體對青少年有害，尤其是對少女的自我概念，會加劇身體形象問題，並導致自卑感。[23] 臉書針對 IG 應用程式對身體形象問題的影響進行了兩年的內部研究，直到 2021 年才被洩露和公開。臉書的研究人員一致認為，使用 IG 是有害的，尤其是對於十幾歲的女孩來說更是如此。2019 年的一份內部報告直截了當地指出：「我們讓三分之一的青少年女孩的身體形象問題變得更嚴重。」[24] 隨後的一份內部報告指出，32% 的「少女表示，當她們對自己的身材感到不滿意時，IG 會讓她們感覺更糟。」

一名大學生寫道，當她「瀏覽那些有著緊實平坦小腹的女孩照片」和「別人穿著時髦服裝以及不斷在世界上最迷人的地方度假」時，她感到「難以承受的不足感」。[25] 可以說，這是我們天生害怕被群體拒絕的另一種表現形式，你覺得避免被拒絕，這取決於你能否操縱他人對你的看法。

　　學術研究證實了第一手資料所傳達的資訊，關於社群媒體使用、心理健康和身體形象的研究非常廣泛，而且還在不斷增加。2018年《社會與臨床心理學期刊》（Journal of Social and Clinical Psychology）上發表的一項研究發現，減少在社群媒體上花的時間會讓你感覺更好。[26]賓州大學的研究負責人杭特（Melissa Hunt）在接受《富比士》雜誌採訪時討論這篇論文時說：「有點諷刺的是，減少使用社群媒體實際上會讓你感覺不那麼孤獨。」[27]

　　人與人之間的社會比較是自然的。社會比較是人類社會最普遍、最持久的特徵之一，它幫助人們以合作和健康的方式行事，造福了無數的世代。[28]但是，社群媒體輕易地擴大了比較的範圍，同時系統地將比較的內容偏向於不切實際的標準，從而使人類的這種自然傾向發生了變化。社群媒體具有窺視性質，使我們能夠私下觀察他人的貼文而不被看到，這也扭曲了社會比較的功能。直接與人互動，無論是朋友還是同事，可以讓你相對清晰了解他們的行為、期望和擔憂。你自然而然地與他們進行比較，這在某種程度上是有益處的，因為這種比較是互相的！每個人都在不斷地調整什麼是可接受、理想的事情，從而幫助群體正常運作。相反的，在沒有被看到的情況下去觀察他人精心修飾過的貼文，會失去現實生活中真實互動的本質，給你留下扭曲的印象，盯著看別人虛假的形象和成就的最新動態會威脅到我們的幸福感。正如杭特所言：「當你看著別人的生活時，尤其是在IG上，很容易得出這樣一個結論：別人的生活過得比你更酷或更美好。」[29]這也呼應了青少女的說法。

可以想見社群媒體正在塑造我們的行為，使分享問題、錯誤和失敗變得比以往都更加困難。研究和第一手資料都集中在不斷接觸他人的成就、玩樂和經過修圖的完美外貌所產生的有害影響。直接提及失敗，或避免失敗的話題很少見，而社群媒體強調完美的成就，這進一步抑制了人們對失敗的健康態度。在社群媒體上花費大量時間會產生將自己視為失敗者的風險，因為你在與其他人所展現精心修飾過的生活進行比較。

擁抱脆弱

我們都知道，為了在大眾面前保持完美形象，只分享「好的一面」的壓力，所以少數超級明星運動員願意站出來承認自己的脆弱，就更令人欽佩了。游泳選手菲爾普斯（Michael Phelps），「有史以來獲獎最多的奧運選手」[30]，他曾公開討論他遭受嚴重抑鬱症的折磨。最近，24歲的拜爾斯（Simone Biles）「有史以來戰績最輝煌的體操運動員」[31]由於「迷失空間方向」，頭腦和身體無法連結，以及失去對身體所處位置的意識，而沒有參加2021年東京奧運會。拜爾斯描述了她在練習中發生的事情：「這基本上是生死攸關的事情，我能平安落地真是個奇蹟。如果是其他人，可能早就被擔架抬出去了。當我完成那次跳馬後，我就去告訴我的教練，『我不能再繼續了。』」[32]在一生不斷突破身體和心理極限之後，拜爾斯選擇停下來。她在全球媒體以及社群媒體的讚美聲中長大，分享了「不順遂的一面」，她並不完美。更重要的是，她帶著堅定的態度承認失敗，並利用這個機會全力支持隊友取得成功。[33]

拜爾斯能夠接受失敗的卓越能力，這讓她戰勝了社會從我們出生起就傳遞的成功訊息。正如布朗談到父母時所說，「當你手裡抱著那些完美的小嬰兒時，我們的任務不是說，『看啊，她很完美。我的任務就是讓她保持完美，確保她在五年級時進入網球隊，在七年級時進入耶魯大學。』那不是我們的任務。我們的任務是觀察並說：『你知道嗎？你是不完美的，你注定要辛苦奮鬥，但你配得關愛和歸屬。』」[34]

選擇學習而非知曉

現在大概可以清楚知道，無論是從研究還是從你自己的生活經歷來看，情況不利於我們與失敗建立以學習為重心的愉快關係，而這正是本書試圖培養的關係。恐懼和防禦的習慣能保護我們免受失敗的不愉快，增強我們的自尊，但也限制了我們成長和茁壯的能力。好消息是，我們可以學會以不同的方式思考，找到更有價值和更快樂的方式，來面對不確定和不斷變化的世界。華頓商學院教授格蘭特（Adam Grant）在他引人入勝的《逆思維》（*Think Again*）一書中，專門論述了這樣一個觀點：透過有意識的努力，我們確實可以學會挑戰自己的本能思維。[35]以下是一些經過研究支持的建議，可以幫助你拓展界限，並讓你對不可避免的失敗有更好的感覺。

連接自律在處理失敗的各方面的關鍵能力是框架，或更準確說，**重新架構**（reframing）。框架是一種天生、重要的認知功能；這使我們能夠理解連續、讓人吃不消和困惑的資訊。把框架視為一組假設，巧妙引導注意力關注情境中特定的特徵，就像一幅畫周圍的實體框架能吸引人們注意藝術家作品中的特定顏色和形狀一樣。我們透過認知框架來體驗現實，這既不是壞事，也不是好事。但當我們不挑戰那些對我們沒有幫助的框架時，就會陷入困境。在面對失敗時，大多數人都會自動把它視為壞事，從而引發自我保護的反射行為，並封閉起好奇心。

幸運的是，重新架構是辦得到的。這意味著要學會停頓足夠長的時間，以挑戰本能的聯想。當你意識到自己將在一個重要會議上遲到時，你可以挑戰本能的恐慌反應：深呼吸，提醒自己有機會彌補錯誤，並且你的生存並沒有受到威脅。在一個更戲劇化的例子中，納粹集中營倖存者弗蘭克在他歷久不衰的著作《活出意義來》（*Man's Search for Meaning*）中，向讀者闡明重新架構的力量。[36]弗蘭克經歷了包括奧斯威辛（Auschwitz）在內的集中營，在某種程度上想像自己在未來與外界分享他所見到其他人的勇敢故事，刻意重新架構了他所經歷恐怖事情的意義。身為一名精神病學家和心理治療師，他回憶說這是一個轉變的時刻，從每分鐘的痛苦和恐懼，轉變為對未來合理願景的希望。弗蘭克了不起堅韌的故事顯示，以新的方式看待同樣的情況可以提升人生。

重新架構

現代心理學家已經發現一些對立的認知框架，其中一種框架更健康、更有建設性，而另一種框架則更常見。從本質上講，更具建設性的框架會接納學習，並把挫折視為必要且有意義的人生經歷。相比之下，更常見和天生的框架將錯誤和失敗解釋為我們不夠好的痛苦證據。

史丹佛大學的杜維克（Carol Dweck）提出當中最流行、最有力的一種框架，將固定心態與成長心態進行了對比。[37] 在大量實驗研究中，杜維克和她的同事發現，與「成長」心態的人相比，「固定」（有時稱為表現）心態的人，尤其是學齡兒童，更厭惡風險，更不願意堅持不懈地克服困難。例如，表現心態的人認為，「我不擅長數學，所以我連去把數學學好都不會去嘗試。」而成長心態的人則相信，「數學對我來說很難，但如果我專心學習，並針對自己的錯誤提出問題，我就能學得更好。」成長心態將具有挑戰性的任務視為學習和成長的機會，使孩子能夠在困難的任務中堅持得更久。此外，這些孩子比同齡的人學得更多。不幸的是，在大多數學校系統，孩子經過幾年的社會化之後，自然會變成表現框架的人。

我曾有機會在華盛頓特區與杜維克交談，當時我們都被邀請會見歐巴馬總統任內的教育部長鄧肯（Arne Duncan），探討我們各自研究領域對學校的可能影響。我們在鄧肯部長辦公室旁的一間會議室裡，圍坐在長方形桃花心木會議桌旁，每個人都簡要介紹自己的工作，然後共同探討當今學生在資訊時代所面臨的挑戰。杜維克研究成長心態如何幫助學生接受並堅持困難任務，而我研究心理安全的環境如何使學生更容易提出問題和承認錯誤，所以我很高興地發現彼此的研究工作相輔相成和互有重疊。我們都研究人們如何在挑戰和逆境中學習，而不是迴避挑戰和逆境。鄧肯部長全神貫注地傾聽，提出許多好問題，他對改變下一代教育的決心是顯而易見的。從那天起，我思考了很多關於學習心態和學習環境如何在學校、公司和家庭中互相強化。

微軟執行長納德拉（Satya Nadella）是一位深受杜維克研究啟發的商業領袖，他努力改變公司的文化，以體現成長心態。納德拉在我於2022年1月授課的預先錄製影片中回憶道，「我很幸運，我選擇了一個能夠觸動人們需求的修辭字眼。成長心態幫助他們在工作和家庭中做得更好——成為更好的管理者、更好的伴侶。他們能夠督促自己學習，並使周圍的組織變得更好。這是一件很有影響力的事情。」他補充道，「創造心理安全感，讓人們能夠督促自己，已經徹底改變了局面。」[38]納德拉以其友善和謙虛的態度而聞名，他向我的商學院學生指出，在崇尚學習和成長的環境中，努力轉變為成長心態可能會取得更好的效果。

杜維克所研究的心態源於人們對大腦會有的固有觀念，固定心態的孩子已經把「智力是固定的」這個廣泛流行的觀點內化於心。你要麼天生聰明，要麼就不聰明，為了防止被人發現自己不聰明，這些孩子會避開困難的任務，偏好他們知道自己可以做好的任務。但只有少數孩子內化了不同的信念；他們將大腦視為一塊肌肉：愈使用可以愈進步。他們明白，接受困難的任務會讓他們變得更聰明。這種成長心態讓他們帶著好奇心和決心去經歷失敗。

已故哈佛大學教授、學術導師阿吉里斯（Chris Argyris）是對我的研究影響深遠的學術導師，他同樣指出了模式一與模式二，模式二是塑造我們行為的「使用理論」（大致相當於框架）。模式一的思維含蓄地尋求控制局勢、獲勝，並看似理性。當我們透過模式一的框架看世界時，我們經常對他人動機做出許多不太好的假設。更糟糕的是，我們沒有想到自己可能會錯過什麼，或我們可以學到什麼。相比之下，模式二充滿好奇心，意識到我們的思維中存在差距，並且渴望學習。阿吉里斯堅持認為模式二很少見，但可以透過努力學會。[39]首先要願意發現自己的缺點和成功之處。同樣的，本章稍後將介紹的精神病學家莫茨比（Maxie Maultsby），他區分了「理性」和「非理性」信念。

　　這些思想家的背景大相徑庭，他們都認為，以自我保護為目的的非學習框架是大多數成年人的常態。而所謂的「冒名頂替症候群」（impostor syndrome），[40]在高成就者中尤其普遍，正是這種非學習框架造成的結果。儘管我們可能將這種心理現象隱藏在積極或幽默的面紗後面，但是大多數人在童年時期就從毫無自覺地好奇和學習，轉變為防禦和自我保護，因為我們已經內化「必須正確或成功才能有價值」這種無益的想法。

　　但我們可以克服這種問題，只需問問佛羅里達州莫菲特癌症中心（Moffitt Cancer Center）的麻醉醫師科恩（Jonathan Cohen）就可以，他最近在推特上提出一個問題：「當有人指出我的錯誤時，我會覺得怎樣？」他的答案令人驚訝嗎？他回答：「其實，挺好的。」不過，「需要說清楚，並非一直是這種感覺。」[41] 2022年3月我與他交談時，科恩醫生解釋說，他已經訓練自己，將別人指出他的錯誤，與「提高病患安全」的觀念聯繫起來。他致力於克服自己不喜歡別人說他犯錯的本能反應，因為這種反感情緒會給患者帶來危險。就像我很久以前研究過的那些護士一樣，他們在心理上有足夠的安全感，願意承認錯誤，從而讓他們的團隊更好，科恩醫生也教會自己將錯誤視為學習的一部分，這有助於改善對患者的照護。出乎意料的，正如科恩醫師的故事所示，學習框架不僅比表現框架的態度更健康，而且也更理性，這樣更適合面對生活或工作中的不確定性和持續的挑戰。我們無法避免失望和失敗，但我們可以學習在面對挫折，同樣也在面對成就時，做出態度健康、有效的反應。

你的想法會影響你的感受

六十多年前，明尼亞波利斯一位名叫威爾遜（Larry Wilson）的年輕保險業務員感到非常痛苦。每當他被潛在客戶拒絕時，他都會覺得自己是一個糟糕的失敗者，也是一個不願再打下一通電話的焦慮輸家。你可以說他有固定的心態：如果他只會再次失敗，又何必費心打電話呢？他已經準備辭職了。但後來他的老闆教了他一個簡單的技巧：他可以改變自己對那些被拒絕的想法。因為新手業務員要打20通電話才能成交一筆交易，而且一筆交易平均佣金為500美元，這意味著平均一通電話價值25美元。現在，每當威爾遜被拒絕時，他都會強迫自己開心地想：「謝謝你的25美元。」這個簡單的改變不僅讓他感覺好了很多，還讓他能夠把工作做得更好，因為他可以把注意力放在客戶身上，而不是自己的痛苦上。很快，他平均每完成一筆佣金為1000美元的交易就需要打10通電話，每當他被拒絕時，他都會想，「謝謝你的100美元。」從本質上講，他重新架構對失敗的看法。[42]威爾遜成為了一位非常成功的人壽保險代理人，在29歲就成為當時業界百萬圓桌協會（Million Dollar Round Table）最年輕的成員。隨後，他開始設計培訓計畫。

我在1987年遇見威爾遜時，他已經成為一名不斷成立新公司的企業家，他的最新事業是為公司提供團隊效率和文化變革計畫，他聘請我擔任研究總監。這意味著我記下威爾遜在會議上所說的話，並把它們轉化為提案和報告中的實用文字內容。威爾遜熱衷於閱讀哲學和心理學書籍，不斷投入於學習人性領域。他還喜歡結交他最感興趣的作家和思想家，並把大家聚集在一起。就這樣，精神病學家莫茨比醫生來到新墨西哥州佩科斯河學習中心（Pecos River Learning Center），討論如何將他的理性行為療法（rational behavior therapy）[43]轉化成應用在企業的教學計畫。

我和威爾遜、莫茨比在俯瞰會議中心的露臺上，喝了好幾杯咖啡，聊了好幾個小時，棕色的土磚建築與聖達菲深藍色的天空形成鮮明對比。他們是親密的朋友，卻有截然相反的個性。威爾遜笑容燦爛，活潑、表達豐富，很容易被各種想法和機會所吸引。莫茨比則個性警覺、喜歡沉思，始終保持理性，想要從各個角度來觀察問題，探究其細微差別。他們兩人的組合是一股強大的力量，對我的研究工作留下難以磨滅的印記。他們都熱衷於一個想法，認為人類透過反思自己的思考過程，就能過得更加幸福和成功。

　　莫茨比完全創新的想法是，大腦健康的人（他的意思是沒有重大生理缺陷或損傷的人）可以幫助自己擺脫情緒上的痛苦，而無需正式的臨床治療。心理學家艾里斯（Albert Ellis）是認知行為療法的先驅，莫茨比作為他的門徒，[44]逐漸發展出自己調整過後的療法。簡而言之，他相信人們可以學會控制自己的思想和態度，從而變得更快樂、更健康。他是這樣說的：人類的情緒根植於丘腦和杏仁核，情緒是由我們對外部刺激的評估而觸動的，而不是由刺激本身引起。這些評估發生在皮質中，並觸發情緒，進而導致行為衝動。**重要的是我們如何看待事件，而不是事件本身。**[45]遺憾的是，大多數時候我們的想法是莫茨比所說的「非理性、但令人信以為真的」。他指出，那樣來想事情是有害的，因為當我們認為事件直接導致我們的感受時，我們就成了受害者。

　　莫茨比致力於讓每個人都能獲得更好的心理健康服務。對於1932年在佛羅里達州彭薩科拉（Pensacola）出生的非裔美國男孩來說，精神病學並不是顯然的職業道路，更不用說要撰寫一系列自助書籍了。莫茨比的母親曾在松節油農園內的種族隔離學校擔任小學教師，他的父親在農園工作，從樹木中提取樹脂煮沸，然後蒸餾成松節油。莫茨比在母親的教導下長大，很早就學習成績優異。18歲時，他錄取至泰塔拉迪加學院（Talladega College），這是阿拉巴馬州一所歷史悠久的黑人文科大學。1953年畢業後，他獲得研究醫學的獎學金，進入凱斯西儲大學（Case Western Reserve University）。

　　從醫學院畢業並開設自己的診所後，莫茨比在美國空軍服役四年，在那裡他聽到深受戰爭創傷的患者及其家人的故事，這激發他對精神病學的研究興趣。[46]儘管如此，莫茨比表示，他一生中遇到的最大障礙是「嚴格執行的種族壓迫隔離規定，以及非裔美國兒童被迫忍受劣質教育經歷所帶來的後果」。[47]他一生致力於減輕非裔美國人所面臨的困難，認為理性行為療法對此目標來說是非常合適的，因為這種療法對非裔美國人和任何種族背景、需要節省費用的患者都具有「雙重吸引力」，這歸功於其即時的高效性和持久的有效性。[48]

　　莫茨比是個理想主義者，他一心只想減輕人類的痛苦，並相信人們能夠迎接挑戰，不過他是我見過最理性、最注重資料的人之一。從莫茨比身上，你可以學到的最重要的一課，就是掌握停頓。挑戰你的本能反應，轉而選擇更健康、更有成效的反應，我將用莫茨比自己提到過的故事來說明這種習慣。莫茨比於2016年去世，他留下包括12本著作、數十篇學術文章，以及由他指導過的醫生和科學家建立起來的診所、實驗室和中心，組成蓬勃發展的網絡。[49]然而，最讓我印象深刻的，還是莫茨比講到普通人學習改變思維的故事。

失利與挫折感帶來阻礙

　　傑佛瑞是一位聰明、英俊、受人喜愛的高中橄欖球運動員，在他17歲之前，經歷了許多成就。傑佛瑞在學業、社交和運動方面都很努力，但他與老師和朋友們開始期待，無論他嘗試什麼都能做得好。[50]寒假期間，由於天氣寒冷，他們的休閒活動受到限制，他的三個朋友說服他學習打橋牌，因為這三人喜歡打橋牌。橋牌是一種複雜的撲克牌遊戲，四位玩家，兩人一組來進行，新手要玩得好並不容易。

傑佛瑞並沒有立刻迷上這個遊戲，他原本以為和朋友們一起打牌會很有趣，但很快就發現自己玩得很痛苦。每次他犯錯，他都會感到沮喪和憤怒。值得讚揚的是，傑佛瑞並沒有怪罪他的朋友，甚至沒有怪罪遊戲。相反的，他對自己的「愚蠢」感到懊惱。當他們繼續玩時，他的挫敗感也愈來愈強烈，使得他（以及他的朋友）無法體驗到遊戲原本帶來的樂趣。第三次後，傑佛瑞開始害怕打橋牌，並決定退出。

故事原本可能就這樣結束，但傑佛瑞的高中開設了莫茨比的理性自我輔導課程，而他已經報名參加。這並不是因為他認為自己的橋牌經歷與課程內容有關聯，而是因為課程看起來很有趣，他想了解更多。很快地，傑佛瑞開始將所學應用在自己身上。傑佛瑞敞開心扉，接受理性思維與莫茨比所說的非理性（「不過是令人信以為真的」）思維兩者之間的區別，他才了解，自己一開始就應該擅長橋牌的這種想法是非理性的，沒有根據客觀事實。犯錯誤並不代表愚蠢，而是缺乏經驗的表現。在學習新事物時，特別是困難的事物，犯錯是必然的過程。

傑佛瑞再次嘗試打橋牌。身為一個新手，他仍然會出錯，但他不再因此責怪自己，這讓他更容易從錯誤中吸取教訓。莫茨比指出，當我們被痛苦的負面情緒淹沒時，所有人的認知能力都會下降，無法診斷和保留失敗帶來的教訓。現在，傑佛瑞更加深思熟慮地對待自己的失誤，負面情緒少了很多，他開始進步了。不久之後，他的橋牌程度就和他的朋友們不相上下，更重要的是，他喜歡打橋牌，他們也喜歡和他一起玩。

傑佛瑞意識到自己的想法是不合理的，但這並沒有立即解決他的問題，他並非突然有一刻頓悟，就變成一個深思熟慮、冷靜的年輕人，不再感到挫折和憤怒。他必須透過反覆練習，養成理性自我輔導的習慣。他必須變得愈來愈善於在犯錯時，及時發現自己，停止並重新調整本能的負面情緒。漸漸地，傑佛瑞能夠在令人不快的情緒來臨之前，及時發現並加以糾正。對於在新領域失敗就意味著愚蠢，他甚至可以笑看這種非理性的想法了。

傑佛瑞的故事與許多成功的高中生相似，他們在後來遇到障礙時，會將責任歸咎於外部因素，或者放棄新的困難活動，因此阻礙自己的發展。在我任教的哈佛大學，許多習慣於在高中成績名列前茅的學生在這裡第一次面臨學業上的困難。除了課業之外，他們認為自己不夠好的想法也讓他們在學習上變得困難。

停下來，挑戰，選擇

威爾遜用簡單明瞭的方式來說：你是想要贏？還是因為不想輸？[51]為了贏而做意味著願意承擔風險，追求具有挑戰性的目標和令人滿意的人際關係。而大多數人大多時候是為了不要輸才做，這意味著回避可能失敗的情況。威爾遜堅持認為，為了贏而挑戰會帶來極大的進步和快樂，但必然也會帶來挫折。為了不要輸而挑戰，則意味著要謹慎行事，選擇那些讓你感覺自己能掌控的活動、工作或人際關係。威爾遜很快解釋，這種決定本質上是一種認知。你可以下定決心，**贏得勝利**，從而開始改變你的思維方式。

威爾遜擅長化繁為簡，他把莫茨比的理性自我輔導多個步驟縮減成以下幾點：停下來－挑戰－選擇。**停下來**意味著暫停，深呼吸。讓自己做好準備，**挑戰**你本能且通常無益的想法，那個想法是理性的嗎？是否有助於你的健康，並幫助你實現目標？如果答案是否定的，這就是一個信號，讓你**選擇**莫茨比所說的更理性的反應，因為這樣的反應才更能幫助你實現目標。這與對錯無關，重點在於什麼能幫助你向前邁進。表 5.1 提供了這三種認知習慣更詳細的內容。

理性的反應會有什麼的情況呢？當傑佛瑞不再想和朋友打橋牌時，他必須**停下來**，問自己為什麼。答案是：他覺得自己很笨。當他**對自己的想法提出質疑**時，他意識到自己沒有理由立即成為橋牌高手。打橋牌需要練習，錯誤是學習的必要條件。只有這樣他才能**選擇**繼續和朋友一起玩，從不可避免的錯誤中吸取教訓，並開始享受打橋牌的樂趣。

這種做法也幫助了梅蘭妮，當她年邁獨立的父親突然中風而無法行動時，她受到很大的打擊。他的性格和認知沒有改變，但他只能坐在輪椅上，需要全天候的看護。幾個月來，梅蘭妮試圖盡力改善他的生活，她帶他去看醫生，並聘請了看護人員。她為他做最喜歡的餐點，每天去看望他或給他打電話，鼓勵朋友去探望他，尋找他可能喜歡的有聲書和電影，處理他的帳單，替他準備好稅單，給他買禮物等等。儘管如此，她仍然覺得自己做得不夠。她的父親很傷心，他抱怨自己的生活變得多麼受限。大約六個月後，梅蘭妮意識到自己已經筋疲力盡了。她太專注於父親的生活細節，以至於忽視了自己的工作和家庭。她的血壓升高了，事情必須有所改變。

梅蘭妮**停下來**，思考著自己在做什麼，從更廣闊的視角出發。她和一位朋友散步了很長的時間，談論了她的壓力和擔憂。如果她繼續按照現在的步調下去，不僅她的生活會受到影響，而且她的健康狀況也不足以繼續去照顧父親。在朋友的幫助下，她**挑戰**了自己對當前情況的本能框架，並重新架構，審視了自己已經做了多少事情，而不是還可以做多少事情。她確保父親是安全的，並得到良好的照顧。她一直是個好女兒，無論她做多少事情，父親都無法恢復以前的能力，他現在無法行動是家人必須接受的現實。現在對於回應父親的疾病，她可以**選擇**能幫助他，並讓自己繼續生活的方式。她繼續帶父親去看醫生，但開始每週探望一到兩次，而不是每天都去；她偶爾做飯；她請求兄弟姐妹提供更多幫助，並分擔責任。不久，她在外地的姐姐過來了，停留多天來探訪父親，她的哥哥接手了稅務和帳單的工作，父親很高興能有更多子女陪伴，梅蘭妮終於可以去度個假。更重要的是，她學會了如何平衡自己的需求和別人的需求。

「停下來─挑戰─選擇」這個框架的強大之處在於簡單明瞭，這三個步驟是重新架構的輔助工具，也與我從阿吉里斯那裡

表 5.1
應對失敗的認知習慣[53]

習慣	當中的意思	做法	有用的問題
停下來	先暫停，打斷對情境刺激不假思索的情緒反應，從而可以重新引導本能的情緒和行為反應。	深吸一口氣，準備審視一下自己的想法，並考慮這個情緒對自己應對能力的影響，以便（一）保護自己的長期健康，（二）為自己提供更多選擇。	• 現在發生了什麼事？ • 從大局來看是怎麼一回事？ • 在這件事發生之前我有什麼感覺？
挑戰	考慮一下你內心本能的想法，評估它們對於實現目標的品質和效用。	（對自己）描述你在應對這種情況時的想法，並問自己哪些想法（一）反映了客觀現實，（二）有助於你的健康和效率，以及（三）可能會引起高效的反應。 對於情況，找出根據客觀現實的替代解釋，這些解釋更有可能幫助你引發高效的反應，也就是說，刻意重新架構這種情況，以幫助你向前邁進，感覺更好。	• 我告訴自己、或自問相信什麼，讓我產生了這種感覺？ • 哪些客觀資料支持或否定我的解釋？ • 對這種情況還有什麼其他可能的解釋？ • 根據我掌握的所有資訊，我的解釋是否符合我的長期最佳利益？
選擇	去說或去做能讓你更接近實現目標的事情。	按照你重新架構的思維建議來做出反應，這樣你所說的和所做的事情都有助於你向前邁進。	• 我真正想要什麼？ • 什麼最能幫助我實現目標？

獲得的見解一致，他曾在企業中研究過一些資深管理團隊。[52]這當中的智慧簡而言之，人類面臨的根本挑戰是：

如果你已經知道了，學習就變得困難起來。

遺憾的是，我們天生就有一種「我知道」的感覺——就好像我們看到的就是現實，但其實看到的是經過自己的偏見、背景或專業知識過濾後的現實版本。但我們可以擺脫「知道」的習慣，重新激發起好奇心。

選擇學習

一旦我們能夠謙虛地承認自己不知道，我們就準備好以新的方式面對情況了。傑佛瑞必須意識到，他不可能在所有嘗試的事情上馬上成功；梅蘭妮必須接受自己的失落心情和限制。回想一下達利歐是如何轉變心態的，他曾經非常確信自己對經濟走向的判斷是正確的，直到他大錯特錯，「從認為『我是對的』，轉變成問自己『我怎麼知道我是對的？』」[54]這是一個培養自我覺察的強大問題，他的新心態對學習持開放的態度，這讓達利歐想要「尋找與我意見不同、但是最聰明的人，這樣我就可以嘗試理解他們的理由」，[55]並幫助他「知道什麼時候不應該預先判斷」。就像梅蘭妮必須放下她可以「拯救」父親的執著一樣，達利歐在成功重建公司之前，也必須放棄他自己的大腦灌輸給他的觀點，以便向旁人學習。

阿吉里斯將此稱為發現了「非學習的使用理論」（the non-learning theories-in-use），這種理論保護了我們的自尊心，但卻妨礙了我們充分地發揮效能，尤其是在與他人進行困難的對話時。達利歐學會了改變自己的思考方式，他解釋說：「我只想做對，對於正確的答案是否來自於我，這一點我並不在意。」[56]他不再捍衛自己必須是對的需求後，他就能做出更有效的決定——就像科恩有意識地決定更關心患者的安全，而不是堅持自己是對的。阿吉里斯認為,我們的認知天性(我們的思考方式)是一個重要的槓桿,我們可以學會利用這個天性,使自己變得更加注重學習、更加有效,而且我還要補充一點,變得更加快樂。快樂來自於意識到我們可以打破發生在自己身上的事情和自己要如何反應之間的關聯,我們可以用重新架構的方式。正如本章開頭弗蘭克所言:「我們的反應決定了我們的成長與自由。」[57]

雖然莫茨比和阿吉里斯共同擁有不屈不撓的理性立場,但其實他們同樣真誠、熱情地幫助人們學習和成長,以減輕痛苦和浪費。這兩位才華橫溢、敬業的研究人員都看到,我們每個人都有能力進行學校沒有傳授的學習和成長。他們倆都讓我認識到從失敗中學習成長的可能性。選擇學習而非只追求知識,可以培養智慧和平靜。這打開了一扇很少有人洞察的大門,使人變得更有愛心、智慧、尊重他人、願意挑戰(尤其是挑戰自己),並最終變得更加充實。在我與莫茨比和阿吉里斯相處的時間裡,我開始體會到,人們妨礙自己的方式是多麼令他們扼腕,竟然讓自尊心阻礙了學習和交流。

當我回想起在新墨西哥州的時光時,我很感激從莫茨比和威爾遜那裡學到的東西對我的思考方式和隨後的研究產生了重要影響。他們兩人都相信人們可以學習改變習慣性思考模式,而這是人們成功和幸福的關鍵。正是這樣的背景促使我去攻讀研究所,我被他們兩人所吸引,靜靜地思考自己是否有能力,為已經豐富且有價值的研究領域貢獻新的知識,我還想讓這些知識變得有用。

今天我的答案是：選擇學習，而不是追求知識。

無論你是喜歡杜維克的成長型心態、莫茨比的健康思維習慣、阿吉里斯的模式二使用理論，還是弗蘭克感人的回憶錄，這都不重要，因為他們傳達的訊息都是一樣的。暫停一下，挑戰給你帶來痛苦和尷尬的那些本能想法。接下來，重新架構這些想法，讓你可以選擇學習，而不是追求知識。把注意力轉向外界，從之前忽略的事物中獲得能量和幸福。重新架構的核心在於我們私下和大聲表達想法時的用詞：我到底是失敗了，還是發現了新的東西？我是否認為自己應該做得更好，而我做得不好就很糟糕，還是我接受已發生之事，並盡可能從中學到更多東西？我可以接受新體驗帶來不舒服的感覺嗎？我會允許自己跟凡人一樣都會犯錯嗎？我允許自己學習嗎？

允許自己學習

正如漫畫人物《波哥》（Pogo）所說，我們遇到了敵人，他就是我們自己。我們希望避免所有失敗，這種扭曲、不切實際的期望確實是罪魁禍首。因此，要掌握好好從失敗中學習成長的科學，必須從審視自己開始。**自我覺察是我們需要發展的三種能力中的第一種，也是最重要的一種。**另外兩種能力，**狀態意識**，將在下一章中介紹；緊隨其後的是**系統意識**，這兩種能力只有當我們允許自己繼續學習時，才能培養出來。

第六章

因應不同失敗情境與後果

> 我們無法控制風向，但我們可以調整風帆！[1]
> ──桃莉‧巴頓（Dolly Parton）

　　想像一下，你站在一個大房間裡，前面放了一張七乘十英尺的灰黑相間、格子圖案的地毯，你看到了九排六個相同的方格。有人告訴你，當你踩在方格上時，地毯會發出響亮的嗶嗶聲，要不然就是安靜無聲，而你的任務是從地毯的一端到另一端，找到一條不發出嗶嗶聲的連續方格路徑。你將有二十分鐘的時間來找到路徑，如果能更快完成，則可以獲得額外加分。觀察地毯也無法找出正確的路徑，唯一的方法是踩在方格上，每次踩一個方格，透過試驗和失敗，看看方格是否發出嗶嗶聲。

　　這個練習是發明家沃特金斯（Boyd Watkins）在三十多年前設計的，他是一位取得柏克萊大學兩個學位的非裔美國電機工程師。當我給學生指派這個稱為「電子迷宮」的練習時，[2]我會把他們分成幾個小組，並告訴他們一些規則：一次只能有一個人踩在地毯上；當成員遇到發出嗶嗶聲的方格時，該成員必須離開地毯，然後輪到下一個人。每當一個方格發出嗶嗶聲時，該小組必須重新從第一排開始。在練習開始之前，我給學生們幾分鐘的時間互相交流討論。一旦開始，他們必須在不說話的情況下進行。他們可以自由地指向無聲的方格，或者用雙手提醒已知會發出嗶嗶聲的方格，透過團隊合作的方式幫助迷宮中的人快速前進，找出剩下的路徑。

這並不是很燒腦的遊戲，也不需要專業知識。大多數學生都解決過更困難的問題，並面臨過更困難的情況。只需踩在方格上，看看是否會發出聲音，並記住哪些方格有聲音即可。小組中沒有人知道這項任務的答案，因此，如果不經歷失敗（嗶嗶聲），就無法完成這項任務。

話雖如此，情況是這樣的。第一個隊友大膽地踏上地毯，比方說，踩到了一個不會響的方格上。然後這個人在踏上下一個方格之前猶豫了一下，一隻腳停在半空中，似乎僵住了，彷彿希望不用踩上去，就能發現哪些方格是安全的。請記住，團隊成績根據時間而定，所以猶豫會浪費時間。舉足不前並不是運用時間的明智做法，但這是可以理解的。想像你站在地毯上，向前邁出了一步，踩到了一個嗶嗶作響的方格上，你的團隊成員會發出哀號。或者你踩到了一個無聲的方格，他們就歡呼雀躍！諷刺的是，團隊的反應加劇了當事人的猶豫：輪到下一個人進行迷宮任務時，會變得更加猶豫，最終團隊耗盡了時間。根據我的經驗，大多數團隊都無法在二十分鐘內找到一條沒有聲音警示的路徑。

為了幫助參與者理解他們解題失敗的原因，當我對這個練習進行回顧時，我會問：「當你站在地毯上，面對一排新的方格，猶豫著要不要邁出步伐時，你在想什麼？」他們的回答總是一樣的：「我不想犯錯。」如果他們進一步解釋，就會承認踩到發出嗶嗶聲的方格而不是無聲的方格時，會感到尷尬。

現在應該很清楚，踩到新的嗶嗶方格並不是錯誤。它只是有關路徑的資訊，這是正確犯錯。如果在未知領域出了差錯（無論是嗶嗶作響的方格，還是糟糕的第一次約會），那是失敗，但不是錯誤。請記住，只有當你已經具備避免某事所需知識時，那才算錯誤。人們不容易做到的是，在迷宮中要取得好表現，就要盡快收集哪些方格會發出嗶嗶聲的資訊。從邏輯上講，隊友發現無聲的方格和嗶嗶叫的方格，團隊都應該鼓掌的，因為兩種情形都提供了有關路徑的重要新資訊。然而，人們會把新的嗶嗶聲帶來微不足道的智慧型失敗視為錯誤，並感到尷尬，這種尷尬會因其他人的反應而放大。

這顯示了人們對情境缺乏充分理解。

新的嗶嗶聲是正確犯錯，我們稱之為「向前邁進的嗶嗶聲」，隱喻了生活中在陌生情況下的失誤。正如迷宮提供了一項反覆試驗的任務，必須透過踩到發出嗶嗶聲的方格才能解決，當我們在生活中面臨不同尋常的情境時，必須一邊探索新領域，一邊準備好接受失敗。如果對迷宮中新的嗶嗶聲感到羞愧或焦慮，那是不合理的（儘管是人之常情），所以對我們生活中「向前邁進的嗶嗶聲」感到尷尬，同樣也是不合理的。

如果電子迷宮中的團隊按部就班地盡快找到嗶嗶聲方格，消除猶豫不決，結果會怎樣呢？他們可以在不到七分鐘內找到解決方案。團隊無法在二十分鐘內完成這項任務，可以說是對**情境理解錯誤**的直接結果。這種情境需要進行實驗，有助於團隊在不可避免的失敗中，互相合作和支持。然而，學生會對嗶嗶聲做出情緒化的反應，就好像他們正在執行一項例行任務，並要根據操作指南上確切的步驟和時機，來跨出步伐。他們本能地將迷宮視為第一次就應該做對的測試，把執行的思維帶到了學習任務中。

　　我和密西根大學心理學教授菲歐娜・李（Fiona Lee）在一項心理學實驗中使用迷宮來顯示這種心態的運作方式，我們隨機分配受試者與另一名他們認為是團隊成員來合作，但實際上是實驗室助理，助理被雇用來展示「**執行導向**」（強調正確和避免錯誤的重要性）或「**學習導向**」（強調實驗和學習的重要性）。相比於執行狀態下的受試者，學習狀態下的受試者表現更優秀，[3]因為他們同伴的指示符合任務的情境，並且他們可以更容易地實驗，這對於成功至關重要。相比之下，當執行心態得到強化時，它與新任務的衝突會使受試者更難成功。

　　大多數人並沒有發現自己站在一個真正的迷宮前，試圖找到正確的道路。但這個練習提供了一個恰當的比喻，來描述我們生活中所面臨的情況。我們所有人都面臨不確定性，這既帶來風險，也帶來發現的機會。在日常生活中關鍵和不那麼關鍵的時刻，可以停下來思考一下情境，這會讓我們所有人都受益匪淺。在生活和工作中，有太多的失敗是因為我們沒有注意到情境資訊。此外，太多的失敗在情緒上造成不必要的痛苦，其實這些失敗只是生活中隨處可見的嗶嗶叫方格。

　　電子迷宮的目的是闡明創新的心理障礙，我們不喜歡前進時出現嗶嗶叫的方格，但沒有這些方格就無法創新。迷宮象徵著新的領域，但受試者仍然覺得他們應該知道答案。本章的目標是為你提供新的方式來思考情境，幫助你防止某些類型的失敗，同時減輕智慧型失敗帶來的情緒負擔。無論是在生活還是在工作中，有太多原本可以預防的失敗都是因為不夠留意情境資訊。

　　實踐好好從失敗中學習成長的這門科學，需要了解情境的兩個方面：（一）已知程度；（二）風險大小。第一個涉及不同尋常和不確定性的程度；第二個則與風險有關，無論是身體、財務或聲譽上的風險。大致上來說，賭注是高還是低？在課堂練習中踩到會嗶嗶叫的方格，就很能說明是低風險的情況。將太空梭送入軌道？這是高風險的情況。通常面對情境的風險是主觀的評估，例如，對我來說在財務上可能是高風險的事，對你來說可能是低風險。無論主觀與否，反思情境中的不確定性和風險大小，對於在接受失敗方面表現出色的人都是一項重要能力。

生活中不同的情境

　　今天你會失敗嗎？

　　這在很大程度上取決於你所處的情況。根據不確定性的程度，失敗的可能性有很大差異。失敗的**嚴重程度**也不同，是否會有人的安全受到威脅？失敗會帶來嚴重的財務或聲譽損失嗎？

　　本章將探討，在某些情況下，缺乏情境意識會導致原本可避免的失敗，而在另一些情況下，則會導致不必要的焦慮。相比之下，情境意識可以讓你在必要時保持警惕，並在風險較低時放鬆警惕。這是一個「停下來－挑戰－選擇」的機會，用來評估情況，挑戰你對此的本能信念，並選擇正確的心態。這種情況是否需要極度警惕，還是可以進行趣味的實驗？學會習慣性地進行這種分析，不僅可以讓你在各種情況下更有效率，還可以減少許多人因不必要的焦慮而承受的情緒壓力。當你學會打斷本能反應時，你就可以更加深思熟慮地行事，不會在沒有危險的情況下看到危險，而在確實存在風險時保持警惕。

　　情境在一定程度上受到不確定性高低的影響，在光譜的一端是那些有可靠步驟的任務，例如你可能會用食譜來製作巧克力餅乾，做出來的成品幾乎是有保證的；而在另一端則是沒有指南的任務。想像一下，你面對著電腦的空白螢幕，希望寫出新的小說作品。對於製作餅乾，你很清楚地知道該怎麼做，並且不太可能失敗。而在第二種任務中，眼前有無數的可能性，過程中也會遭遇無盡的小失敗（向前邁進的嗶嗶聲），也許你連故事的點子都還沒有，或者，你的靈感僅止於此。你很難知道從何下筆，而且出版一本能吸引廣大讀者的書，這種理想的結果更是毫無保證。就像愛迪生早期嘗試製造蓄電池時一樣，在這兩個極端之間存在天南地北的情況。

從一致到不同尋常的情境

　　一致的情境帶來了陌生情境所缺乏的確定性。當流程知識發展完善時（例如按照餅乾食譜做餅乾），不確定性就會很低，失敗的可能性也會很低。相比之下，在陌生的環境中，獲得你想要結果的知識介於不存在和不完整之間，就像當你開始寫一本書、設計一個新產品或在電子迷宮中尋找一條不會嗶嗶作響的路徑。當不確定性很高時，失敗幾乎是必然的。但是那些失敗不需要令人痛苦，它們提供了有價值的資訊，而具備了情境意識會讓我們更容易理解到這一點。

要想了解生活中的情境如何變化，想想你曾經做過的工作，以及這些工作在多大程度上給予了指示來達到預期結果。大多數公司都包含各種情境，從例行生產（大量重複性工作，例如速食店或汽車生產線）到研發（科學實驗室或產品設計團隊）。[4]在這些相反的極端之間，還有多變的情境，例如你在醫院看到的情況，你掌握了取得成果的紮實知識，但必須根據情勢的細微變化不斷調整或制定解決方案。例如，急診室醫生可能在一天中面臨多個非常特殊的病例挑戰，而第二天則相對平淡無奇。在你的個人生活中，你也會遇到**一致的**、**多變的**和**不同尋常的**情境。重點並不是要在沒有重疊的類別之間畫下明確的界線，而是要學會習慣性地評估不確定性所帶來的影響。

你能夠輕而易舉地做到嗎？

最近，有一個小孩被留在計程車上的故事引起了我的注意。他們一家人從機場搭計程車回家，計程車開走後，父母才察覺兒子不見了。幾個小時後，男孩被找到了，毫髮無傷，仍然睡在休旅車的第三排，車子停在城鎮邊緣的一塊空地上。我開始思考這個錯誤是如何發生的。我可以從父母的角度想像當時的情境：天色已晚，天黑了，長途旅行大家都累了，還有其他孩子需要照顧、行李要處理、要找出家裡的鑰匙。在一片混亂中，我們很容易認為，就像這對父母一樣，對方已經照顧好他們四歲的孩子。[5]

　　這個故事就是一個範例，說明我們是多麼容易忽視變動。儘管從機場坐車回家似乎是可以預見且熟悉的，因此不需要特別注意，但我認為，很多行李、多個孩子、深夜等情境使這個家庭很容易出現差錯。如果他們意識到這次回家的旅程具有一定程度的變動，而不是完全可預測的，他們或許會更加謹慎對待。計程車司機還沒有把看似例行公事，比如在輪班結束時把車停好，放在心上。他沒有確認計程車是否空無一人，這也是錯誤的。在多變的情境中，每個人都造成了可以預防的複雜型失敗。

　　例行公事通常發生於一致的情境之中，也許你每天都走同樣的路線去上班，或者把洗碗機裡清洗乾淨的餐具放回固定位置，以便隨時能找到；也許你喜歡沿著附近公園特定的環狀路線慢跑。你可能有一個兄弟姐妹、或最好的朋友，他們總是能夠在你情緒低落時給予支持。如果你喜歡烹飪，你可能有一套可靠的食譜，每次都能成功呈現美味佳餚。這些活動和關係構成了一致的環境，讓人相對不會緊張地要去決定做什麼事和怎麼做。

　　生活中一致的情境讓人不用擔心是否能夠達到預期結果。在這些情況下，你可以自信地說：「我可以這樣做。」我並不是要說清空洗碗機會給人帶來愉悅的心情，而是說它令人感到安心和熟悉，更別提當所有東西都物歸原位時所帶來的滿足感了。問題在於，我們太容易把多變、有時甚至是不同尋常的情境視為一致的情境。從機場回家的那家人就犯了這種錯誤，把熟睡的孩子留在計程車上。每當我因為前一年教過相同的案例研究而過於自信地走進哈佛商學院的課堂時，我也在犯同樣的錯誤。我面對的是新學生，他們擁有不同的經歷和期望；周圍的世界已經被近期發生的事件所影響，課堂討論將與以往有所不同。為了讓課堂達到最佳效果，我需要時刻對細微差別保持警惕。我們所處的情境很少是完全一致和可預測的，但這並不能阻止我們表現得好像情境一致、可以預測。當我們說「我可以輕而易舉地做到」時，意思是以前已經做過很多次了，所以不需要去注意。

既熟悉又多變

生活中多變的情境讓我們時刻保持警惕。也許你是一名技術熟練的網球運動員，在比賽中，每位對手、每位雙打搭檔，更不用說每場比賽，都會給你帶來新的挑戰，需要你全神貫注。也許你的工作呈現出多變的情境，你會像醫生或律師一樣，在一天中的一連串不同情況下運用特定的專業知識；或者你在不同的時間與不同的人合作不同的專案。在多變的情境中，我們運用自己的知識或專長，深思熟慮地修正我們的行動，以應對當下的情況。多變的情境比真正一致的情境帶來更多的不確定性，但你駕馭情況的能力卻很少受到質疑。

由於我們生活的世界錯綜複雜，我們每天遇到的大多數情況都是變化多端的，至少需要我們給予一定的注意力。即使看似一致的情況,也可能比你想像的更加多變。也許你在家裡做過無數次舒芙蕾,但當你週末去別人家做客時,你卻不知道用別人家的烤箱會做出什麼成品。像掛畫這樣的居家修繕是多變的,你需要仔細測量,以盡量減少弄傷手指或破壞到牆壁。

嘗試進入新情境

最後,就像在知名設計公司IDEO一樣,每個人都致力於創新工作,生活中的新情境提供了機會,但並不保證結果。在這些情境中取得成功必然需要嘗試新的東西,而且很少在第一次就能完美地成功。也許你想發明一道新菜,把不熟悉的食材混合在一起。你對烹飪有足夠的了解,相信會搭配出意想不到的味道,但只有嘗試過才確定結果如何。也許你正準備買房子,探索不同的社區、去看房子、在網上爬文,並盡可能去了解房貸的選擇。或者,去相親?開始學潛水?這些都是不同尋常的情境。

如果不偶爾進入新的情境中,就有停滯不前的風險,錯失嘗試不熟悉的活動或實現新目標的機會。就像實驗室裡的科學家一樣,我們必須接受在全新領域中的失敗。你無法避免失敗,倒不如欣然接受從中學習的機會。也許你一心想要買房子,但輸給了出價更高的人;你做的菜可能會令人失望,甚至很糟糕;相親結果怎樣?就別提了。所有這些例子都是相對較低的風險,值得一試。那是因為可能發生的最壞情況並沒有那麼糟糕。

有什麼風險？

在練習狀態意識時，第二件要考慮的事情是面臨的風險——財務上、身體上或你的聲譽。實用的經驗法則是，欣然接受低風險的失敗，並採取措施，防止高風險的失敗，情況是由不確定性和潛在後果共同決定的。當可能發生身體、財務或聲譽損害時，風險就很高。表6.1顯示在這三個方面高風險和低風險的情況。

從洗碗機中取出東西、做飯或試圖走過發出嗶嗶聲的地毯都是低風險的情況，失敗不太可能造成嚴重後果。當你把東西從洗碗機裡拿出來，弄掉了一個盤子時，這只是在可預測的情境中相對無關緊要的失敗。採取「沒什麼大不了」的反應，並迅速繼續進行，也許暫停片刻，提醒自己在手濕時要注意，這是態度健康的做法。在多變的低風險情境中，最糟糕的結果可能是，舒芙蕾坍塌，這時你要以「哦，好吧，難免的」態度淡然處之。「別自責」或「別因小事而流淚」這類話都適用。

柴爾德（Julia Child）是一位把法式烹飪介紹給廣大美國觀眾的先驅廚師，她在1960年代的電視節目中，以輕鬆地對待廚房錯誤而聞名。在翻鬆餅時，鬆餅沒有掉進鍋裡，而是掉在了廚房的檯面上，她建議說：「如果發生這種情況，只需鏟起來，放回平底鍋中即可；請記住，廚房裡只有你一個人，沒有人會看到你。」[6]儘管她有非凡的成就和專業知識，看到她如此輕鬆面對失誤，不僅讓這位名廚平易近人，而且讓觀眾相信，他們也可以嘗試看似很艱難的陌生食譜。

享受實驗的樂趣

像柴爾德這樣表現出色的失敗實踐者，他們善於利用新情境下的低風險情況。最好的結果是，你會發現新東西。最壞的情況呢？這只是向前邁進的嘩嘩聲。從電子迷宮練習中，我們可以得出一個重要啟示，**在風險較低時，享受實驗的樂趣**，在低風險環境中獲得失敗的經驗，有助於避免完美主義。你可以學會停下來考慮風險是否很高。我們本能地低估不確定性，同樣也本能地高估結果的重要性。對於大多數人來說，出現在全國電視台上露面被視為高風險，但對柴爾德來說，並非如此！她（合宜地）把掉到檯面上的鬆餅，甚至掉到地板上的雞肉，都視為低風險，這只是人為錯誤的結果，不必覺得尷尬或羞恥。

在許多活動中對風險程度，以及我們承擔的危險，養成重新解讀的習慣，這是一種重要且能提升生活品質的能力。透過培養這種習慣，我們可以減輕情緒負擔。在我們的生活中，有很多的情況需要保持警惕。當情況不需戰戰兢兢時，我們可以以更輕鬆愉快的方式進行，即使我們正在做對我們來說很重要的事情（煮飯、寫作、學習新語言）。在低風險的一致環境中（折衣服、跑步），採取隨意、一切照舊的方式不會有什麼問題的。停下來思考（或者，更常見的是，重新思考）風險，可以讓我們調整警覺程度，減輕可能引起的情緒和認知負擔。

表 6.1

失敗後果的三個面向

	較高的風險	較低的風險
人身安全	進行可能攸關生死或嚴重傷害的活動，例如駕駛飛機或進行手術	嘗試可能會引起肌肉痠痛或輕微受傷的新運動
財務方面	將大量資金投入高風險投資	在對電影一無所知的情況下購買電影票
聲譽	從事受到大眾用放大鏡檢視的活動，而你可能準備不足或沒有相關資格	在聚會上向不熟的人表達有爭議的觀點

調整警覺程度

　　相比之下，如果事關重大，特別是人身安全方面，採取的方法包羅範圍可能從專心執行、小心行動，再到細心實驗，如圖6.1所示，其中灰色框表示可能發生失敗且風險較高的情況，這是需要特別注意的區域。生物製造公司必須非常小心地執行操作，避免將兩種不同批次的疫苗混合在一起，因為一個錯誤可能會導致人們的生命、公司的聲譽和大量金錢的損失。也許你在做的簡報會影響業績或升遷，這是一個多變的情境和相對高風險的情況，因為業績或升遷對你很重要。你會想要謹慎處理，例如，事先練習你的簡報。假設你向一個全新的團體做了同樣的簡報，當情境更接近於陌生時，你可以認真推敲，嘗試在簡報中做出細微變動，以便更能打動新的對象。

　　顯然，你不想在危險的情況下魯莽行事。但在低風險的情況

圖 6.1
根據風險程度適應不同的情境

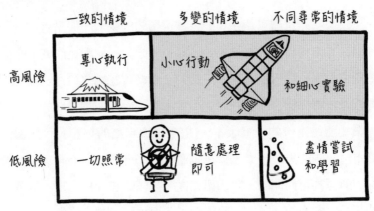

下，過於警惕也是錯誤的，幾乎所有電子迷宮參與者都會犯這個錯誤。相同的道理，當你過度在意別人對你的看法時，你可能會誤認為這是一個高風險的環境，而不是一個可以放鬆警惕、與他人真誠交流的地方。

　　當事關重大而必須保持警惕時，並不一定會帶來痛苦或負擔。極度專注也能讓人充滿活力，例如，我在駕駛賽艇逆風航行時，雜念和煩惱都會消失，因為我被迫面對風、速度和平衡所帶來的當下挑戰。當我住在新墨西哥州時，週末會從事攀岩活動，我也有過類似的經歷。變化多端的情況有時需要我們保持專注，特別是在追求卓越時，但這並不等同於無止境地辛苦努力和痛苦！

缺乏狀態意識和可預防的失敗

缺乏狀態意識可能會導致各種可預防的失敗，通常是由於一種稱為「素樸實在論」（naïve realism）[7]的認知偏誤造成的。正如史丹佛大學心理學家羅斯所描述的，素樸實在論會給你一種錯誤的感覺，讓你認為你看到的是現實本身，而不是經過你的背景或專業知識過濾後的現實版本。[8]這是過度自信的根源，可能導致原本可預防的失敗。素樸實在論使我們將多變的或不同尋常的情況，解釋為可預測的。我們已經從小孩被留在計程車裡，以及我的課堂經驗中看到了這方面的例子，但也許你曾經錯失了一筆自己覺得肯定能成交的交易，或者相信約會進展順利，卻再也沒有對方的消息。高估情況的熟悉程度，並低估其不確定性，會讓我們陷入原本可以預防的失敗，這種不是智慧型失敗。

在失敗的科學中，狀態意識意味著理解不確定性的程度及其帶來的影響。這就需要稍微停下來，無論多麼短暫，考慮一下從一致到陌生的光譜上你所處的位置，以便採取適當的方法。這就是要學會預期意想不到的事情，既避免可預防的失敗，也承擔足夠的風險，來產生屬於你自己的智慧型失敗。此外，還要對利害關係保持清楚的認知。

低估危險

傑伊是一名專攻工程和設計的學生，在一家金屬製造工作室工作，該工作室為公園、私人莊園和藝術畫廊製作大型戶外雕塑。2020年6月，他上班的頭幾週，工作說明包括何時以及如何使用安全護目鏡、頭盔、呼吸面罩、安全靴和手套，傑伊認真對待並勤奮遵循這些措施。他還學會了安全操作切割鋼材和鋁材的大型機器，以及與鋒利的刀片、移動的齒輪和焊接工具的火焰保持距離。在將金屬片互相連接在一起後，他經常使用裝有鋒利且砂輪快速轉動的手持式打磨機來磨平焊縫。

然而，他在工廠車間工作了近一年後，有一天下午，為了打磨一個粗糙的焊縫時，他的身體過於拐進一個狹窄的角落裡。就在那一瞬間，他的頭離那台猛烈轉動的角磨機太近了。他失去了狀態意識，只專注於棘手的焊縫，而沒有注意到自己相對於這個強大工具的位置。

剎那間，角磨機從他手中彈了起來，劃破了他的下唇。

他的老闆開車送他去急診室，嚴厲地說：「傑伊，你忘了你處在一個危險的環境中。」

傑伊錯把多變環境當成了固定環境，儘管只是一瞬間的事情。由於習慣了使用角磨機，他更多是不假思索地工作，而非有意識地操作。最重要的是，他沒有停下來意識到，「這是一個危險的環境，我可能會受傷。」如果他停下來認清周圍環境，就像他以前多次在可能造成傷害的工作中進行的方式一樣，那他可能會移動頭部，或後退到足夠安全的距離，以避免受傷。

儘管並非所有可預防的失敗都會造成身體受傷，但這個例子說明了當我們忘記暫停下來，評估環境會發生什麼事情時，我們會失去了機會，來選擇最適合環境的方法。最重要的是，當你意識到自己處於灰色地帶，事情可能而且確實會出錯時，你就可以更加謹慎小心地行事。

低估變動

如果你負責在新市場，例如新的國家，推出公司現有的產品，你會怎麼做？你會很容易陷入陷阱，把這當作一項要執行的任務，因為這是一個眾所周知的產品，所以很自然地會低估就在前面的變動。我們來看看2004年可口可樂陷入這種複雜型失敗的情況，[9]當時商業記者稱之為「慘敗」和「公關災難」。[10]

「達沙尼」（Dasani）瓶裝水於1990年代末在美國流行起來，當時瓶裝水愈來愈被視為方便、健康的選擇，可以取代含糖汽水。相比之下，英國的瓶裝水市場比美國更成熟、發展時間也更長。然而，大西洋兩岸對瓶裝水的看法卻不盡相同。在英國，瓶裝礦泉水不僅被視為方便的飲用水，還因其源於高山冰川或天然泉水而被認為具有益處和提神的作用。英國廣播公司（BBC）廣受觀眾喜愛的電視喜劇《只有傻瓜和馬》（Only Fools and Horses）就曾說明了這種文化差異，在1992年的一集中嘲笑了瓶裝水，其中一個角色直接從水龍頭接水當成瓶裝水出售，特別是當時自來水被人發現受到汙染，所以節目中的瓶裝水變得更加惹人嘲笑。這一集在假期期間播出，觀看人數達到2000萬人，之後還多次重播。[11]

如果在英國推出達沙尼瓶裝水只需克服電視節目所產生的殘餘負面聯想，可能仍然會取得成功，很少有人會因為這個喜劇情節,而拒絕可口可樂新推出的飲用水。事實上,在最初的幾週裡,達沙尼產品的銷量相當不錯。

可口可樂公司在每個達沙尼瓶子上準確地標注了「純淨水」（經過化學處理的自來水），以將其與礦泉水區分開來。在推出前,業界雜誌《食品雜貨商》（Grocer）指出,「一位資深採購警告說,一些消費者可能會因為水的來源不明而失去興趣,」[12]但也許是由於對瓶裝水的固有印象,沒有人真正注意到這個問題。

然而,不幸的是,與情節相似的事件顯示,經過測試,在倫敦東南部水處理廠使用的化學物質導致達沙尼瓶裝水的致癌物溴酸鹽含量超出了法定標準。儘管含量顯然不足以造成危害,但卻無法避免負面的大眾觀感。可口可樂公司被迫召回了50萬瓶達沙尼,這是一次成本高昂,而且可以避免的複雜型失敗。[13]該產品從未打入英國市場,結果公司把該產品700萬英鎊的廣告費用認列為損失。[14]

我們很容易把進軍市場最終失敗的原因歸咎於運氣不佳,如上述案例,一檔令人難忘的電視節目、事先沒有仔細測試水源,以及對兩個市場之間差異過於隨意的態度,這些完美的風暴結合起來導致產品失敗。如果可口可樂能意識到舊產品進入新市場必然帶來的變化,或許就能避免這次失敗。謹慎的測試水源行動可能會更快地找出風險,並使可口可樂能夠預測,並解決英國人對這款在美國和其他地方受到熱烈歡迎的產品的懷疑。正如記者史考特（Tom Scott）總結的那樣:「我認為達沙尼瓶裝水災難並非不可避免。」[15]

低估不同尋常的程度

　　經過兩年多的籌備，投入了超過十億美元的資金，新網站預計每次能夠處理五萬到六萬名使用者。[16]在期待已久的網站上架後的最初幾個小時裡，一切似乎都運行正常，但很快就有報導稱，少數能夠成功登錄的使用者只看到螢幕一片空白，就被網站強制登出，或需要等待幾個小時才能正常使用網站，第一天只有六個人能夠正常使用該網站。在網站上架的第一個月內，只服務到預計的5%使用者。使用者觀察後普遍批評網站「不直覺、操作笨拙，而且整體上難以理解」。[17]

　　大家可能還記得，美國健保入口網站Healthcare.gov是為了實施《平價醫療法案》（Affordable Care Act）而架設的線上平台，這是一項經過激烈爭取的法案，旨在為數百萬以前沒有保險和保險不足的美國人提供醫療保健服務。該網站是一個公共的入口網站，任何人都可以登錄、在聯邦市場上購買醫療方案，並加入所選的方案，但該網站的推出卻慘遭失敗。美國民眾可能還記得媒體對此事所引起的軒然大波。一項旨在讓所有人都能獲得醫療保健的政策，怎麼會連基本的註冊功能都無法確保呢？

　　隨著問題細節逐漸浮出水面，我們了解到有兩個主要因素造成了這個結果。首先，華盛頓特區的官員們一心想讓《平價醫療法案》取得成功，他們把重點放在了讓法案通過，幾乎把通過法案等同於實施政策。至於如何設計網站，將數百萬使用者與數千家提供各種醫療保健計畫的公司聯繫起來，而每家公司都受制於各州複雜的特定法規的約束，這方面官員們就不太去考慮了。[18]架設一個網站並不困難，已有數百萬人透過預先配置的軟體內容管理系統，建立了簡單的網站、部落格或電子商務業務，並在數小時內上架發布，你甚至可能就是其中一人。但是，架設一個同時處理數以萬計使用者的雙向平台，所有使用者都需要客製化的方案，這與個別獨立網站的難度是完全不同的；而且更重要的是，架設網站所需要的技能與政客所需的技能截然不同。與此相關的是，歐巴馬總統和他的團隊沒有意識到HealthCare.gov的不同尋常程度，反而將其視為一個普通的網站，因此未能調動此類不同尋常的專案所需的團隊和流程。我在哈佛的課堂上會使用這個案例研究，以幫助學生認識到僅僅有遠見和魅力是不夠的。出色的管理者必須能夠診斷情境，並據此安排人員和資源。否則，他們就會自食其果，陷入可預防失敗的尷尬境地。

HealthCare.gov的失敗不僅丟人現眼，也給整個計畫蒙上了陰影。軟體無法正常運行，儘管顯然是技術上的失敗，但這個明顯的錯誤卻變成了歐巴馬總統後來所稱的「有充分證據的災難」。[19]大多數新技術平台的架設過程不會被公開，軟體開發人員預計第一次不會正常運行，並計畫多次迭代，通常是與一小群選定的使用者一起進行反饋過程，然後才準備大規模運作，軟體開發人員知道自己是在一個不同尋常、潛在高風險的環境中工作。但在HealthCare.gov的案例中，負責人誤解成多變、熟悉的情境，而實際上是不同尋常、前所未有的情境。他們沒有意識到，這個網站要成功，需要投入大量的工作和反覆試驗。這就好比早期探險家出發前往南極洲，只帶了週末去熟悉地點旅行所需的物品，如帽子和手套，以防天氣變冷。面對不可預測的極端天氣，以及對特殊設備和指引的迫切需要，這次探險很快就會注定失敗。同樣，架設和發布一個大型的雙向線上平台不是「只要做就行」的工作，而是一個嚴謹的創新專案。一名記者報導稱，聯邦官員「未能意識到此事的艱鉅程度，組織混亂、毫無章法、支離破碎，受到遲來且不斷變化的平價醫療法案政策的阻礙，採用了糟糕的發包做法，忽視了問題，直到為時已晚。」[20]更糟糕的是，相關人員忽視了技術無法正常運行的預警，問題沒有向上級報告，因為沒有人相信可以安心地告訴上司網站出了問題。

幸運的是，一支由矽谷的科技巨星組成的團隊幾乎在第一時間就受聘來修復網站。憑藉診斷情況的經驗和相應管理的專業知識，該團隊努力重建文化和技術，許多原來的軟體工程師也加入其中。但這一次，每個人都堅持不懈、有條不紊地進行實驗，以找出有效的方法和無效的方法。來自Google的迪克森（Mikey Dickerson）帶領軟體工程師團隊徹底修改了網站的程式碼，他每天舉行兩次站立會議，讓團隊成員在心理安全、無責備的文化中討論問題、承認錯誤，並提出疑問。[21]他在牆上張貼了一份簡短的會議規則清單：「規則一：戰情室和會議是為了解決問題的，還有很多其他地方可以讓人們把創意的精力用來推卸責任。」[22]在一次會議上，迪克森讚揚了一位工程師承認自己的程式設計錯誤，導致網站故障。[23]

HealthCare.gov的推出是在陌生的情境下發生的複雜型失敗，

並不屬於正確犯錯。危險信號被忽略了，也沒有進行以假設為基礎的實驗。在過程中沒有從小失敗中吸取經驗教訓，從而導致該專案出現規模更大、更明顯、對聲譽更具破壞性的失敗，而這原本是不必要的。智慧型失敗與 HealthCare.gov 的共同點是發生在陌生的領域，都是小規模、可控的令人失望事件，而不是痛苦的慘敗。

繪製失敗的不同型態樣貌

你很可能已經注意到了情境類型和失敗類型之間的關係，例如，新的情境和智慧型失敗是密切相關的。對於在領域中頂尖的科學家來說，70%的失敗率並不罕見，幾乎都屬於智慧型失敗。在不同尋常的環境中，你必須進行實驗才能取得進展，而智慧型失敗也會隨之而來，每一次失敗都是有用的發現。儘管作家無法輕易量化他們的失敗率，但等到我把本書完成時，刪掉的字數會比保留的字數多。在不同尋常的領域，這種情況無法避免。但想像一下，如果大多數商業航空公司的航班從未抵達目的地，或者麥當勞提供的大部分餐點味道都不對勁，消費者會感到憤怒。在這些大量、相對一致的情境中，哪怕只有1%的失敗率，這些公司也會很快倒閉。隨著不確定性的增加，失敗的機會也會增加，失敗的類型也會因此有所不同。

可預測的基本型失敗

在可預測的情境中，我們經常會因為「輕而易舉地做到」的誘惑而產生基本型失敗。儘管我們掌握了萬無一失的知識，知道該怎麼做才能得到想要的結果，但錯誤還是會悄然而至。也許你忘記設定計時器，結果烤焦了餅乾。儘管小錯誤容易讓人自責，但這對解決問題並沒有幫助。健康的反應是注意到錯誤，從中吸取教訓，然後向前看，而不是向後看。即使是導致嚴重後果的錯誤也是如此，例如開車時發簡訊導致車禍。從大大小小的挫折中學習，是失敗科學的一部分。

多變的複雜型失敗

在多變的情境中，特別容易出現複雜型失敗。你常常會輸掉網球比賽，要是太陽被雲遮住就好了；要是你的膝蓋沒受傷就好了；要是對手沒有出人意料地回球，那麼結局就會不同。輸掉比賽是複雜型失敗，但並不是悲劇性的失敗。

要想在生活中多變的情境下茁壯成長，我們必須**保持警惕和應變能力**。我相信你一定能想到生活中的複雜型失敗，尤其可能發生在搭乘飛機的旅行中。1990年，我在參加研究所口試時，從新墨西哥州前往波士頓，當時我還在威爾遜手下工作。由於對這次口試感到緊張，到達離家九十分鐘車程的阿布奎基（Albuquerque）機場後，我停好車，然後飛往達拉斯，這是我的第一段行程，一切平安無事。但隨後劇烈的雷雨導致航班延誤和

取消，引發了達拉斯—沃斯堡（Dallas–Fort Worth）機場空中交
通的大癱瘓。每個登機門都停放著一架無法起飛的飛機，因為機
組人員已超出安全工作時間限制，而且由於所有登機門都被堵塞
住了，也無法調動到新的機組人員。機場擠滿了滯留旅客，機場
餐廳的食物已經賣完，附近所有的飯店房間都被訂滿。我在多變
情境下陷入了複雜型失敗之中，不得不在航站大樓的地板上躺了
一夜，等待早上航空公司解決混亂局面。這次的失誤不是由我做
了或沒有做什麼而引起的（除了沒有預留一天緩衝時間以確保我
準時到達波士頓）。幸運的是，我的口試委員並未因此次複雜型
失敗而對我不滿，在我晚到一天後，仍然給予我加入博士課程的
機會。

不同尋常的智慧型失敗

當我們涉足新領域時，比如搬到另一個城市、建立關係、學
習語言、設計食譜，失敗在所難免。發現新化學反應或最新星系
的學術科學家，在偶爾取得驚人成功的過程中，他們都預期會有
很高的失敗率。即使在企業環境中，超過90%的新開發藥物在實
驗階段就會失敗，從未上市。[24]大多數人在日常生活中不會面臨
如此高的失敗率，但我們確實需要學會欣賞生活中嘗試的價值，
以便在不同尋常的情境中，從智慧型失敗中吸取教訓。

我先生的廚藝很好，他也是一位經常前往其他大學發表自己
研究成果的科學家。如果他受到主辦單位的款待去了頂級餐廳，
當他旅行回家時，都會興致勃勃地想知道自己是否能夠重現那些

精美菜餚。幾年前,他試圖複製在一家紐約知名餐廳品嚐過的章魚料理。也許你已經知道烹飪章魚有多麼困難,但對他來說,這絕對是一個新的烹飪領域。唉,結果慘不忍睹。我記得他從食譜入手,然後根據自己的理解改變了配料和烹飪方法。用「有嚼勁」和「彈性十足」來形容這道菜確實準確,但言之過輕了,事實是簡直無法下嚥。(我希望我能說,當時我反應出應有開心和鼓勵的樣子,但我岔開話題了。)這種嘗試仍然值得嗎?當然值得。他有再嘗試過嗎?有的,還有再試過。雖然章魚一直不是我的最愛,但今天他的章魚料理已經很好吃了。

我們的生活充滿了簡單、複雜和(如果我們夠努力的話)智慧型失敗,所以不難發現情境和失敗類型之間的關係:不同尋常的情境會發生智慧型失敗、一致的情境會產生基本型失敗,而多變的情境則促成複雜型失敗。

這種描述是正確的,但還不完整。

其餘的失敗情境組合

我相信你已經意識到,你可以在一致的情境中產生智慧型失敗。但你也可能在不同尋常的情境中經歷基本型失敗,我們稱這些為「非對角線失敗」。正如你將看到的,其他所有組合也是可能的。將這三種失敗類型與三種情境類型結合起來,就可以得到九種失敗情境組合,如圖6.2所示。沿著對角線是這三個代表性失敗類型在它們熟悉的領域內發生時的情況。現在讓我們看一下其他六個失敗案例,以了解其餘的失敗情況。

　　管理工廠生產線的人可能會定期進行小實驗來測試改良的方案，卻發現這個方案行不通，這就是在一致的情境下的智慧型失敗。或者，運作順暢的生產流程可能會因為颱風擾亂了遠方零件供應商而停工，再加上突然爆發流感導致四分之一的員工無法上班，彌補缺料的問題；在家裡，你在烘焙自己最喜歡的餅乾時，可能會因停電而毀掉，這兩種情況都是在一致的情境下發生的複雜型失敗。

　　在華盛頓特區的暴風雪中，佛羅里達航空公司的機師在飛行前檢核表中錯誤地批准了「關閉防除冰裝置」，這證明了在多變的情境下很容易發生基本型失敗。研究人員弗西安排機師團隊在飛行模擬機上，面對刻意多變的環境，並挑戰他們在突發故障後安全著陸，這種智慧型失敗有助於提高乘客航空旅行的安全。如果你決定嘗試新的反手握拍方式來打網球，但在經過一段時間後，發現效果變得更糟，那麼在多變的情境中，這也被視為智慧型失敗。

　　最後，應該清楚地指出，雖然不同尋常的情境會催生出智慧型失敗，進而推動改變世界的想法和產品，但在這些情境中，也不乏複雜型失敗和基本型失敗。還記得當海姆斯特拉錯誤地使用移液器時，毀掉了一次實驗嗎？在不同尋常的情境中，無論計畫和假設多麼周到，各種複雜的失敗都可能發生。只要問問那些科學家，當全球疫情導致供應鏈中斷，並讓團隊成員都待在家裡時，他們的研究計畫就陷入了僵局。

　　培養情境意識對於防止不必要的失敗同樣重要，這也可以

圖 6.2
各類失敗型態的樣貌

鼓勵我們在安全的情況下，更加喜歡進行實驗。透過調整你的方法，你可以在任何情境下茁壯成長。一致的情境讓我們有機會享受可靠性，並不斷提高我們經過考驗的技能。在多變的情境中，我們可以透過高度警惕而享有充滿活力的感覺。慶賀「很棒的糾錯」，將僥倖脫險從壞事重新架構為好事，這樣有助於強化我們的意識：事情會出錯，但在真正的傷害發生之前，發現並糾正錯誤的能力才是最重要的。不同尋常的情境，尤其是在風險較低的情況下，提供了深思熟慮的實驗機會，並讓我們從智慧型失敗中汲取教訓。學會在遭遇挫折時，微笑向前邁進。

預期意想不到的事情

伯曼從事航空安全工作已有幾十年。伯曼曾是美國聯合航空公司的機長，他的職業生涯令人印象深刻，包括在美國國家運輸安全委員會（National Transportation Safety Board）進行事故調查，以及在NASA研究分心、干擾和認知錯誤等人類弱點如何影響機組人員的工作表現。伯曼不僅散發出謙遜的特質，還非常明智地提醒人們注意航空旅程中面臨的情境變動。為此，在他帶領的商業航班中，伯曼機長會經常告訴與他新配對的駕駛艙人員，「我從未達成完美的飛行。」這句話告訴我們，伯曼明白，即使是最優秀、最有經驗的機師，也可能面臨意想不到的挑戰，不能指望他們就能做出完美的反應。

在我的研究中，我稱其為「框架聲明」。建構框架是經驗豐富的領導者自然會做的事情，因為他們意識到人們需要幫助來判斷和重新定義情境，以便發揮最大效力。伯曼在2022年5月初與我交談時，回憶起他與每個新團隊相處的最初時刻：

我想打破生疏的僵局，開啟溝通管道。我會先說：「好吧，我從未達成完美的飛行，而且我將再次證明給你們看。」他們會笑，然後我會說：「所以，我需要你們；我希望你們在我做錯事時，大膽說出來，因為這種事肯定會發生。我也會為你們做同樣的事。」他們一定會點頭微笑。

伯曼認為，沒有所謂例行飛行這回事，他希望每位機組成員都能毫無顧忌地快速提出問題或疑慮：

〔其中一個目標〕是邀請他們提問，打開溝通的管道。和另一個目標是認清我會犯錯誤的事實。我從未達成完美的飛行。有時我已經很接近了，但當我在飛行中忘記按下按鈕，而副駕駛提醒我時，我仍然對自己很生氣。我會對自己生氣，因為我追求完美。我當然不會因為副駕駛提醒我而生氣！

伯曼的評論中最讓我印象深刻的是，他對自己工作情境的敏銳理解：一個有相當程度不確定性、風險也高的多變情境。在這種情境下，完美主義和自我都會成為危險因素。他解釋說：「有足夠的變化、足夠的干擾、足夠的疲勞、足夠的自滿，所有這些情況都會導致錯誤。錯誤是會發生的，我會犯錯誤，我需要全體機組人員的參與。這就是我對他們說這些話的原因。」

幾乎所有領域的專家都會習慣性地考慮情境因素，而其他人則必須提醒自己做到這一點。練習狀態意識就是了解你現在的處境，這樣你就可以針對情境和利害關係採取正確的心態。也許你可以回想一下在工作中的某個時刻，你因為擔心自己能否在某個職位或某個專案上取得成功而焦慮不安。我知道我可以。在我寫這本書的過程中，這種情況就發生了很多次！狀態意識可以讓你評估自己的處境，並採取適當的行動，有時可以減少無益的焦慮，有時可以降低風險。這就是要養成暫停和檢查的習慣，無論是在當下的反應，還是在計畫某個專案或活動時，都要透過問自己兩個基本問題：我在情境的光譜中處於什麼位置？什麼事情關係重大？

在評估不確定性和風險時，你可能會問自己：「這是我以前做過的事情嗎？我可以利用專家或指南來增加成功的機會嗎？」例如，任何新書專案開始的時候都存在著不確定性：如何安排書的結構、是否有人願意讀這本書都是完全未知的。但在寫作過程中，風險很低。我寫出來的內容，如果出錯或不能清楚地表達我的想法，都可以反復修改，直到變更好為止。修改不需要花費成本，而且在我準備好之前，也無須讓其他人看到我的作品。我可以把這種情境歸納為與圖6.1右下角的內容一致，即可以「盡情嘗試和學習」。

更普遍的情況是，狀態意識可以幫助我們在安全的情況下更加放心地嘗試，並幫助我們在必要時保持謹慎，以防止不必要的失敗。

第七章

建立系統思維與設計策略

糟糕的系統總是會打垮好人。[1]
—— 愛德華·戴明（W. Edwards Deming）

席佛（Spencer Silver）試圖開發一種強度足以用於飛機製造的黏著劑。時間：1968 年；地點：明尼亞波利斯附近的 3M 中央研究實驗室。[2]有一天，席佛在實驗中使用了超過推薦量的化學反應劑，結果驚訝地發現他創造出一種薄薄、鬆散的物質，可以輕鬆地黏附到物體表面後，又輕鬆地移除。但這種奇怪的不合適物質強度不足以把破損的玩具黏合起來，更不用說承受金屬飛機飛行中的極端條件，他顯然沒有完成被指派的研究任務。最有可能的是，這種黏著劑注定只能放在實驗室的架上，當作珍奇物品來看待。[3]

你可能已經知道，席佛的實驗室「失敗」將成為價值數十億美元的商業成功故事開端，也就是便利貼的故事。但你可能不知道，3M 公司在多大程度上建立了一個能大幅增加創新成功機率的系統。

一個失敗的飛機黏著劑最終變成了一個廣受歡迎的產品，如果沒有堅持不懈和偶然合作的特殊結合，這個發明很容易被完全錯過，因此，這趟歷程替系統的本質，提供了有用的啟示。除了3M這樣的組織系統之外，我們所有人在日常生活中都是在系統中運作的──家庭系統、生態系統和學校系統等等。這使得系統意識，尤其是理解系統如何產生不必要的失敗，成為好好從失敗中學習成長的科學中的一項關鍵技能。

系統的結果與其說是由其各個部分決定的，不如說是由各個部分之間的互相關係來決定的。這個簡單但強大的想法可以幫助你分析和設計生活中的各種系統，從而獲得更好的結果。在本章後面，我將回到3M公司如何設計一個系統來產生正確的犯錯，從而催生出無數的創新產品。但首先，讓我們仔細想想，什麼是系統思維。

系統與綜效

「系統」一詞源自希臘語，意思是「放在一起」，指一組要素（或部分）組合在一起形成一個有意義的整體，即一個可識別的實體，無論是家庭、公司、汽車，還是棒球隊。系統具有**綜效**（synergy）：整體大於部分的總和。換句話說，整體的行為不能透過單獨研究部分的行為來預測。只有考慮到各部分之間的關係，才能解釋系統的行為。系統有人造系統，也有自然系統。在每種情況下，要素之間的互相關聯是最重要的。

試想一下，石墨（鉛筆中的柔軟灰色物質）和鑽石（訂婚戒指中常見的閃閃發光的寶石）之間的顯著差異。雖然我們知道它們是截然不同的物質，但兩者都完全是由碳原子組成，區別在於碳原子之間的幾何關係。[4]在鑽石中，原子排列成三角形的矩陣結構，形成一種穩定、堅固的材料。而在石墨中，碳原子成六角形排列，在平面上可以移動，也是石墨柔軟的原因。繼石墨、金剛石之後，直到1985年，人們才發現第三種純碳組成的固體——巴克明斯特富勒烯（Buckminsterfullerene）。科學家們打趣地將這種新的原子組成形式，稱為「巴克球」（buckyball），60個碳原子連接在一起，每個碳原子都有兩個原子相鄰，形成一個類似於足球的幾何球體。這一發現為科學家科樂（Robert Curl）、克羅托（Harold Kroto）和斯莫利（Richard Smalley）贏得了1996年的諾貝爾獎，並催生了一些用於醫學、電子，甚至塗料的創新材料。[5]同樣，巴克球的特性是由各部分之間的關係，而非各部分本身來解釋的。

我早期職業生涯中曾擔任富勒的首席工程師，當時我得到一些晦澀的見解，讓我對系統產生了深刻的認識。富勒很快指出，大多數人所受的教育並沒有讓他們做好了解系統的準備。他認為，不斷增長的專業化會威脅到我們理解系統運作方式的能力。此外，在學校裡，我們學會將問題拆解成多個部分，這使得我們能夠集中注意力，在許多知識領域取得進步，但卻讓我們看不到更大的模式和關係。傳統的管理系統同樣將工作拆解成多個部分，抑制了協作和創新，而有利於可靠性和效率。

正如我們在第四章中看到的，具有複雜的交互作用和緊密耦合的系統很容易出現失敗。透過花時間考慮系統運作的方式，就可以避免許多複雜型失敗。首先，要了解系統各要素之間的相互關係，以及這些關係會造成哪些漏洞。每當我們說事故「遲早會發生」時，我們直覺地認為系統很容易發生故障。正如第四章所述，複雜型失敗有多種原因；但我們往往只尋找單一原因或罪魁禍首。養成習慣，尋找系統中各要素之間關係，可以讓我們預測和防止各種失敗和故障，同樣重要的是，還可以讓我們從確實會發生的失敗中學到更多東西。如果當初退後一步思考系統，許多失敗都是可以預見的。

比如，你12歲的兒子除了已經加入的鎮上的棒球隊之外，還想加入旅行棒球隊到處參賽。聽起來很有趣，更何況還有機會發展他的球技，更投入他喜歡的運動。很容易就答應他這麼做，對吧？等等！首先，讓我們暫停一下，考慮這個決定會如何影響你兒子生活的其他部分、兄弟姊妹的生活，以及你們家庭的其他活動。用於棒球練習的額外時間一定會犧牲其他事情，也許會減少做功課的時間，從長遠來看，這可能會影響學習習慣或學業成績。每週有幾天晚上會安排比賽，這需要家長開車，並影響到家庭聚餐的時間。參加球隊也需要花錢，也許會使你的資金無法用於其他方面。你的其他孩子想參加的活動怎麼辦呢？今天簡單的一句「可以」，會給其他人和未來帶來多重後果。家庭系統某一成員某一時刻的決定往往會影響其他成員和日後的時間，重點並不是要盲目地拒絕家庭活動有任何改變，而是要診斷出最重要的相互關係，以便深思熟慮地答應，或不答應。你要做的就是從簡單的詢問來獲益：（一）「有誰和什麼事會受此影響？」；（二）

「如果現在這樣做的後果是什麼？」

　　一旦你開始明白系統——看到各個部分之間的聯繫——你就可以開始尋找方法來改變你生活或組織中最重要的系統，以減少不必要的失敗，促進更大的創新、效率、安全或其他有價值的結果。回想一下《Rust》片場鬆懈的槍支安全；如果系統設計得更好，反複檢查，防止真槍實彈進入影片中虛構的打鬥，悲劇原本可以避免。

　　系統意識也有助於讓你對工作或個人生活中出現的一些問題不會感到那麼糟糕。當你開始更清楚地明白系統時，你就會更理解，對於大多數失敗並非完全由你負責。你可以覺得要對自己在其中**促成的部份**負責，並下定決心下次做得更好，但也不至於因為妄想問題完全歸咎於自己，而痛苦不堪。

　　系統設計不僅僅是為了防止失敗。同樣重要的是，我們有機會深思熟慮地設計系統，以實現特定目標。例如，在本章後面，我們將了解3M公司是如何設計一個系統來**促進**創新的，而不是簡單地宣布創新為目標，就希望能有更多的創新。本章不會對系統思維、系統動態學、生態系統、家庭系統或組織系統等整個領域進行全面闡述。[6]相反的，我希望提供足夠的技術解釋，來闡明系統意識在失敗科學中的作用。退後一步，從更廣闊的視角來看待你在意的事情是如何成為一個更大系統的一部分，這種能力是可以透過練習來學習。但首先，讓我們看一下世界各地商學院使用的經典練習，該練習向人們介紹系統令人驚訝的動態情形，從而使他們成為更好的系統思維者。

體驗系統

　　教室裡爆發出一陣陣沮喪的哀號聲。二十個團隊，每個團隊有四名哈佛商學院學生，在一張長桌旁排成一排，正在參加一項名為「啤酒遊戲」的經典課堂練習，[7]有些人因為自己出乎意料的失敗而大笑。雖然沒有真正喝到啤酒，但這個遊戲是由麻省理工學院教授福瑞斯特（Jay Forrester）早在1960年代開發出來，一直是管理教育中的熱門活動。早在1980年代末，我就開始教蘋果電腦的經理們這個遊戲，並在十年後又把這個活動帶進哈佛商學院一年級的課程中。模擬遊戲最初是用筆、紙、印花桌布和撲克籌碼來玩的，目的是教你觀察系統，幫助你將視野擴展到你自動關注到的部分之外，從而了解各部分之間的關係可能會產生意想不到的結果。

　　每個團隊包括四個學生角色，各代表啤酒供應鏈中的一個參與者：工廠、經銷商、批發商和零售商。零售商向批發商訂購啤酒，批發商向經銷商訂購啤酒，經銷商向工廠訂購啤酒。扮演零售商的學生坐在一堆卡片旁邊，他們每「週」（即模擬中的每一輪）都會翻開卡片，顯示「顧客」想要購買多少啤酒。在「五十週」模擬的每一輪中，所有學生都在試算表中記錄他們的庫存和訂單，以及相關的財務成本，以此來追蹤他們的表現。團隊中的四名隊員不會互相交流（除了訂購和送貨時），但他們可以看到彼此的庫存。全部隊員的總分就是最終的團隊得分。在模擬過程中，學生必須做出的唯一決定是每輪訂購多少啤酒。

其他任務都不涉及決策，學生扮演批發商、經銷商和工廠，查看來自下游客戶的訂單，並填寫所需的啤酒箱，向供應鏈發出訂單。發出訂單後，需要三週時間才能收到貨品。如果庫存不足，供應商就會把所擁有的存貨發出去，並在庫存紀錄中記錄差額（稱為缺貨）。每箱啤酒的庫存成本為每週50美分，而缺貨的成本是兩倍，即每箱啤酒每週1美元。當企業無法向準備立即付款的客戶提供產品時，這種成本結構模擬了此時對企業造成的負面影響，通常會讓客戶轉向其他地方訂購。大多數公司寧願多付一點額外庫存的成本，也不願失去銷售機會。因此，遊戲中的誘因機制是合理的。一旦你收到供應商的最新出貨後，你可以隨後將缺貨的貨品運送給客戶。

那麼，挫折感從何而來？

遊戲進行了幾輪後，每個人都面臨著下游客戶訂購模式的劇烈波動，先是庫存過少，後來過多，最後又過少，訂單和庫存形成了恰好的「正弦曲線」。在模擬的初期，訂單量似乎急劇增加。學生們想，也許這是國定假日的緣故，週末的啤酒會喝得特別多。銷售損失讓他們措手不及，於是他們決定下週訂購更多的啤酒，直到啤酒終於到貨！不幸的是，很快他們的存貨就多得賣不出去了，學生們因試算表上不斷增加的成本而唉聲嘆氣。

營運管理學者稱這為「長鞭效應」（bullwhip effect），由於系統的設計導致需求遭受巨大的扭曲。[8]與零售商的關係愈遠，扭曲情形就愈嚴重。工廠的波動最大，因為它們在供應鏈中距離零售商三個層級，而零售商的波動相對較小，但仍然超出了必要的波動。隨著模擬的進行，學生們不斷抱怨（並大笑）他們損失了多少錢。

這些昂貴的庫存失敗從何而來？簡而言之，它們來自於系統。個人都會做出他們認為合理的決定，周而復始，盡量降低成本。到目前為止一切還不錯，但是，當這些個人、局部的理性決策結合在一起時，就會在遊戲的供應鏈中造成浪費的成本超支。在現實生活中，這些波動會對人們的生活造成嚴重破壞，常常導致裁員，甚至公司破產。

啤酒遊戲構成了一個非常簡單的系統，最初是由福瑞斯特發明，後來聖吉（Peter Senge）在1990年出版的開創性著作《第五項修練》中描述了這個遊戲，並使之廣為流傳。[9]它呈現了一個只有四個實體的供應鏈，透過簡單的買賣關係連接起來。現實生活中的供應鏈可能包括每個工廠的幾家經銷商、數十家批發商，以及數百、至數千家零售商，從而建立了更加複雜的系統，能夠產生更大的扭曲，正如全球新冠肺炎所證明的那樣。此外，遊戲中的每個玩家每「週」只做出一個決定：訂購的數量。儘管很單純，也許正因為如此，我們還是有可能看到他們各自的理性決定是如何以十分有趣的方式結合起來，產生不令人樂見的動態效果。

啤酒遊戲中的三個特定功能結合起來造成了系統失靈。首先，簡單的成本結構有利於庫存而不是缺貨，鼓勵學生訂購緩衝庫存，即訂購量略高於客戶前一週的要求。其次，從下訂單到從供應商處收到訂單之間的延遲，會誘使那些不耐煩地等待所需庫存的玩家在下週下更大的訂單。第三，在模擬的第四週，零售商客戶的訂單一度增加，這帶來一個小小的衝擊，引發了對缺貨的焦慮，從而進一步鼓勵超額訂購。

　　但系統失敗的真正原因是，人們試圖優化系統中自己的部分，而沒有退後一步考慮自己的行為對他人的影響。儘管學生知道他們的表現將被計算為團隊得分，但他們在參加遊戲時有一個強烈的假設：如果每個人都優化自己的表現，團隊就會取得好成績。唉，這是錯誤的邏輯。每個人的行為都會影響系統中的其他人：當有人的訂購超過某個角色的庫存量時，該角色就面臨昂貴的缺貨問題。只有極少數學生會退後一步，思考大額訂單對供應商的成本影響，畢竟供應商也是團隊成員，儘管這些成本很容易計算出來。當我向你訂購的數量多於你的庫存時，我就會給你的業務帶來昂貴的問題，而且因為你是我團隊的一員，你的成本會影響我們團隊的表現。但是，要我們從自己狹隘的角度退後一步，去想想我們的行為會如何影響更廣泛的體系，進而影響我們自己，這並不是我們大多數人天生就會做的事情。

　　每當我在教啤酒遊戲時，我都會要求學生在任務檢討報告中解釋失敗的原因，他們覺得是為什麼最終會出現如此龐大的成本超支？他們迅速回答說，有瘋狂的顧客從零售商購買啤酒時訂了太多的啤酒，然後突然停止訂購一段時間，最後又回來重新訂購。學生們把責任完全歸咎於那副包含零售客戶訂單的撲克牌。然後我透露，零售客戶的訂單基本持平；在第四週略有上升之後，那個無聊的顧客每週都訂購了相同數量的啤酒，學生們聽了都驚呆了。在訂單的高峰期，模擬中的有些工廠產量是零售客戶訂購量的十倍以上，是學生們自己的決定造成了代價高昂的失敗。

此時，我已經吸引了他們的注意力。

啤酒遊戲這樣的模擬遊戲很有威力，因為它們給了我們一個機會，讓我們因自己的假設而導致的意外失敗感到驚訝。這種模擬遊戲就像是個小型世界，讓我們看見原本看不見的模式。在我多年的教學生涯中，我只有一次見過一個團隊自動地通過實踐系統思維，將成本降到最低。當被問及為什麼她的團隊表現如此出色時，學生說：「我可以看到我的團隊成員無法提供我想要的數量，而積壓的訂單會讓我們虧錢。」這並不是什麼高深的科學！但還是很少有人能以這樣思維來做決策。當我們的假設不能反映系統的關係和動態時，我們就有可能遇到可預防的失敗。

供應鏈特別容易受到系統失靈的影響，正如我們在COVID-19疫情期間所經歷的那樣，當時世界一個地區的工廠關閉和運輸延誤會影響在另一地區人們可以購買的東西。如果更多的公司根據系統中其他參與者的能力來做出決策，那麼造成的干擾可能會少得多。啤酒遊戲在課堂上生動地展示了追求系統中某一部分的最佳表現，而沒有考慮該部分與其他部分的目標聯繫起來的成本。一旦學生們發現是他們自己的心智模式——而不是假定的顧客瘋狂訂貨模式——導致了他們表現不佳，他們就會變得專注和警覺。他們開始思考：「還有在哪些情況下，我會把失敗歸咎於他人，或我無法控制的情況？」

系統思維

第三章討論過的時間折現，是指我們傾向於淡化未來事件的規模和重要性。除此之外，我們往往會忘了要暫停一下，考慮我們的決定和行動可能帶來的意外後果，這就很容易讓我們認清一些問題的根源，諸如你不想要的體重增加，到氣候變化等等各種問題。系統思維並不是萬靈丹，光是學習系統思維並不能神奇地解決因缺乏系統思維而產生的問題。但透過反覆練習，就能改變你的思維習慣，從而在你的生活中建立系統意識。

練習系統思維，首先要**有意識地擴大你的視角**，從自然地偏向急功近利，擴展到深謀遠慮。

以下兩個簡單的問題會有所幫助：

一、這項決定或行動還會影響到哪些人和哪些事？

二、這項決定或行動將來可能會造成哪些額外後果？

我們大多數人都知道要小心暫時的解方——用治標不治本的方式，但不能解決根本問題——但我們仍然經常忍不住走捷徑，忽略或未能聯想到問題會再次出現，甚至使情況惡化的環節。我們很容易陷入聖吉所謂「飲鴆止渴」的陷阱。[10] 這個經典的**系統動態**描述一種短期解決方案，但最終卻加劇原本要解決的問題。

我們的心智模式要負部分的責任。心智模式是一種認知示意圖，捕捉你對外界事物運作方式的直覺概念。它強大的力量來自於我們看它為理所當然的：你不會有意識地去注意你的心智模式，但它們是你理解事物運作方式的基礎，從而以很大程度上以無形的方式影響著你的反應。最重要的是，心智模式涵蓋對於因果關係的信念。這既不是好事也不是壞事，只是描述了大腦的運作方式。心智模式對於幫助我們理解周圍複雜混亂的世界非常寶貴，這樣我們就可以在面對複雜的事情時，不會因為無法做出簡單的決定，而不知所措。但我們的默認心智模式通常不包括系統效應，直到我們學會暫停，並挑戰我們的一些自動思維方式。

我們往往把因果關係視為在特定時間範圍和局部背景下單向的運作：X導致Y。我同意讓兒子加入旅行棒球隊的請求會讓他很高興，事情就結束了。我們沒有注意到預期的結果（Y）是如何成為其他事情（Z）的原因。例如，用酒精舒緩工作壓力可以緩解當下的焦慮，但如果過度飲用，可能會產生酒精依賴，長期下來，會使工作和生活情況惡化，進一步增加對酒精的依賴和壓力。

想想在你的經歷中失敗的解決辦法，包括是在工作中還是在生活的其他方面。為了解決工作量過重的問題，你把本週安排的會議延到下週。到了下週，你的工作量並沒有得到任何改善，而延後的會議現在反而讓你面臨比以前更大的問題。你該怎麼辦呢？好的開始是：替計畫認真評估系統的能力（你的能力），優先考慮最重要的事情，並拒絕其他事情。否則，你只是在一直拖延棘手的問題。修補會失敗，是因為症狀需要回應，往往情況緊急，引發的解決方案雖在短期內緩解了症狀，但長期下來會產生造成問題惡化的後果。

就拿蹣跚學步的孩子來說吧，當你在雜貨店買東西時，他正在發脾氣要糖果。最簡單的解決辦法，尤其是對於疲憊不堪的父母來說，就是直接給孩子糖果。但這只能在短時間內奏效，食糖後的興奮感一旦消退，壞情緒又回來了。更糟糕的是，這種做法開創了獎勵不良行為的先例，增加了孩子今後提出要求的機會。快速解決方法既忽略近期的反饋迴路（今天食糖後的興奮感），也忽視長期的影響（養成的行為問題）。

預測下游的後果

2021年12月假期前夕，57艘貨櫃船閒置在美國最大港口洛杉磯附近的海域，無法卸貨，無法滿足假期購物者的需求，也無法返回指定航線。[11]延誤持續了數週，在接下來的幾個月裡仍然沒有解決方案。誰能忘記2021年初蘇伊士運河貨櫃船擱淺事件？[12]

在全球疫情期間，航運業遭受了超過正常情況應有的複雜型失敗。這些只是疫情引發的短缺造成的外來衝擊，導致原本健康的系統崩潰嗎？系統思維提出了更多的考慮因素。

為了利用規模效率和降低單位運輸成本，貨櫃船在過去幾十年裡變得愈來愈大，以至於到1991年，只有少數港口的面積和水深足以容納它們。你能看到迫在眉睫的瓶頸嗎？除非一切都安排得天衣無縫，否則許多船隻將無法進入港口。由於能夠容納不斷增加的巨輪的港口數量不斷減少，即使是人員配備或日常操作中的微小干擾也會被放大。在疫情期間，犯錯的餘地已經縮小。

正如科技雜誌《連線》（Wired）記者沃特斯（Michael Waters）

寫道：「貨櫃船變得如此之大、速度如此之快，以至於許多港口無法實際容納這些巨輪，這就造成了積壓，直接解釋了為什麼你的節日禮物會晚到。此外，中小型港口還面臨著完全被淘汰的風險。」[13]

該如何修復崩壞的情形？缺乏系統思維的線性思維會立即暗示接下來會發生的事。正如沃特斯的報導，「為了創造足夠的空間來容納數量不斷增加的巨輪，一些港口已經展開了大規模的海洋疏浚工程，[14]但這麼做並不便宜。佛羅里達州最大的港口傑克遜維爾（Jacksonville）花了4.84億美元來加深航道，休斯頓的疏浚工程將耗資接近10億美元。」此類工程耗資龐大，在短期內有效，但大多會一直拖延棘手的問題。會發生這種情況，是因為沒有提出一個簡單的問題：這個決定將來可能會產生什麼結果？

即使是努力做正確事情的熟練專業人士，也會因為容易急功近利，而忽略要深謀遠慮。

不要短視近利

波士頓大學教授塔克（Anita Tucker）和我研究了護士在漫長的醫院輪班中執行數十項任務的情況。塔克詳細記錄了九家醫院這些敬業護理人員的工作情況，並加上時間戳記，她發現護士經常遇到「流程失敗」，幾乎每小時一次。[15]流程失敗是指任何干擾護士完成任務能力的情況，例如床單或藥物的意外供應短缺。護士們非常清楚這些令人沮喪的日常障礙，他們的工作已經夠辛苦的了！護士平均要（無償）多工作四十五分鐘，僅僅是為了在離開醫院之前收拾殘局。

　　我們發現，護士對流程失敗的反應分為兩類。第一類我們稱之為「一階問題解決」（first-order problem-solving），在不解決問題源頭的情況下，採取變通辦法完成任務。例如，一名夜班護士沒有乾淨的床單來更換患者的床鋪，她只是走到另一個有床單的病房，從他們那裡拿走床單，這樣問題就解決了。這種變通方法只要花最少的時間和精力，她在照顧患者時採取主動和機智的做法，但其他病房的床單現在也不夠用了，這也無所謂。從這個例子中，你可以看出，我們只是單單地忽略詢問，「還有誰可能會受到這個舉動的影響？」

　　相比之下，對於7%的流程失敗，第二類的護士所做的是我們所謂的「二階問題解決」。這可能意味著只不過把床單短缺的情況通知主管或負責床單的人員即可。二階問題解決的方法完成了當前任務，並採取措施，來防止問題再次發生。對於為了糖果而發脾氣的幼兒，二階問題解決的方法可能需要一些溫和但堅定的話語來安撫孩子，或用玩具來轉移注意力，同時避免獎勵孩子的不良行為。這也可能意味著要停下來，考慮一下孩子是否該睡午覺了（這可能是孩子發脾氣的原因），並決定以後在小孩午睡後而不是午睡前出門辦事。

　　我們不難理解為什麼忙碌的護士很少進行二階問題解決。但是，這讓他們很容易繼續感到沮喪，因為變通方法並不能降低未來流程失敗的頻率。護士每次輪班花在變通方法上的平均時間（這裡幾分鐘，那裡幾分鐘）加起來大約是半個小時，這對熟練專業人員的時間來說是極大的浪費。與所有的快速解決辦法一樣，護士們的變通辦法創造出有效的假象。遇到問題，採取變通方法，繼續工作，事情就結束了。

但事實並非如此。

當我們把醫院護理作為一個系統進行分析時，我們意識到，變通辦法儘管在短期內有效，但長期下來，實際上會使系統變得更糟。你沒有看錯，依賴變通辦法不僅不能改善系統，反而會使情況變得更糟。為了說明這一點，在圖7.1中，文字和箭頭體現我們稱之為**簡單修復的動態變化**。阻礙任務執行的流程失敗愈多（因素一），一階問題解決（因素二）就會愈多。在這裡，我使用從聖吉那裡學到的診斷系統慣例：系統動態圖中兩個因素之間箭頭上的加號表示一個因素的增加（或減少）會推動另一個因素的增加（或減少）。另一種說法是，這兩個因素朝同一方向移動。相反的，連接箭頭上的減號（以灰色顯示）表示一個因素的增加將導致另一個因素的減少。因此，如圖所示，一階問題解決會減少障礙。聖吉等系統動態學家將這種兩因素、兩關係系統稱為調節迴路（balancing loop）。[16] 乍看之下，這似乎是一個行之有效的系統。

現在讓我們退後一步，用更宏觀的角度來看待這個系統。

重新畫定界限

當你跳脫急功近利的想法時，你就重新畫定了你的決定或行動的界限。在啤酒遊戲中成功的團隊成員必須重新畫定界限，將

圖 7.1

簡單修復的調節迴路，用來連接障礙和解決問題

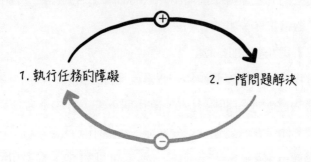

團隊的總成本包括在內，而不是專注於將個人成本降到最低。旅行棒球隊的一個小問題要被視為一系列更大相關問題的一部分，你不是在你的兒子和團隊之間畫定界限，而是刻意將其他家庭成員和未來幾個月，甚至幾年都納入你正在診斷的系統中，你不必（也不可能）把整個宇宙都包括進來。無可否認，相關性的界限涉及個人的主觀判斷。

　　對於那些被障礙和變通辦法折磨得精疲力竭的護士來說，如果我們將圖7.1中的小系統之外的因素也納入其中會怎樣？我們很快就會發現，長期下來會產生更多的動態因素。圖7.2中重新繪製、擴展的醫院系統中還包括八個額外的相關因素，形成了一組相當完整的最相關因素和動態。例如，我們採訪過的許多護士都描述了有一種「英雄感」，因為他們使用變通辦法，確保患者得到應有的照料。無論是沿著大廳，尋找額外的床單，還是去藥房拿取遺漏的藥物，護士們都從克服工作中遇到的許多小障礙中

圖 7.2
擴展簡單系統的界限

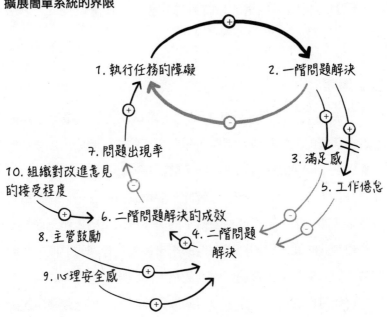

獲得滿足感（因素三）。但這種英雄感削弱了他們進行二階問題解決的動力，正如圖中連接起滿足感與二階問題解決的負箭頭所示（因素四）。

更糟糕的是，長期下來（系統圖中因素之間箭頭上的兩條斜線表示延遲效應），護士投入到變通辦法中的精力和時間會導致工作倦怠（因素五）。這進一步削弱了他們二階問題解決的能力，進而降低了此類努力的成效（因素六），並使流程失敗繼續有增無減（因素七）。透過系統思維，我們發現兩個活動之間表面的平衡是虛假的，[17]在短期內看似穩定，但長期下來（以及在系統的其他部分）情況會變得更糟。

面對這種問題重重的系統動態，護士（或護理長）該怎麼辦？

找到策略

對於為了糖果而發脾氣的幼兒，可以使用一些策略來幫助你進行積極的引導和設定限制，包括規律的午睡時間，以幫助幼兒養成健康、快樂的行為。這些策略存在於教養的更大體系中，而不是在小孩崩潰的那一刻。因此，要做到這一點，首先要重新畫定系統的界限，不僅僅是對當下的問題做出反應，而是退後一步，預測此時此地做出合理決定的未來後果。相同的道理，我們應該如何處理許多人普遍感受到的壓力問題呢？也許你的第一個決定可能是用酒精來放鬆，但透過擴大界限，你可能會發現運動是緩解壓力和增強長期健康的另一個策略。你擴展系統的界限，引入新因素（運動），以阻止因飲鴆止渴而產生損人的動態變化（依賴酒精）。

在圖7.2的左側，有三個因素可以改變侵蝕的動態變化，從而促進二階問題解決，推動系統的改進。主管鼓勵和獎勵護士付出的額外努力（因素八），防止問題再次發生，這是增加二階問題解決、減少流程失敗的一種策略。其次，建立一個心理安全的工作場所（因素九），讓人們暢所欲言地談論問題和解決問題的想法。第三，組織對改進想法的接受程度（因素十）使人們更有可能提出改進意見。

改進系統的策略並不在最初看起來的相關系統之內：障礙和典型的護士反應。透過有意識地重新畫定系統的界限，你可以找出影響你所關心的結果的其他因素。你既要尋找產生不良結果的因素，也要尋找可能有助於改變這些結果的因素。

顯然，要抗拒變通辦法的誘惑是很難的，要逆轉建造大型貨櫃船的觀念更是難上加難。但讓我們對自己一丁點的預期負責（今天，我用更大的船可能對我來說更便宜，但這會限制我可以使用的港口數量，這將增加瓶頸和延誤等等的機會，最終導致金錢損失和客戶失望），迫使我們思考如何更周延地設計系統。例如，正在蓬勃發展的綠色航運運動，[18]旨在透過納入無碳海上航線來減少該行業的溫室氣體排放，就把港口和巨輪納入系統重新設計的一部分。設計系統首先要清楚知道你想要實現的目標。

設計系統

我猜想你和我一樣，至少待過這樣的組織，在那裡的激勵措施鼓勵了適得其反的行為。例如，幾年前，我曾在一家製藥公司工作，他們試圖改善員工之間的團隊合作。主管們充分意識到，只有不同的專家聯手創新，他們的知識密集型業務才能蓬勃發展。領導者真誠地希望讓合作變得更加容易，但該公司的績效考核系統要求經理將員工從最好到最差進行排名，這是多年來從未修改過的合作殺手。

這種脫節現象經常發生。管理做法是由複雜組織系統中某一部分的專家設計的，反映的是他們認為合理的邏輯，而系統中另一部分的意外後果卻會反過來阻礙了精心設計的計畫。假設一家零售公司為了吸引週間的購物者，決定將特別促銷活動從通常繁忙的週五轉移到週三。對總部來說，聽起來是個好主意，對吧？但店長必須將班表「從週五改為週三，迫使員工重新安排的生活，這反過來又會導致缺勤和人員流失。」[19]

我希望能夠宣稱，我多年的學習和研究使我成為一個可靠的系統思維者，而我的家人也因此受益。抱歉的是，我常常陷入短視近利的陷阱。其中一次是當我兒子要求加入旅行棒球隊時，我選擇簡單的「可以」來回覆。我想，當時的動機是（就像往常一樣）讓我的孩子快樂。但讓我們快轉到接下來幾個月的家庭生活：夜復一夜，大部分時間都是看著大兒子坐在長凳上幾個小時，而小兒子則在看台上跑來跑去；我們全家都在抱怨失去家庭聚餐、要長途開車去參加比賽，以及沒有時間做作業。我的兒子非常喜歡棒球，但棒球已經佔據了我們的生活，在家庭系統中扮演了過重的角色。幸運的是，這個系統小崩潰只持續了一個棒球賽季。

系統思維有助於把系統設計得更好。我們可以設計組織系統或家庭時間表，使許多因素都能強化一個關鍵優先事項，例如品質、安全或創新。讓我們來看看每個類別中的一些最佳系統。

有利於創新的系統

如何增加機會，把失敗的黏著劑變成優秀的產品？透過一個旨在把有好奇心，並願意冒險的人聚集在一起的系統；鼓勵和表彰跨越界限；提供資源和閒暇時間；把智慧型失敗視為常態，並頌揚轉折。聲明你希望公司收入（或學校課程或家庭活動）的很大一部分來自不同的新產品、新課程或新體驗。成功的創新並非僅靠孤獨的天才。重要的是，每一個熟悉的創新要素都得到了其他要素的強化，整體超過了其個別部分的累積價值。

　　席佛發明飛機超級黏著劑失敗幾年後，另一位3M公司的研究科學家弗萊（Arthur Fry）在公司所屬的塔爾坦公園（Tartan Park）打高爾夫球。是的，你沒有看錯，3M公司為員工提供了一個高爾夫球場，鼓勵員工互相交流，散個步讓頭腦清醒，以擺脫困境，或單純呼吸新鮮空氣，這座高爾夫球場是3M系統中的一個要素。弗萊總是對其他人的工作感到好奇，並渴望幫助開發新產品，他持續關注整個組織的動態，這讓他不斷回到塔爾坦公園。他喜歡在外面散步，並偶遇其他同事。有一天，他來到第二洞，隨意打聽了幾句。

　　「嗯，我們有一個叫席佛的人，」弗萊在高爾夫球場上的同事說道。這位同事隨後描述了席佛的奇怪黏稠物質。如果沒有3M公司創新體系的另一個要素：技術論壇，事情可能就到此為止了。[20] 這是一個系列講座，鼓勵人們分享在公司內部發現的想法和發明。弗萊特地參加了席佛在論壇上的演講，並聽他描述了在留言板上塗抹黏著劑但失敗的實驗。[21] 儘管當時席佛已經被分配到其他專案，但他仍然堅信自己發現的「丙烯酸酯共聚物微球」具有潛力；他甚至為此申請了專利。他經常向同事宣傳這種材料，這為他贏得了「執著先生」的綽號。[22]

席佛和弗萊都是運用失敗的精英，他們樂於以嚴謹又有趣的方式進行探索。雖然他們都是優秀的科學家，但我們不能低估一個旨在產生創新的系統的重要性，這個系統還包含什麼？

在一個企業重視效率的時代，3M公司系統中最發人深省的要素之一就是，允許工程師把15%的帶薪時間用於追求可能會失敗的瘋狂想法。[23]這項政策後來被Google和IDEO等矽谷公司採用，反映出這樣一種體認，即付錢給科學家做實驗會導致大量的失敗，同時也會偶爾獲得利潤豐厚的成功。只要有耐心，這樣的經濟策略是可行的。也就是說，只要你把系統的界限擴大到包括公司未來的盈利能力，而不僅僅是現在。

在弗萊遇到席佛時，3M公司最成功的產品是膠帶：透明膠帶、反光膠帶、錄製電視節目的磁帶、雙面膠帶，以及公司的最新熱門產品：隱形膠帶。

也許正因為如此，1974年的一個週日早上，在明尼蘇達州聖保羅的一座長老會教堂裡，當弗萊慌亂地翻找詩歌本的正確頁碼時，他想起了席佛不合適的黏著劑。每週三晚上，在唱詩班排練期間，弗萊經常把小紙片放進詩歌本裡，標記唱詩班在敬拜時要唱的歌。到了週日，當他打開詩歌本時，這些小紙片經常會掉落出來，這讓弗萊很困擾。[24]這個週日，弗萊靈光乍現。他發現自己希望能有一個更好的書籤，一個可以黏在詩歌本的頁面上而不會撕壞紙張的書籤，也許席佛的黏著劑可以解決這個問題。[25]弗萊開始考慮把有黏性的紙做成便條使用。第二天上班時，弗萊購買了這種微球樣品，並開始實驗。他的同事們並不看好這個想

法，他決定在自家地下室架設車間，花了幾個月的時間製造了一
台機器來生產具黏性的便條紙。[26]

　　多年後，年近八十的弗萊強調，3M公司在接下來的六年裡
開發出今天隨處可見的便利貼「並非偶然」。[27]相反的，它是一
系列智慧型失敗的結果，並得到了公司系統給予的支持，鼓勵員
工堅持以帶來創新。讓我們看一下必須克服的幾個障礙。首先，
弗萊面臨著技術障礙，為了與同事和主管分享產品原型，他要讓
微球達到一定的稠度，使其能夠塗抹在紙條下緣狹窄的一側上。
然而，即使這樣的成功也值得懷疑。從務實的角度來說，有多少
人願意購買書籤，無論它的應用有多麼巧妙？

　　據弗萊所述，他的「靈光乍現、拍案叫絕的時刻」[28]發生在
他將一份報告送給主管的過程，他在報告正面用書籤寫了註記，
而主管在書籤同一張紙上寫了回覆。對於更多人來說，一張可以
重新貼置的便條比起一個黏性書籤，有著更多用途！

　　顯然，弗萊的概念說服了3M公司的高層，隨後同意生產少
量的黏性便條。然而，這充滿希望的進展很快就變成了挫折：
新產品隨後在幾個城市進行了市場測試，並沒有引起消費者的
興趣。但弗萊認為，當時名為「易貼易撕便條紙」（Press 'n Peel
Note）的新產品首次銷售失敗並不代表明確的結論。他決定進行
新的實驗，向不同的人群（即3M公司的同仁）進行行銷。弗萊
在辦公室裡分發一本便利貼給朋友和同事，一次發一本。他囑咐
人們，在需要時，再回來找他拿新的。重要的是，他仔細記錄了
每個人使用的便利貼數量。他收集的數據很有說服力：每人每年

最多使用20本，因為大廳裡托盤上的便利貼很快就被一掃而空了！在公司內部進行了更多的可用性測試後，3M最終被說服，並在1980年發起了一場聲勢浩大的行銷活動。[29]之後所發生的事，就眾所皆知了。

有利於品質的系統

在設計減少基本型故障和促進持續改進的系統方面，沒有一家公司可以與豐田汽車相媲美。豐田將其經過數十年試驗而形成的方法稱為「豐田生產**系統**」（Toyota Production System，簡稱TPS），這並非偶然。製造專家一致認為，這個系統創造的價值遠遠超過其各個部分的總和。

讓我們從安燈繩開始，當工廠工人懷疑車輛存在潛在錯誤時，他們會被鼓勵可以拉動安燈繩。這是TPS中最著名的要素，這是有道理的：它的象徵意義（我們希望聽到你的意見，我們特別喜歡聽到問題，這樣我們就能把事情做得更好）體現了系統的核心精神，在錯誤干擾流程中的其他步驟之前，渴望阻止任何錯誤的發生，同時也顯示出對系統效應的直覺理解。如果不加以糾正，一個小錯誤很容易導致接下來釀成大錯。安燈繩的起源可以追溯到豐田佐吉在十九世紀的織布機，被設計成在斷線時能夠安全停止。

TPS的另一個關鍵要素，是盡可能消除「無馱」（muda，日文，意即「浪費」），過多的庫存是一種浪費（回想一下啤酒遊戲吧！），所以**及時**（just-in-time，簡稱JIT）生產（僅在客戶需要時生產所需的產品）是該系統的關鍵要素。JIT還對安燈繩進行了補充。這兩個要素共同運作，確保缺陷被發現和解決，而不是堆積在半成品庫存中。這兩個要素都將學習融入到系統中，以實現持續「改善」（kaizen，日文，意即「改進」）。

關於豐田的文章和書籍不計其數，本章不打算闡述這一卓越生產系統的複雜性及其運作原理。但我以前的學生史皮爾（Steven Spear）和哈佛大學的同事鮑文（Kent Bowen）總結了這個系統，對我來說，他們將這個系統不同的部分聯繫在一起，並解釋了它的力量：

> ……關鍵是要明白，豐田生產系統創造了一個**科學家群體**。每當豐田制定規格時，都是在建立一系列假設，然後再對這些假設進行測試。換句話說，它遵循的是科學方法。若要做出任何改變，豐田都會採用嚴格的問題解決流程，要求對現狀進行詳細評估，並制定改進計畫，這實際上是對擬議改變的實驗測試。如果沒有這種嚴謹的科學態度，豐田的變革就只不過是隨機的試驗和錯誤——盲目地在生活中摸索前行。[30]

建立「科學家群體」？在工廠裡？當然可以。TPS以及3M和IDEO為創新而設計的系統的共同點是，它們都建立了科學家群體。幫助你像科學家一樣思考——好奇、謙虛、願意檢驗假設而不是假設它是正確的，這就是將科學家聯繫在一起的原因。豐田和3M之間的一個關鍵區別在於實驗的寬容範圍。豐田的科學家群體致力於完善生產系統，以消除不必要的相似版本，並確保完美的品質；實驗的範圍大多僅限於那些改進現有流程的實驗。相比之下，在3M公司，科學家們被邀請天馬行空、跳出框框思考，想像出尚未出現的有用產品。但在這兩個系統中，心理安全感都發揮了重要的作用。

想想懷斯曼（James Wiseman）向美國商業月刊知名財經雜誌《快速企業》（Fast Company）記者說的那則故事。[31]懷斯曼於1989年加入肯塔基州喬治城（Georgetown）的豐田公司，負責管理整個肯塔基州的公共事務計畫，他曾經在其他製造商擔任過經理，因此累積了豐富的經驗。他之前的工作經歷讓他對在豐田的情況感到驚訝。後來成為豐田全球董事長的張富士夫（Fujio Cho）曾是喬治城工廠的經理。一個週五，在一次資深員工會議上，懷斯曼的一次經歷永遠改變了他對豐田運作方式的理解。

懷斯曼在會議期間發言，正如他所說，他一直在「報告自己的一些小成就」。他繼續說道：「我報告了我們要進行的一項活動……我對此表達了非常樂觀的態度，我還吹噓了一下。」到目前為止，沒有什麼特別之處。在老闆面前吹牛（或至少以盡可能正面地呈現自己的工作）是完全正常的工作場所行為，我們都這麼做過了！

但故事在這裡發生了不尋常的轉折，懷斯曼繼續說道：「兩三分鐘後，我坐下了來。張先生看著我，我看得出來他很困惑。他說：『吉姆桑，我們都知道你是一位好經理，否則我們不會僱用你。但請告訴我們你的問題，這樣我們才可以一起解決。」[32]

懷斯曼稱這是「閃電」時刻，[33]他突然意識到，「即使一個專案整體上取得了成功，〔豐田的人〕也會問，『有什麼不順利的地方，這樣我們可以做得更好？』」請注意他話語中隱含的成長心態，讓人想起杜維克帶來深遠影響的研究。

懷斯曼那天注意到的事情可以被視為 TPS 的一個重要要素：解決問題是一項團隊合作，這在豐田是根深蒂固的信念，失敗是改進的機會。人們期望稱職的專業人員能夠成功地執行大部分任務，因此成就並不值得浪費同事的寶貴時間。因此，張先生臉上露出了「困惑」的表情。困惑的原因是，預期的行為（分享你的問題，以便我們可以一起解決）沒有發生，而非預期的行為（吹牛）卻發生了。

我最喜歡這個故事的一點是，在我研究過的 99% 的工作環境中，懷斯曼的吹噓都不會引起人們的注意。我們社會化的習慣是在老闆面前分享成就和好消息，這一點並沒什麼好困惑的！在我看來，TPS 最令人印象深刻的成果是，這個系統將失敗（壞消息、求助和問題）視為常態，建立了一個科學家群體。順便說一句，從失敗中學習成長的本質就是像科學家一樣思考。

一旦你了解了有利於品質和改進的系統的基本要素，就可以輕鬆地將各個方面應用到你的日常生活中。例如，在上學的日子裡，如果要把孩子準時送出家門，就會遇到很多複雜的問題：不願意起床、猶豫要穿什麼衣服、作業放錯地方、對接下來的一天大吵大鬧。這些麻煩事讓早晨充滿壓力，也影響我們無法守時。但這些問題可以透過一些小改變來消除，並建立更好的早晨系統。某一天，你可以試著把鬧鐘提前十分鐘。前一天晚上把衣服擺好，可以減少決定早上穿什麼的時間。你不需要冒險越界──比如乾脆逃學──但你有相當多的機會來測試一些小改進，這些改進可能讓系統運作得更好。關鍵是要關注早晨系統中各個活動部分之間的關係，包括孩子對學校的感覺、吃早餐需要的時間、功課是否完成等等。知道會有這樣的情況，為了避免早上耽誤時間，你可以在前一天晚上因可能出現的家庭作業問題而「拉動安燈繩」，或者準備一些零食來補充早餐沒有好好吃的情況。

如果3M公司提供了一個良好的創新系統，而豐田提供了一個在可預測的環境中確保品質的系統，那麼我們該如何設計一個系統，來預防在多變情境中的基本型和複雜型失敗？現代的三級醫療醫院是尋找答案的好地方，它是多變情境的縮影。

有利於安全的系統

大型現代醫院內的流程幾乎多到無法計算，彼此互相關聯，每天有無數的醫療保健專業人員和患者交涉。這種複雜性和變數互相結合，可能會導致一系列令人眼花繚亂的複雜型失敗。當十歲的馬修被錯誤地注射了可能致命的嗎啡劑量時，至少有七個原因導致了你在第四章中看到的複雜型失敗，其中包括被安排到護士缺乏術後護理經驗的樓層，及難以閱讀的藥物標籤。幸運的是，醫護人員及時糾正了過量用藥，避免了更糟糕的結果。然而，在醫院的情境下，固有的風險使得依靠運氣或英雄主義變得愚蠢。相反的，它有助於設計一個有利於安全的系統，或者換句話說，一個有利於學習的系統。學習的主要重點是避免錯誤的失敗，同時繼續改善對病人的照護。我和塔克研究的護士並非都在這樣的系統中工作。

就在二十多年前，患者安全領域的先驅們就開始試圖找出這樣的系統會是什麼樣子。我研究了其中一位先驅者的研究：莫拉斯（Julianne "Julie" Morath）熱誠地倡導患者安全，她領導了一項建立學習系統的計畫。2001 年 1 月，我第一次見到莫拉斯時，她是明尼蘇達州明尼亞波利斯兒童醫院和診所的營運長，她冷靜、熱情、善於表達，不知疲倦地教育和鼓勵醫院的每個人與她一起追求「100% 的患者安全」。[34] 從那時起，莫拉斯成為患者安全運動中著名的全國領袖，她取得了許多成就，包括撰寫了具有影響力的報告《杜絕傷害》（To Do No Harm）、[35] 幫助醫療保健改善研究所（Institute for Healthcare Improvement）成立國家患者安全基金會利普研究所（Lucian Leape Institute of the National Patient Safety Foundation），[36] 並在當選聯合委員會（Joint Commission）成員後，完成任期。

1999 年，莫拉斯來到兒童醫院，她很快發現她繼承了一種醫院文化，這種文化是按照「舊的ABC醫學模式：指責（Accuse）、責備（Blame）、批評（Criticize）。」[37] 來處理醫療失誤的。為了改變這種文化及其產生的行為，她在醫院營運中引入了幾個新要素，每一個要素本身看起來都很簡單、不多，但結合在一起就形成了令人驚訝的有效學習系統。[38] 例如，她舉辦論壇，介紹有關現代醫院中普遍的醫療失誤的研究——當時估計每年在美國醫院中會導致九萬八千例可預防的死亡。

運用系統思維改變對錯誤的看法

在為改變人們對錯誤的看法所舉行的會議上，莫拉斯提出的一個觀點是：醫療保健就其本質而言，是「一個容易出錯的複雜系統」。[40]她以此教導人們，無論喜歡與否，他們都在一個會出錯的系統中工作。唯一的問題：他們能否迅速說出這些流程的問題，以便在患者受到傷害之前，幫助解決這些問題？莫拉斯以佩羅的觀點，幫助人們理解某些系統本質上是危險的。這一點的核心含義是什麼？**不要認為有人應該受到責備**。當人們將醫療事故視為某人搞砸了的證據時，他們會因為害怕受到指責或羞辱而難以啟齒。莫拉斯向醫院介紹以「系統觀點」看待醫療事故，這樣會更準確地反映了現實。莫拉斯經常舉起一塊瑞士起司海綿解釋說，大多數事故都是由一系列的小流程失敗造成的，而不是某個人的錯誤造成的。

不出所料，一開始，兒童醫院的敬業醫護人員會抗拒這個觀點，他們根本不相信他們的醫院存在安全問題。也許他們當中許多人都曾私下經歷過安全事故，但卻因羞愧而感到孤獨無助，之前沒有人公開談論過這些失誤。

依靠提問

因此莫拉斯面臨著一個挑戰：如何幫助人們看到，並接受醫院的失敗？她並沒有重複她的邏輯——**你在一個容易出錯的複雜系統中工作，難道你不知道嗎？事情會出問題的！**——她反而邀請臨床醫生反思一週以來與患者相處的經歷,然後提問,「一切都像你所希望的那樣安全嗎?」[41]她這個充滿抱負的問題打開了人們的話匣子。大多數人都經歷過莫拉斯所說的「醫療狀況不盡如人意的情況」,[42]一旦他們反思了自己注意到的許多問題,他們就迫不及待地談論發生了什麼事,以及如何改進。

莫拉斯成立了患者安全指導委員會(Patient Safety Steering Committee)來幫助領導這個計畫。[43]患者安全指導委員會是她建立的系統中的一個關鍵要素,這是一個跨職能、多層次的團隊,以確保能夠聽取醫院各個部門的意見。另一個新要素是一項旨在讓人們更容易說出錯誤的政策,稱為「無責舉報」。回想一下第三章,在許多重視安全的公司和家庭中都有類似的政策。新政策帶來了新的工具和流程,使各級員工能夠以保密的方式溝通,而不必擔心受到懲罰。就像在航空業一樣,這不僅讓人們有發言權,還讓醫院能夠收集有關系統的弱點和可能出現問題之處的資料。另外,在事故報告中,使用敘述格式可以陳述多種原因而非單一原因。

新用語

患者安全系統的另一個要素是莫拉斯所說的「工作用語」(Words to Work By)[44]這是一份建議詞彙名冊,旨在幫助人們轉變心態,從指責轉向學習。莫拉斯用「研究」等聽起來中性的詞語,取代了「調查」等更具威脅性的詞語,因為後者會讓人處於防衛狀態。另一個新要素則是引入「焦點事件研究」(Focused

Event Studies），即在事故發生後不久，召集小組來查明事故的所有原因。這些會議的成果往往有助於改進流程，防止類似錯誤的發生，簡而言之，是一種二階問題解決的工具！深入研究這些會議的成功之處，你會發現一套明確的規範和基本規則，可以促進坦誠並確保機密性。接受過心理安全感培訓的協調者會仔細注意非語言線索，這些線索可能指出有人在表達不同意見時感到不自在或猶豫不決。重點事件研究還包括記錄研究結果，以便在整個組織內匿名共用所學知識。

綜效

顯然，簡單地列出這些要素並不能立即傳達出它們共同發揮作用所產生的力量。「工作用語」強化了舉報錯誤的意願，而這種意願是由「無責舉報」所促成的。教育人員錯誤會很常見的，這樣的宣導與醫療事故的系統觀點相結合，以消除羞恥和自責等等負面影響，因為整體超過了其個別部分的累積價值。但是，當你所設計的學習系統開始自行產生可以支援的新要素時，你就知道它正在發揮作用。兒童醫院就是這樣的。

第一線護士提出並實施了患者安全系統的另外兩個要素：「安全行動小組」（Safety Action Team）和「成功糾錯日誌」（Good Catch Log）。[45]安全行動小組是由護士自行組織的小組，他們會在各自的臨床區域內確定並減少潛在的危險，這確實是二階問題解決。「成功糾錯日誌」是一種表揚險些犯錯的方式：透過記錄成功糾錯，護士發現了更多改進流程的機會。

　　如同3M公司的系統以鼓勵產品創新的方式，支持員工的智慧型失敗；豐田的系統將品質改進視為第二天性；同樣的，明尼蘇達州兒童醫院建立了一個強大的學習系統，使每個人都積極參與患者的安全。莫拉斯的方法提醒我們，系統設計不僅僅是進入一個組織，像切換一個開關般那麼簡單，而是需要切換多個開關，並了解這些開關在系統中的運作模式。

　　如今，當我講授羅伯托、塔克和我在2001年撰寫的莫拉斯案例研究時，我驚訝發現學生們，不管是主管和MBA學生，他們一開始都很難理解系統就整體而言是如何運作的，他們往往列出各個部分，並逐一診斷它們的好壞，只見樹木不見森林。但是，就像在啤酒遊戲中一樣，當學生突然頓悟時，也就是他們瞥見總和大於個別的部分，這種領悟是令人興奮和威力強大的。

理解系統，更能駕馭失敗

　　在好好從失敗中學習成長的這門科學裡，三大能力中的最後一項是理解系統的動態。在自我覺察和狀態意識之後，就是系統意識。掌握系統意識首先要訓練自己注意整體，而不是像我們自然而然地那樣，只關注局部。這是為了擴大你的注意力，即使是短暫的，也要重新畫定界限，看到更大的整體，以及塑造這個整體的各種關係。

　　我們的教育和工作經驗絕大多數都在教我們如何診斷並成為局部的專家，而忽視了將局部聯繫在一起背後關係的重要性。我們可以學會觀察和理解系統，並利用這些知識來減少可預防的失敗。

　　不要忘記，理解系統可以幫助我們明白，周圍的所有失敗並非完全由我們負責。這並不是為了讓我們擺脫對失敗的責任，而是幫助我們明白自己是更大系統的一部分，其中有複雜的關係，有些關係超出了我們的預測或控制能力。這種見解在現代患者安全運動中發揮了至關重要的作用，特別是幫助人們快速說出出錯的事情，或當他們對某些事情不確定時。系統思維使我們能夠設計出更能實現諸如品質、安全或創新等既定目標。

　　系統思維和系統設計都不是簡單明瞭的技能，系統具有無窮無盡的複雜性，系統的界限總是可以用不同的方式畫定。哪一部分是你感興趣的，這取決於你的判斷，而畫定界限本身就具有創意。例如，當我兒子要求加入旅行棒球隊時，我原本可以重新畫定界限，不僅包括他和他當時的要求，還包括整個家庭和我們接下來的幾個月時間。或者，我原本還可以更進一步，考慮這個決定可能對鎮上的其他男孩，甚至（荒謬地）對他的整個人生的影響，這確實涉及每個人的主觀判斷。重點不是要找出正確的系統界限，而是進行系統思維，幫助你更謹慎地做出決策。這可能看起來很令人苦惱，它沒有正確的答案！但也充滿力量，你可以從中做選擇！你所做的選擇，可以擴大你嘗試和學習的機會。

第八章

犯錯難免，如何成長進步

對我來說，輸掉網球比賽並不是失敗，而是研究。
—— 網球運動員比莉・珍・金（Billie Jean King）

芭貝妮可・彭莎登・凱歌（Barbe-Nicole Ponsardin Clicquot）在27歲時突然喪偶，人們以為她會回歸平靜的育兒和家庭生活，[1]也許她會再婚。1777年，芭貝妮可出生於法國漢斯（Reims），在那個時代，女性不擁有財產，甚至不能決定家庭財務，但由於她的悲劇，她發現自己現在處於一個新的境地。事實證明，寡婦的身分賦予了女性與男性等同的大部分財務自由。寡婦（veuve，法語「寡婦」的意思）可以緬懷亡夫，比如說，在香檳地區的白堊土上經營葡萄酒生意的共同夢想。寡婦可以管理企業、嘗試新想法、失敗，甚至可能成功。

芭貝妮可出生於富裕的家庭，她並不漂亮、風騷或迷人，也不喜歡華服或社交活動。如果當年有IG的話，附近酒莊的照片可能會比她相貌平凡的照片獲得更多的點讚。21歲那年，在父母的安排下，她嫁給了漢斯當地另一個富商家族的後裔弗朗索瓦・凱歌（François Clicquot）。

　　他們是一對很好的搭檔，在接下來的六年裡，他們學習並嘗試進入風險重重的葡萄酒行業。法國東北部的香檳地區當時主要以其靜態白葡萄酒而聞名，但氣泡酒在整個歐洲，尤其是俄國正逐漸流行起來。弗朗索瓦的家族是葡萄酒經銷商，他們擁有一些葡萄園，與他們在銀行和紡織貿易方面的主要業務相輔相成。為了擴展業務，弗朗索瓦多次前往德國和瑞士等地奔波數月，他還是個新手，努力爭取客戶，打入市場。事實證明，香檳酒很難推銷。客戶僅限於相對少數能夠負擔得起奢侈品的貴族，而且來自老牌酒莊的競爭也很激烈，初期的出差推廣令人失望。

　　天氣也變化無常，當弗朗索瓦和芭貝妮可好不容易獲得了一定數量的訂單時，園裡的葡萄藤卻在一連串過度乾燥炎熱的夏季中枯萎了。從葡萄的種植、採摘，到葡萄酒的釀造、裝瓶和運輸，每一步都充滿了失敗的風險。然而，這並沒有阻止凱歌夫婦的腳步，他們意志堅定，可以說他們有勇氣。他們開始走訪當地的葡萄園和小型家族莊園，走進石窖，測量、品嚐和學習。他們找到並聘請了一位值得信賴的業務員博恩（Louis Bohne），他踏上了長達一年的俄國之旅，希望大膽征服新市場，卻發現他們嚴重誤判了。那年夏天，田地過於潮濕泥濘，導致又一次歉收，六年的經營一無所獲。

　　1805年10月，弗朗索瓦在感染傷寒12天後去世。芭貝妮可很快做出了令人驚訝的決定，親自經營新興的葡萄酒業務。儘管當時酒莊瀕臨破產，弗朗索瓦的去世也使其成功的機會變得更加渺茫，但芭貝妮可憑直覺實踐了狀態意識：她面臨的不確定性很

高，因此很可能會失敗，但風險是可控的，凱歌家族擁有足夠的
資本進行投機生意，要是芭貝妮可能說服她的公公拿出一些資本
去冒險就好了。銀行業和羊毛貿易讓兩個家族世代財源滾滾，但
芭貝妮可仍然一心追求香檳事業。她一定看起來非常聰明能幹，
因為當她向公公菲力浦請求用她的遺產（相當於今天的一百萬美
元）來貸款時，儘管這有相當大的商業風險，公公還是答應了。

　　但有一個條件。

　　公公堅持她跟隨釀酒師福爾諾（Alexandre Jérôme Fourneaux）
學習四年，以進一步學習釀酒工藝和行業的複雜情形。進入充滿
不確定性的新領域，芭貝妮可必須努力工作、做好準備，並從現
有的知識和經驗中學習一切。此時，拿破崙已經在整個歐洲發
動了長達十二年的戰爭，造成商業環境極不景氣。航運和貿易受
到限制；難以預料港口何時會被封鎖。當船隻漂洋過海時，船艙
中精緻的葡萄酒瓶經常發生爆裂。有一年，凱歌三分之一的存
貨（超過五萬瓶）在阿姆斯特丹長時間停留，因高溫而毀壞。此
外，曠日費時的戰爭苦難意味著，有能力購買奢侈葡萄酒的相對
較小客群往往沒有心情慶祝。

　　四年期滿後，富爾諾就沒有繼續與芭貝妮可合作。（他和兒
子建立了自己的葡萄酒企業，並於1931年出售給皮埃爾·泰廷
爵〔Pierre Taittinger〕，泰廷爵以自己的家族姓氏重新經營。）儘
管經歷了無情的失敗，寡婦凱歌的決心依然堅定。無論從哪個角
度來看，她都是一位親力親為、注重細節、早出晚歸的積極企
業家，很少有時間或精力替自己思考。1860年代，在她生命的

盡頭，當她被譽為「香檳貴婦」時，芭貝妮可在給曾孫的信中寫道：「世界永不停歇，我們必須創造明天的事物。[2]我們必須走在別人前面，堅定而嚴謹，讓你的智慧指導你的人生。大膽行動吧！」大膽行動！換句話說，為勝利而戰。

可以肯定的是，她在瀕臨破產的頭十年裡，取得了一些成功，但也經歷了多次痛苦的失敗。1811年的好天氣帶來了豐收，而且恰逢大彗星劃過空中，這讓一切變得更加美妙。包括凱歌在內的釀酒師在瓶塞上刻上了星星圖案，以紀念這個吉祥的年份。三年後，即1814年的冬天，俄國軍隊佔領漢斯，芭貝妮可能夠向他們出售她存放在酒窖中的葡萄酒。儘管她在戰時無法打進俄國市場，但現在她的門前有著渴望的顧客，他們是欣賞酒品的行家，在回國後將成為凱歌香檳的大使。那年四月，當拿破崙最終放棄王位時，俄國軍官在漢斯用凱歌的氣泡香檳慶祝。

現在戰爭結束了，歐洲各地的人們開始舉起香檳杯慶祝。很快，航運和貿易封鎖就會解除。芭貝妮可祕密租了一艘船，將她最好的香檳——1811年彗星年份香檳——走私到俄國柯尼斯堡（Königsberg），然後運往聖彼得堡，這場驚人的先發制勝，打敗了她的競爭對手。據說，酒商為了搶購她的香檳，在碼頭上大打出手，並衝進博恩的飯店房間，吵著不惜一切代價購買。很快，第二批貨物也到了。沙皇亞歷山大最喜歡凱歌的香檳。幾週之內，芭貝妮可和她的凱歌香檳就聲名大噪。

當時釀造香檳非常困難、成本高，且耗時長。在俄國取得驚人成功後，訂單源源不斷地湧入，她面臨的問題是加快生產速度。二次發酵要添加糖和酵母來產生氣泡，這個過程要幾個月。為了要讓葡萄酒不要混濁，必須將瓶子側放，這樣酵母就能接觸到大部分的酒汁。酵母死亡後會留下酒渣（發酵後的殘留物），必須將瓶子傾斜，讓酒渣沉到瓶頸處，以便之後倒出。除渣後，會補充酒液（當時通常用白蘭地），重新塞上瓶塞，並儲存起來。

面對如此多的葡萄酒需要儲存和陳釀，芭貝妮可巧妙地設計了特殊的酒架，稱為轉瓶架，這種酒架可以將酒瓶固定在一定角度，並且可以轉動，這樣酒渣就會聚集在瓶頸處。這個看似簡單的創新卻具有革命性意義，她釀造出了清澈的起泡酒，並因此而聞名。轉瓶架的高效率對於大量生產穩定的葡萄酒至關重要，寡婦凱歌和她的葡萄酒一躍成為戰後市場上的佼佼者。

到1815年夏天，凱歌香檳取得了空前的成功，讓凱歌酒莊的經營者賺得豐厚財富，建立了一個酒業帝國。儘管曾有無數次，芭貝妮可有可能會退回相對安逸的狀態，但她仍然堅持不懈，建立了葡萄酒行業最成功和最持久的公司之一。她的技術創新釀造出了透明起泡酒，也就是今天我們所熟知的香檳酒。身為19世紀前幾十年一小批企業家中唯一的女性，她發揮了關鍵作用，把香檳行業從鄉村手工工藝，轉變為國際事業。她既經營生意，又釀造葡萄酒。

今天我們頌揚凱歌夫人作為先驅釀酒師和企業家所取得的成就，但從她更完整的人生經歷來看，失敗也是她人生旅途中不可或缺的一部分。身為運用失敗的精英，芭貝妮可走在她的時代尖端。她在屢次失敗面前表現出的堅韌精神，意味著她能夠平靜地接受自己無法控制影響其經營成果的天氣或政治形勢。在學習提高香檳品質和擴大業務的同時，她願意承擔深思熟慮的風險，她似乎並沒有因為在釀造、銷售和運輸優質葡萄酒的過程中出現的許多問題而苛責自己。也許她憑直覺領悟到了智慧型失敗的概念，在新領域追求機會、只冒不至於過大的失敗風險，這也解釋了她為何能夠在生意開始蓬勃發展之前，能夠堅持多年。[3]香檳和慶祝之間的聯繫也提醒我們，我們所有人都可以慶祝失敗，讓失敗作為人生充實而有意義的一部分。

擁抱錯誤

身為一個「容易犯錯的人」（fallible human being），你要如何才能茁壯成長？我第一次聽到傑出的精神病學家莫茨比使用這個說法是在三十年前，他甚至把它縮寫為FHB。當我想到莫茨比殷切希望透過學習不同的思維，來幫助我們所有FHB茁壯成長時，我會會心一笑。他可能會補充說，茁壯成長首先要接受我們容易犯錯的本性。

學會坦然面對自己，就能獲得某種程度的自由。容易犯錯是我們的一部分，自我接納可以被視為勇敢。對自己誠實需要勇氣，也是對他人誠實的第一步。既然失敗是生活中不可避免的一部分，問題並不在於你「是否」會失敗，而是「何時」以及「以何種方式」失敗。

但是，身為一個容易犯錯的人，要茁壯成長也意味著要學會從失敗中學習：盡可能經常預防基本型失敗，預測複雜型失敗，以預防或減輕其影響，並培養對更頻繁的智慧型失敗的興趣。學習辨別這三種失敗類型，從中學習，並加強對這三種失敗範疇的覺察力，這是持續一生的過程。

我們可以學會面對自己的錯誤而快樂地生活。儘管這似乎有悖常理，但失敗也可能是一種禮物。禮物之一是，失敗可以讓我們清楚地認識到自己哪些能力需要努力；禮物之二是，讓我們洞察到自己真正的愛好。大學裡多變數微積分考試沒及格是因為我書讀得不夠，但這迫使我問自己一些尖銳的問題，關於我真正喜歡的事情，以及我可能只是為了取悅他人或給他們留下好印象而做的事情。這是一份禮物，儘管在當時感覺不像一份禮物。

不平等的失敗許可

失敗也可以被視為一種特權，正如記者兼科羅拉多大學教授布拉德利（Adam Bradley）在《紐約時報》的一篇文章中指出的那樣，「白人最大、未被充分體認到的特權之一，可能就是有些人可以毫無懼怕地失敗。」[4]他解釋說，身為少數文化的一員，通常意味著你的失敗，尤其是當你的失敗被公開時，會被視為整個群體的代表。你個人的失敗會給其他像你這樣的人帶來不好的影響。加州大學河濱分校媒體與文化研究教授詹寧斯（John Jennings）告訴布拉德利：「我希望能夠達到一種地步，讓像黑人張三這樣的普通人，即使他們並非出眾，都能夠毫無恐懼地生活，被視為平凡之人。」[5]換句話說，黑人張三可以有失敗的自由。發明家兼聲學家韋斯特是一位非裔美國人,他的智慧型失敗換來了250多項專利,其中包括駐極體麥克風,這使得他的成功更加引人注目。儘管根深蒂固的種族歧視使他在貝爾實驗室擔任科學家時被誤認為是清潔工,但他還是在自己的領域取得了成功。[6]想像一下,因為擔心自己會害到像他這樣的人要在貝爾實驗室等知名機構發展的機會,他一定備感壓力。

女性,尤其是在學術科學領域的女性,沒有默默失敗、不引起注意的特權。我們始終面臨著追求成功的壓力,以免破壞其他女性的機會。海姆斯特拉支持「在科學界和學術界建立一種文化,在這種文化中,人們可以公開自己的失敗,而不會承擔任何後果。」[7]身為一個現實主義者,她補充說:「我要說的是,我們分享失敗的責任與我們在學術體系中擁有的權力大小成正比。」[8]身為在埃默里大學擁有自己實驗室的終身教授,海姆斯特拉現在對自己的失敗相當坦承,但她並非一向如此。她最痛苦的失敗——第一次(在前一所大學)沒有獲得終身教職,原來是一份禮物。那次失敗是一種干擾,迫使她反思。正如海姆斯特拉向同樣研究失敗的資訊科技研究員切普立吉納(Veronika Cheplygina)解釋的那樣:

這件事〔未能通過終身職位的投票〕絕對是我一生中最痛苦的失敗,因為我覺得我辜負了我的家人和我的研究小組成員——基本上是我所有最關心的人。對於沒有這種經歷的人來說,這是一種真的很可怕的感覺,但這也可能是一次讓我放低身段的美妙經歷。看到所有這些人在努力爭取的過程中支持我，最終徹底改變了我的世界觀和優先順序。[9]它給了我對學術界的未來有了新的想法，並激發了我將其變為現實的渴望，這也讓我無所畏懼。我長期以來一直擔心的這個失敗，最終發生在了我身上。這正是我一直深感恐懼的事情，我發現自己突然被推去面對這件事，別無選擇，只能應對，並繼續前進。儘管如此，我繼續努力工作，並取得成功，最終走出了困境，我意識到，我比我想像的更堅強，人們對我的看法並不能決定我的命運。

請注意，海姆斯特拉並沒有試圖擺脫或忽視她所說的「真的很可怕的感覺」。她承認並說出了自己的感受，讓自己難過了一段時間。這與尼爾森（Noelle Nelson）教授在2017年領導的一項研究結果一致，即關注自己的情緒，而不是思考失敗（這往往會產生自我辯解），這樣有助於人們學習和進步。[10]最終，海姆斯特拉對失敗產生了濃厚的興趣，從而開始研究大學生在STEM課程中經歷失敗的情況，以及這如何影響他們繼續從事科學職業的決定。她和其他人設計了一套大學生研究課程，讓學生參與實驗室的實務學習，並讓他們體驗正確犯錯，這對研究發現至關重要。[11]

在我還是學術界的年輕女性時，我曾預期會經歷到海姆斯特拉多年之前的痛苦，我常常強迫自己面對可能會被拒絕獲得終身教職的事實。我會提醒自己，無論是在大學還是在公司，都還有其他機會給研究人員和老師。當我失去這份工作時，我會鼓勵自己，我會找到另份工作。為失敗做好準備讓我感到更加輕鬆，這有助於我專注於做我喜歡的工作，而不會被步步逼近的失敗所折磨。

擁抱失敗是多元性別族群（LGBTQIA）理論和政治的主流。跨性別媒體理論家霍伯斯坦（Jack Halberstam）在他帶來深遠影響的著作《酷兒的失敗藝術》（*The Queer Art of Failure*）[12]中認為，成功的衡量標準和意義不是由個人定義的，而是來自社群，而「成功」的規範會導致「盲目的從眾情況」。[13]相反的，擁抱失敗可以提供「重塑的自由空間」，[14]進而對世界強加的假設進行批判。霍伯斯坦是一群酷兒思想家中的一員，他們認為，未能滿足社會期望的經歷是酷兒文化的基礎。長期以來，由於收養法規中的歧視、招聘偏見、暴力和偏見行為，以及愛滋病毒／愛滋病流行帶來的挑戰，酷兒群體一直被剝奪了「成功」生活所需的基本要素，包括身心健康、財務穩定、健康和長壽。由於未能達到異性戀的期望，酷兒必須找到自己的方式來「成功」，而這種成功的核心部分，也是現在受到讚揚的部分，就是承認自己曾經失敗過。

例如，變裝表演這種藝術形式，頌揚酷兒群體的經歷，接納他們與社會期望的差異，而非淡化不符合社會期望的現象。透過誇張的對比，變裝表演讓社會的默認期望更加明顯。它讓我們意識到異性戀文化是我們觀察世界的一個視角，促使我們擺脫天真現實主義者的默認觀念，自以為在客觀地看待現實。在真人秀節目《魯保羅的變裝比賽》（RuPaul's Drag Race）中，一群主要是男性的參賽者扮演了女性特徵的角色，以誇張的方式表演模特兒和選美佳麗。[15]這個節目在黃金時段的舞臺上慶祝擺脫社會期望所帶來的解放，節目大受歡迎。該節目第十三季於2021年1月1日首播，當時是該劇收視率最高的一集，透過同步直播吸引了130萬觀眾，這個數字與2020到2021年NBA賽季平均比賽的132萬觀眾不相上下。[16]

有時接受容易犯錯的特性就意味著接受社會容易犯錯的特性，以便平靜地應對不公正。著名天體物理學家伯奈爾在擔任休伊什的研究助理期間，在發現脈衝星的過程中扮演了重要的角色，然而在他於1974年獲得諾貝爾獎時，伯奈爾並未獲得應有的肯定。幾年後，伯奈爾推論道，既然主管在專案失敗時承擔最終責任，那麼專案成功時也應該歸功於主管，她說：「我自己並不為此感到不平，畢竟，跟我有同樣情況的人，大有人在，不是嗎！」。[17]伯奈爾的成熟和強烈的自我概念值得稱讚。知道自己的貢獻很重要，而不需要外界讚譽的肯定，這無疑是智慧的象徵，所以運用系統二思考很少會帶來遺憾。

在過去的幾年裡，隨著社會不平等問題成為世界各國討論的焦點，終於得到了應有的關注，我經常感到自己在多樣性、公平性和包容性科學方面的專業知識不足，那些關注我在心理安全感方面研究的人，理所當然地看到了這些問題之間的重要關聯，然而我並沒有直接研究這個關聯。培養心理安全感與培養歸屬感不同，近年來許多人將兩者混為一談。我是這樣看的，心理安全感，意味著相信說出自己的想法是安全的，這對於歸屬感來說非常重要。但歸屬感更多是關於個人的，而心理安全感更多的是關於集體的（在研究中，心理安全感被理解為一個群體的新興屬性），而且我認為，心理安全感是由個人和他們希望歸屬的群體共同創造的。

　　我對不平等的心理學、社會學和經濟學研究得愈多，就愈感覺糾正這些社會失敗的任務艱鉅。我認為，作為一個社會，我們至少應該渴望讓人人都有平等的權利去做出智慧型失敗，但今天的情況並非如此。但我相信，我們比幾年前更一點點地接近這個願望，承認我們以異性戀的觀點來看待事物，是重要的第一步。儘管如此，我很遺憾沒有更早地關注這些挑戰。

揭露遺憾的好處

　　失敗和遺憾之間有什麼關係？乍看之下，可能會認為人們會老想著自己最大的失敗，並為此感到遺憾、後悔。但研究指出情況並非如此。暢銷書作家品克（Daniel Pink）為了好好理解遺憾，從105個國家的一萬六千多人收集了遺憾的資料。[18]

　　品克將遺憾分為四類，其中一類他稱之為「勇氣遺憾」，這種遺憾特別多。人們後悔沒有足夠的勇氣去冒險創業，或實現長久以來的夢想。他們後悔自己沒有足夠的勇氣去約自己心儀的人出去。許多人對自己的人生懷有痛苦的遺憾，因為他們太過保守，局限了可能的益處和防範了可能的損失。耐人尋味的是，品克發現人們並不後悔抓住了機會卻失敗了。[19]他堅持認為，透過研究遺憾，我們可以了解何謂美好的人生。正如每個人都會失敗，每個人都有遺憾。遺憾和失敗是人之常情，只有學會以同情和善意，而不是輕蔑和責備來對待自己，我們才能找到平衡和成就感。正如我們可以透過揭露錯誤來減輕一些負擔一樣，揭露我們的遺憾也可以消除它們的影響，讓我們可以理解。當有人揭露自己的弱點時，別人對他們的好感會增加，而不是減少，這部分是因為我們欽佩他們的勇氣。

抵制完美主義

完美主義，或者說用過高的標準來要求自己和自我批評，這是大量研究的主題。[20]倫敦政經學院（London School of Economics）教授柯蘭（Thomas Curran）是這方面的專家。柯蘭在對大學生的調查中發現，過去27年來，認為自己需要完美的年輕人比例大幅增加。他區分了我們對自己追求完美施加的壓力和我們對他人及整個社會的期望。他發現，這兩種壓力都會導致憂鬱和其他精神疾病。

另一個問題是，患有完美主義的人很難嘗試新事物，因為他們無法容忍自己可能會失敗。在瞬息萬變的世界中，這種不情願的態度會讓他們面臨落後的風險。完美主義者也特別容易產生倦怠。柯蘭說：「完美主義者的形成方式使我們對挫折和失敗非常敏感和脆弱，而挫折和失敗無時無刻不在發生，因為這對於我們理想中的自己，以及我們認為自己應該呈現的樣子來說，是一種威脅。」[21]

身為一個容易犯錯的人，如果陷入完美主義的陷阱時，就很難茁壯成長。貝斯特（Eric Best）是一位與獲得奧運獎牌選手合作的跳水教練，他在1990年代就曾指導過組織心理學家格蘭特，當時格蘭特還在讀高中。格蘭特自認是完美主義者，他在2022年與貝斯特在「工作與生活」（WorkLife）podcast中，進行了引人入勝的對話，以幽默和深刻見解回憶了他與不完美跳水的辛苦奮鬥。為了幫助他的跳水運動員（以及我們其他人）與自己的工作或愛好建立更健康的關係，貝斯特建議追求卓越而不是完美。[22]他強調現實的目標——即從你現在的程度合理延伸的目標，而不是追求達到「完美」的標準。學會用進步來衡量自己，而不是用與理想狀態的距離來衡量自己。有意識地挑選幾件你想要改進的事情，而不是被你做錯的所有事情所困擾。[23]

當父母了解完美陷阱的心理危害，以及失敗在學習和發展中的關鍵作用時，他們更容易接受孩子的失敗和成功，沒有哪個孩子能在學會騎腳踏車的過程中不摔倒的。家長和老師讓孩子安心地接受失敗，就能鼓勵孩子接受支持學習的成長心態。家長如果發現孩子有完美主義傾向，可以幫助他們將失敗從可恥，甚至只是令人失望的事情，重新定義為學習新東西的必備要素。說「摔倒只是學習騎腳踏車的一部分」，會比說「你從腳踏車上摔下來，弄髒了衣服，慘了」還要好。回想一下，傑佛瑞把他在橋牌上的錯誤重新架構為正常和必要的，因為這是新遊戲的挑戰。透過專注進步帶來的滿足感，我們每個人都可以幫助自己和我們關心的其他人，抵制「掌握困難的事情應該很容易」這種不理性的想法。

可以更常失敗

擁抱我們容易犯錯的特性，最重要原因是能讓我們更勇於冒險。更多時候，我們可以選擇贏得勝利。正如達利歐在2022年10月20日的推文中所說：「每個人都會失敗。你看到的任何成功者都只是在你關注的事情上取得了成功，我敢保證他們在很多其他事情上也都失敗了。我最尊敬的人是那些從失敗中學習成長的人，我對他們的尊重甚至勝過成功的人。」[24]

我大兒子高三時，宣布他接受了一份挨家挨戶銷售太陽能板的暑期工作。我立刻擔心起來，因為我知道他會遭遇很多被拒絕的情況。我簡直無法想像傑克——我深思熟慮、內向的兒子、優雅的運動員和成績優秀的學生，要怎麼應對這麼多被拒絕的情況。在擔心之餘，我想到的不僅僅是所有銷售人員常會面臨的被拒絕情況。太陽能是與氣候變化相關的熱門話題，他可能不光是會碰到別人冷淡的「不要，我沒興趣。」身為父母，想要保護孩子免受失敗是很自然的，儘管這樣做毫無益處，但是我錯了。傑克度過了一個愉快的暑假。很多客戶都答應了，他很高興能夠改造新英格蘭地區的一些屋頂。是的，大多數人都拒絕了，但傑克早在幾年前就從威爾遜那裡學會了默默地對自己說：「謝謝你的二十五美元。」當然，也有少數人懷有敵意，但傑克很快就學會了不要放在心上。那年暑假鍛鍊了他的失敗肌肉，並激發了他對可再生能源的長期興趣。

　　另一種更容易失敗的方法是培養新的愛好。當我的朋友蘿拉在四十歲出頭決定開始打冰上曲棍球時，我感到既困惑又佩服。我和蘿拉一起在紐約長大，當時很少有「女孩」會想去打冰上曲棍球，而且我們倆在高中時都不是特別有運動細胞。我們更多的時候是聚在一起做作業，或閒聊學校最近舞會的重要時刻。多年後的今天，蘿拉仍然是我的好朋友，家裡有兩個孩子，擁有許多來之不易的技能，我不明白為什麼她會選擇花費寶貴的空閒時間，拖著沉重的裝備，還會跌倒在冰面上。最重要的是，忍受一項她還不擅長的活動。我欽佩她願意在半公共場所上做這種難堪的事情。我的欽佩是有道理的，多年來，她一直與同一支專屬的球隊一起打冰上曲棍球，參加成人冰上曲棍球聯盟賽已成為蘿拉的愛好。如今，蘿拉稱自己為「曲棍球狂人」。

　　我們擔心自己做不好，這可能會讓我們很難嘗試新的運動、語言或其他盡力做的事，還記德傑佛瑞差點就永遠放棄了橋牌嗎？首先，我們深受完美主義的影響，對成功抱有不切實際的期望。另外，我們大多數人都不想在別人面前顯得很糟糕或無能，當我們嘗試新事物時，我們可能會發現周圍的人同樣的事情都可以做得很好。

　　愛好提供了一個練習失敗的絕佳舞台，愛好的意義在於樂趣和學習新東西的刺激，而不是成就或謀生，所以這是一種低風險的情境。而且，與職業生涯相比，在新愛好上失敗也不會那麼尷尬。提醒自己，在不斷進步的過程中，做得不好也沒關係。無論是學習一門新語言，還是一項新技能，在任何情況下嘗試新事物都可以鍛鍊自己，以便在風險更大時敢於冒險。

慶祝轉折點

當我第一次見到製藥巨頭武田藥品時任副總裁兼全球學習解決方案負責人布里登（Jake Breeden）時，我們談到了他的觀察，儘管人們普遍對於失敗有好聽的說法，但在大多數公司中，慶祝失敗仍然是一件難事。他說：「儘管我們自認為很成熟，但當某件事被認為是失敗時，我們往往會沮喪。」他認為，慶祝失敗在心理上是不現實的，因為「失敗意味著結局，糟糕的結局！」當我在2021年12月採訪布里登時，他對自己找到的解決方案感到興奮，這個解決方案是根據對人們失敗真實經驗的同理心而設計的。在他工作過的公司中，大多數專案，尤其是那些失敗的專案，都導致了**更多的**專案。「我們總是在調整，」他解釋道。這使得慶祝調整比慶祝失敗更容易。慶祝轉折點的意義就是關注下一步，關注向目標邁進的機會。慶祝轉折點是向前看，而不是向後看，這樣就不會遺憾，而且充滿可能性。

在任何的新環境中，停下來考慮下一步在哪裡進行實驗是極為重要的。為了讓我們達成目的，最需要學習的是什麼？我們可以將轉折點看作是講不同故事的一種方式。與其說「我們制定了一個計畫，然後失敗了，這就是這個故事的啟示」，不如說這是一個關於改變的故事。「我們制定了一個計畫，但事情沒有按計畫進行，所以我們改變了方向。」布里登在這裡重新架構的不僅僅是語言，重點在於故事接下來的走向，這樣一來帶來的是反轉的劇情，而不是羞恥。

　　不出所料，布里登發現人們一開始會反駁說：「這不就是文字遊戲嗎？」他對此表示同意。「但是文字會改變意義，」他指出，「『只是文字遊戲』低估了使用正確用語的重要性。突然之間，只要改變用語，我們就會聽到更多失敗的言論！」這就是狀態意識與自我覺察的結合，我們需要正確的用語來幫助我們成功應對失敗。

　　布里登描述了武田藥品的研發總裁在一次令人失望的結果後，邀請他與藥物開發團隊合作時發生的事情：臨床試驗中出現的潛在安全問題，導致公司最有潛力的一種新藥被暫停上市，儘管他們對這款藥寄予了厚望、夢想和投入大量資金，公司的股價甚至受到了打擊。

　　在與臨床領域負責人以及專案其他人員的會談上，布里登小心翼翼地把這個故事描述為並非對失敗的慶祝，而是在有人受到傷害之前及時發現：

　　這就是我們要慶祝的事情，我們要慶祝的是，我們的信號調整得非常精確，讓我們可以在它嚴重傷害任何人之前阻止它。我們要慶祝的是，我們還有很多其他事情正在籌備中，我們的雞蛋並沒有都放在同一個籃子裡。我們要慶祝的是，我們以這種開放的方式分享這個事實；我們要慶祝的是，我們將繼續投入〔這個治療領域〕。

　　無論你把專案轉向更好的方向，還是把自己推向新的角色或更好的關係，在應對新情境帶來的不確定性時，調整都是不可或缺的。對於公司的管理者、家裡的父母或戀愛中的伴侶來說，慶祝調整是一種簡單的方法，可以加強自身接受任何人、專案或計畫可能發生的錯誤。

掌握接受失敗吸取教訓的科學

　　如果接受容易犯錯的特性是第一步，那麼還有什麼可以幫助我們身為容易犯錯的人，在不完美的世界上茁壯成長呢？失敗並不是一門精確的科學，這樣的手冊仍在編寫中，並將永遠修訂不完。首先，當你有意識地嘗試新事物時，你的實驗必然會帶來失敗的風險，[25]這樣你才能更加得心應手。當你承擔更多的風險時，你會經歷更多而不是更少的失敗，但這會發生兩件好事。第一，你知道自己不會因尷尬而死。第二，你可以訓練自己，這樣每次失敗時都會減少痛苦。你經歷的失敗愈多，你就愈能了解到你仍然可以活得好好的。不止活得好好的，你還可以茁壯成長。

　　要做到這一點，將一些基本的應對失敗做法——堅持、反思、負責和道歉——融入到你的生活中會有所幫助。雖然這並不是一份完整或完美的清單，但其中每一種做法都可以幫助你與失敗建立健康的關係。

堅持

　　布蕾克莉（Sara Blakely）在27歲時，她的工作是挨家挨戶推銷傳真機。有一天晚上，她剪掉了褲襪腳踝以下的部分，外穿一條米色的褲子，然後去參加聚會。雖然絲襪的褲腳會捲起來，但褲襪還是讓她看起來和感覺都很棒。她決定修改設計，很快就受到了家人和朋友的熱烈歡迎。隨後，布蕾克莉萌生了一個想法，她要生產她的無腳塑身褲襪，並出售給其他女性。

從那時起，她開始遭遇失敗。

製造商和專利律師嘲笑她的想法，把她趕出門，或者兩者皆有。[26]畢竟，她沒有時尚、商業或製造方面的經驗。很多人遭遇這種情況可能已經放棄了，但布蕾克莉堅持了下來。她想起了她的父母，他們總是讓家裡的學齡兒童接受失敗，甚至擁抱失敗，將失敗視為充實生活的必要部分。在家庭餐桌上，她的父親經常問布蕾克莉和她的弟弟那天在什麼事情上失敗了，並祝賀他們付出了努力。[27]他們的父親正在訓練他們明白，當一個容易犯錯的人是沒有問題的。

布蕾克莉決心更加努力。除了對失敗保持健康、樂觀的態度外，她還像芭貝妮可一樣，擁有追求長期目標的毅力和熱情。兩人都展示出了賓州大學心理學教授達克沃斯（Angela Duckworth）所說的恆毅力。[28]布蕾克莉研究並撰寫了自己的專利申請，然後從亞特蘭大開車前往北卡羅來納州，到織襪工廠敲門推銷。沒有人看出她的想法有多聰明，直到最後一家工廠的老闆決定冒險一試。

布蕾克莉嘗試了不同的音節和發音，最終為她的公司想出了一個名字：Spanx。對於第一批客戶訂單，她設計了自己的包裝，並使用她的浴室作為訂單處理中心。後來，Spanx擴展到銷售泳衣和緊身褲，2012年《富比士》雜誌將布蕾克莉評為最年輕的白手起家億萬富翁。[29]第二年，她承諾將一半的財富捐給慈善機構，其中大部分用於支持女性的事業。[30]

　　毅力在布蕾克莉的成功中的作用是不可否認的，而達克沃斯對恆毅力的研究發現，對長期目標的毅力和熱情能在許多環境下強力地預測成就。因此，恆毅力與智商無關，是對天賦的重要輔助條件，長期持續的努力是成功的關鍵。[31]由於這項重要的研究，人們對教育和兒童發展中恆毅力的興趣爆增，我們很難否認恆毅力在成就中的作用。然而，像這本關於失敗的書必須明確提到堅持和固執之間的細微差別。我認識一些研究人員，他們堅持失敗的想法，即使資料顯示不應該繼續固執下去，浪費了職業生涯中的寶貴時間，有時甚至讓他們完全離開了原本的領域。我相信，從失敗中學習成長意味著知道何時該做更多的事情，而不僅僅是稍作調整。它意味著知道何時放棄一個商業想法、一個研究專案或一段關係，從而為你的未來騰出空間，採取全新的行動。

　　你怎麼知道什麼時候該堅持，什麼時候該放棄？證明可以堅持下去的經驗法則，是找到一個可信的論據，證明你試圖創造的尚未實現的價值，確實值得持續投入時間和資源。為了確保你的固執沒有被誤導，或者你沒有堅持不切實際的夢想，你必須願意與目標對象中的其他人一起檢驗你的論點。一定要去找願意告訴你真相的人！布蕾克莉相信，並想要她為自己開發的產品，當她看到她的朋友和家人多麼喜歡她的新設計時，這種想法更加堅定了。最初目標對象的熱烈反應增強了她的信心，她相信只要克服尋找製造商的障礙，Spanx 就一定會暢銷。

　　至少在一定程度上，劃清這條界限是花時間進行誠實反思的結果。

反思

　　大多數認真的音樂家都會紀錄練習日誌，通常按時間順序排列，就像日記一樣，練習日誌基本上用筆記本記下每次訓練期間的內容、感覺如何、下一步要做什麼，以及，沒錯，還有錯誤。準備演奏一首樂曲意味著在排練中要犯很多很多的錯誤，並從這些錯誤中學習，不僅要彈奏出正確的音符，還能改進樂句或節奏等更細微的問題。

　　打擊樂手諾普爾（Rob Knopper）花了很多時間反思自己的錯誤和失敗，以至於他成為了一位專家，指導其他音樂家如何處理和有效利用他們的錯誤。甄選落敗是他的專長。現在，他是大都會歌劇院管弦樂團的打擊樂手，他坦率地承認，在得到這份工作之前，「我經歷了多年的甄選落敗和申請遭拒絕。」[32]除此之外，他建議有抱負的音樂家為每首樂曲記錄練習日誌，系統化地記錄遇到的障礙和找到的解決方案，以便日後參考。[33]諾普爾還坦誠、詳細地描述了他職業生涯中關鍵時刻的表演，因為手部顫抖、弄錯音符或音樂技巧不盡如人意，而導致演出失誤。這些都是令人退縮的痛苦經歷。他的心得體會：「糟糕的表現給了你兩個最重要的改進機會：指出需要改進的地方，以及改進的動力。」[34]

　　在人生的旅程中，就像練習音樂一樣，我們有豐富的失敗經驗可以從中學習。與其否認，不去面對失敗，不如深入研究，從中吸取教訓。挖掘險些犯錯的經驗尤其令人欣慰，例如，機師記錄並反思飛機失去控制後、又重新獲得控制的過程，可以促進調查是否存在需要檢修的問題。醫療急救小組接受過訓練，能夠評估病人的症狀是否預示著即將發生心跳停止，並利用他們反思的結果，來採取改善病人照護的措施。為了減少生活中可預防的基本和複雜型失敗，必須投入時間進行深思熟慮、誠實的反思。

　　假設你在幾個小時內把車鑰匙放錯了地方，開會遲到，並且差點在結冰的人行道上滑倒，也許這一系列的驚險事件只是巧合。但這也可能是你壓力過大、疲憊不堪或心事重重的徵兆。如果你花點時間反思，你可能會弄清楚是否需要休息或放慢速度，以避免例如在冰上嚴重摔倒。孩子在學校開始行為古怪、成績低落，怎麼辦？心理學家告訴我們，這些都是孩子感到痛苦的跡象，最好反思可能的根本原因，以便進行干預或做出積極的改變，這也是一種險些犯錯的情況。最後，透過反思，當我們做對的時候，我們會開始更加意識到自己的行為在各種失敗中所發揮的大大小小作用。

負責

　　為我們的失敗承擔責任需要小小的勇氣。但是，身為一個容易犯錯的人，若要茁壯成長，其中重要的部分是，注意因為自己的行為導致的失敗並承擔責任，而不會為此感到情緒崩潰，或者陷於自責或羞愧之中。承擔責任意味你會這樣說話：「我們說好水槽漏水的事，由我打電話給水電工，但因為我拖延時間，現在地板出現了問題」，或「我給團隊的指示不明確、使人困惑，造成大家誤解」，或「當你告訴我去看你的足球比賽有多麼重要時，我沒有注意聽，因為我讓自己工作太忙而錯過比賽。」

一種美好的力量在於願意說「是我做的」，而不是責怪別人，會責怪別人是我們的天性（不是因為我們是壞人，而是因為我們大腦中固有的基本歸因謬誤）。想像一下，一家跨國公司的高階主管，我們暫且稱他為吉姆，他承認自己在一次重大業務失敗中所扮演的角色後，回憶起當時的情景，深感如釋重負。幾個月前，儘管吉姆心存疑慮，但當他的同事們熱烈討論收購另一家公司的可能性時，他什麼也沒說。隨後發生了可預防的複雜型失敗，在進行事後討論時，吉姆向同事們承認，他之前沒有說出自己的擔憂，讓他們失望了。吉姆公開道歉，情緒激動，他對自己的失敗承擔全部責任，承認他不想成為「煞風景的人」。身為一個容易犯錯的人，真誠地關注因為自己的所做所為導致的失敗，將使個人變得更明智、更健康。

當然，如果吉姆能表示意見，或者你打電話給水電工、給團隊澄清指示，或者為孩子的體育比賽騰出時間，情況就會更好了。然而，一旦你承認自己的責任，你就可以尋找擺脫挫折的創意途徑，以及找出方法，設計有助於減少未來錯誤的系統。也許你家裡的其他人會更注意屋子維修的問題？或者你是否應該確保你的通訊錄中有水電工的電話號碼，讓任務變得更容易？既然你看到了你的團隊遇到的麻煩，你可以修改指示，回到正軌，或者徵求團隊成員的回饋意見，以避免此類誤解。你可以努力安排好自己的日程表，至少可以參加孩子的一些體育活動。

不難看出，責任和道歉是相輔相成的。

說對不起

犯錯就會帶來失敗，失敗就會帶來道歉的機會。好的道歉具有近乎神奇的力量，可以修復失敗所造成的關係傷害。根據最近關於寬恕的研究，「徹底的道歉」可以增加積極的態度、同理心、感激之情，當然還有寬恕，同時減少負面情緒，甚至降低心率。[35]但如果道歉如此有效，為什麼我們常常避免道歉呢？所有的道歉都同樣有效嗎？

先從你和另一個人之間的個人道歉開始探討。

要知道，當你做錯事時，不管是有意還是無意，你和另一個人之間存在的無形事物就會破裂。道歉的作用是修復破裂。好的道歉意味著你將你們的關係置於你的自尊心之上。事實上，有效的道歉會傳達出一個明確的訊息：你在意對方。有效的道歉不僅能修復關係，還能加深和改善關係。同樣的道理，糟糕的道歉會讓事情變得更糟。

遺憾的是，好的道歉並不常見，[36]也不容易。這是因為，承認自己傷害了別人，就會自動威脅到你身為一個好人的自我形象，[37]這會威脅到你的自我評價。承擔傷害的責任就是直接面對威脅，而這是我們大多數人都迴避的事情。如果你對人格大致上抱有固定的心態，內心深處相信造成傷害意味著你是個壞人，而不是個犯了錯誤的好人，那麼這種不情願的情況就尤其明顯。正如杜維克所指出的那樣，相信能力是可塑的人，他們不會退縮至防禦狀態。相反的，他們會下定決心去學習。道歉的第二個障礙是不在乎與你傷害的人的關係。第三個障礙是相信道歉無濟於事。[38]也許我們還受到一種默認規範的阻礙，將沉默等同於自我保護。即使我們的失敗遠未觸犯法律，沉默也是很自然的事。

好好道歉

道歉的品質很重要。大量研究得出了有效道歉的一系列共同特徵：[39]明確表達悔意，承擔責任，並提出今後做出補償或改變。

雖然找藉口（「這不是我的錯，因為我的鬧鐘沒有響」）會適得其反，但解釋你的行為有時也會奏效（「我很抱歉我沒有打電話給你，我媽媽摔倒了，我急著送她去醫院，所以我根本忘記了」）。成功的道歉能傳達出你重視這段關係，並願意彌補自己的過失（「我真的很期待與你交談，什麼時候方便重新安排我們的通話時間？」）。最終，道歉意味著接受，並承認你的失敗。

無效的道歉可能會在某些方面效果不彰，但我們對承擔失敗責任的恐懼往往是更深層次的原因。承擔責任就像承認自己有傷害他人的意圖，類似於承認自己是個壞人。想像一下，當你在擁擠的商店裡不小心撞到別人時，你很容易就會道歉。因為不可否認的是，這個小小的基本型失敗並非有意，所以消除對道歉的恐懼，想想你生活中更重要需要你道歉的事情。如果你決定道歉，你是否會克制常見但無效的道歉，例如「很抱歉讓你有這樣的感覺」，或「很抱歉你誤解了我的話」，或「我沒想到你會這麼敏感」？相比之下，有效道歉的常見說法包括「我對我所做的事感到非常抱歉」和「這是不對的，因為……」和「我承擔全部責任，今後我保證……」在道歉時，著重於你造成的後果而非你的意圖，以減輕承認自己在此事中扮演角色的恐懼。當我寫下這些話時，我意識到自己的缺點：我多常向我生命中最重要的人做出有效的道歉？要從失敗中學習，首先就是從自己的失敗中學習。

我的研究生涯（以及本書）始於一個令人驚訝的發現：優秀的團隊不一定真的會犯更多的錯誤，但他們確實會舉報更多的錯誤。利普是與我一起參與這項研究的醫療疏失專家，他談到了道歉對於維護醫患關係中的信任和康復的重要性。他說，「抱歉」這個詞的使用存在很多混淆，特別是他指出，這並不一定是承認責任。利普告訴我，道歉在醫學中至關重要，因為承擔傷害的責任對患者和護理人員都有幫助。他說，表現出悔恨是一種彌補的方式，並向患者表明「我們休戚與共」。利普的工作凸顯了真誠道歉的另一個好處：幫助營造一種氛圍，讓員工在心理上感到足夠安全，可以說出錯誤和想法。

有效的公開道歉

領導者和更多對象之間的公開道歉與一對一的個人道歉遵

循相同的基本原則,請看一些廣為人知的例子。2018年,當星巴克員工向警方報案時,表示有兩名有色人種男子坐在店內,但沒有立即點餐。公司很快意識到,一直精心打造的大眾關係正面臨危險。多年來,星巴克的價值主張是成為顧客在公司和家裡之外的「第三空間」。[40]在第三空間,人們不會無緣無故地報警抓你。[41]星巴克決定關閉8000家門市半天,對員工進行敏感性訓練(sensitivity training)。[42]星巴克的做法與Equifax的做法形成了對比,後者在2017年從近一半美國人收集到的最敏感資料遭到洩露後,公司主管等了近六週才坦白。他們非但沒有提出真誠和有價值的補償,反而要求消費者再次交出他們的社會安全號碼,以確定資料是否遭到洩露。[43]他們不承認信任已經被破壞,還提出要販售身份盜用保護服務。Equifax給人的印象是自滿、漠不關心、不值得信任。雅虎執行長梅爾(Marissa Mayer)也是如此,早在2013年,當時雅虎遭遇了一次嚴重的電子郵件當機,影響了100萬使用者,她在推特上道歉:[44]「對我們的使用者來說,這是非常令人沮喪的一週,我們非常抱歉。」

有效的公開道歉與私下道歉一樣,必須透過表達悔意、承擔責任和做出補償來表現出對關係的在意。HealthCare.gov網站因數千人試圖加入保險計畫而當機,這個失敗慘劇發生後,衛生及公共服務部(Health and Human Service)部長西貝利厄斯(Kathleen Sebelius)為大眾「令人沮喪的經歷」道歉。西貝利厄斯承擔了全部責任,表現出了同理心和決心:「我道歉,我對大家負責,」她在眾議院能源和商業委員會聽證會上作證時說道。「我致力於重新贏得大家的信任。」[45]歐巴馬總統在NBC新聞節目中承認自己對這次失敗負有責任,並指出,人們「發現自己陷入了這種境地,這是因為他們從我那裡得到了保證」。[46]

尼曼百貨公司(Neiman Marcus)在2013年假期期間遭遇資料洩露,導致客戶信用卡資料數據可能被盜竊或濫用。之後,執行長卡茨(Karen Katz)迅速採取了措施。她向顧客發表了一封道歉信,並向過去一年內使用支付卡在尼曼百貨公司購物的顧客提供一年的免費信用監控服務。「我們希望你們始終對在尼曼百貨公司購物充滿信心,」她寫道,「你們對我們的信任是我們的首要任務。」[47]她的道歉直接回應了人們可能對自己資料的擔憂,並提供了補償(免費信用監控服務)。

2018年,喜劇作家兼製片人哈蒙(Dan Harmon)在他的podcast節目Harmontown中公開道歉。[48]哈蒙是獨立熱門喜劇《廢柴聯盟》(Community)和廣受好評的情境喜劇動畫《瑞克和莫蒂》(Rick and Morty)的創作者,十年前他曾多次對替他工作的編劇甘茨(Megan Ganz)發生不當性行為和欠妥的職業行為。2018年1月,甘茨在另一個podcast節目中暗指了之前的經歷。一週後,哈蒙公開道歉,表示他收到了很多建議,包括法律建議,要求他根本不要說出來。他解釋說,他的道歉以及他公開道歉,而不僅僅是私下向甘茨道歉,是為了接受自己失敗的影響和後果。哈蒙直接和清晰地詳細描述了他的不當行為,有時還提到透明、痛苦的細節,他始終對自己的行為負責,並沒有將錯誤歸咎於外部情況,同時試圖提供一些背景資訊。最後,他解釋了自己之前的沉默：

> 所以，我只想說，除了明顯的歉意之外，但這真的不是重要的，我想說的是，我這樣做是沒有經過思考的，而我也因為沒有經過思考而逃脫了懲罰。如果她沒有提到什麼的話……我本來可以繼續不必去想這件事，儘管我確實為此感到心煩意亂，但我原本不需要談論此事了。

在談話中，他承認知道自己的做法是錯誤的，這使他不再重複自己的行為。他承認曾以「骯髒、令人毛骨悚然」的方式表達了他受到甘茨的吸引。他似乎明白自己的失敗，並從中吸取了教訓。他做對了什麼？他仔細考慮了自己要說的話，對甘茨表現出了同情，並在講自己的故事時沒有找藉口，也沒有試圖迴避自己行為的後果。從微小的方面來說，真誠的道歉有助於為他人創造一種健康的失敗文化。

健康的失敗文化

自從我最初發現人際關係氛圍對醫院疏失錯誤通報的巨大影響以來，我花了很多年時間試圖了解，什麼樣的環境能讓人們在沒有過度恐懼的情況下工作和學習。在這樣的環境中，他們理解到需要繼續學習、承擔風險，以及迅速說出問題所在。在這樣的環境中，我們樂於接受挑戰。當失敗發生時，我們以開放的心態和輕鬆的心情從中吸取教訓，並繼續前進。因為從自我保護中解脫出來，我們就能贏得勝利。本書旨在幫助你——身為一個個體，實踐好好從失敗中學習成長的科學，但在健康的失敗文化中，這件事做起來會容易得多。有一些做法可以幫助你在對你重要的社群中建立這樣的文化。

引起人們對情境的注意

在深思熟慮你所面臨的風險和不確定性之後，一個簡單但有力的步驟就是引起其他人注意到你所看到的事物。當伯曼機長告訴機組人員，「我從未達成完美的飛行，今天也不可能」，他是在提醒大家注意情境。當兒童醫院營運長莫拉斯告訴員工、工作人員，「醫療保健是一個容易出錯的複雜系統」，她是在呼籲大家注意情境。

泰勒是X實驗室的主任，這裡是Alphabet公司的先進技術發明地，他對情境有著敏銳的洞察力。他指出，實驗室所面臨的挑戰近乎荒謬：「我們特意選擇解決那些答案需要五到十年後才能找到的難題。」[49]他的話傳達了這樣的意思：「不要指望今天會成功，甚至今年也不會成功！瘋狂地去實驗吧。」

泰勒在他非常受歡迎的部落格中闡述道：「本世紀我們面臨的嚴重問題需要最廣泛的智慧、最瘋狂的想像力，以及投入大量的時間、資源和注意力。我的首要工作是幫助X實驗室的成員重新調整自己，擺脫這些無形但有害的限制，這樣他們就可以釋放自己的潛力。」這似乎奏效了。泰勒開玩笑說，人們來上班時會高興地說：「嘿，我們今天要如何終結我們的專案呢？」[50]盡早結束專案可以釋放寶貴的資源，而常常失敗是檢驗想法強度的一種方法。例如,由於人為失誤導致車禍的嚴重問題,激發了實驗室進行研究自動駕駛汽車。如果汽車無人駕駛,會不會有更多乘客能更安全呢?

自動駕駛汽車專案始於2009年,為現有汽車增加了輔助自動駕駛軟體和硬體功能。但駕駛員測試時很快就發現了一個設計上的失敗:人們沒有保持足夠的警覺性,無法在必要時收回對汽車的控制權。因此,團隊轉向了一個新的、更加雄心勃勃的目標——設計一輛完全自動駕駛的汽車。[51] 2020年2月,泰勒寫道:「有時需要數十次迭代,X公司的一個團隊目前正在研究改善人們的聽力,他們探索了35種不同的想法,然後才找到了我們要大力推動的想法。」[52] 在高度創新的公司中,不僅歡迎智慧型失敗,而且廣泛分享這些失敗也已融入公司文化。

鼓勵分享失敗

想像一下,你在推特上的粉絲數量可觀,或者在你在意的競賽中擊敗了競爭對手,或者相對於你的同儕獲得了更大的成就。你現在可能成為心理學家所謂的「惡意嫉妒」的目標,惡意嫉妒被定義為「一種破壞性人際情感,意圖要對被嫉妒者造成傷害」。[53] 我在哈佛大學的同事們設計了一系列實驗來證明,揭露自己的失敗可以減少他人的惡意嫉妒。從直覺上,這是有道理的。我們欽佩而不是嫉妒像拜爾斯、達利歐或布蕾克莉這樣非常成功的人,不僅僅是因為他們的失敗,而且主要是因為他們的失敗在他們的成就中扮演了重要角色。人們很難喜歡(也很難不厭煩）那些只吹噓自己成就的人，尤其是當這些吹噓中帶著一絲傲慢的時候。分享失敗讓我們變得更有親和力、更討人喜歡，而且更合乎人情。

歐洲時裝零售商C&A的執行長波爾（Giny Boer）告訴我，對她來說很重要的是，「建立一種文化，讓員工真正處於核心地位，並被賦予成長的權力。安全的環境是實現這一點的基礎，讓每個人都感覺受到重視……在這樣的環境中，犯錯也是可以的。」這就是她設立「失敗星期五」的原因，正如她所說，「同事們分享不順利的事情，最重要的是分享他們從中學到的東西。當我們的同事分享這些故事時，他們也幫助其他人學習。」

除了培養更緊密的關係之外，廣泛分享錯誤還可以促進創新。如果實驗室裡的科學家研究的新候選疫苗失敗了，他們應該告訴所有人！當智慧型失敗被埋沒或未被討論時，其他人可能會重複相同的實驗。結果是什麼？效率不彰。當組織中的其他人重複沒有分享的失敗時，這是最嚴重的浪費，這就是為什麼IDEO等創新巨頭鼓勵員工廣泛分享失敗的原因。然而，這並不意味著我們這些容易犯錯的人很容易做得到。

舉個例子：年輕科學家史黛芬（Melanie Stefan）在《自然》（Nature）雜誌上的一篇文章指出，在她的職業生涯中，失敗的次數比成功要多得多，並建議人們記下失敗的經歷——她稱之為「失敗的履歷」[54]，以激勵那些因被拒絕而感到消沉的學者。當時在普林斯頓大學的經濟學教授豪斯霍費爾（Johannes Haushofer）接受了挑戰，公開自己的失敗經歷。這份文件仍然公佈在他的

網站上，列出了學位課程、學術期刊、工作、獎項等方面的遭拒
資訊。也許豪斯霍費爾的詼諧幽默幫助他的失敗履歷在網路上爆
紅，以至於他清單上的最後一項寫道：「這份該死的失敗履歷受
到的關注遠遠超過了我的全部學術工作成果。」[55]

　　哈珀（Jon Harper）是馬里蘭州的一名教育工作者，他主持
了一個名為「我的錯誤」的podcast節目，在每一集（他製作了
一百多集）中，他都會採訪一位老師，與聽眾分享這位老師在課
堂上犯的錯誤。哈珀表示，節目的目的是讓教師們意識到他們並
不孤單。但在承認與學生和同事犯下的錯誤時，受訪者也談論他
們所學到的東西。[56]例如，小學校長基茨拉爾（Benjamin Kitslaar）
在休完陪產假後，於學年開始六週後返回學校。教師們在疫情
期間進行了遠距教學，最近才回到教室，他們面臨著許多新的挑
戰。基茨拉爾對所有需要做的事情充滿了想法，他相信他是在鼓
勵他的教師。但在收到一名教師發來的電子郵件後，他意識到自
己犯了一個錯誤，信上說基茨拉爾不明白老師們在實施新措施時
所承受的壓力，他需要放慢自己的要求。基茨拉爾表示他很感謝
這封電子郵件，這個「警鐘」幫助他「更了解教師的感受」。[57]
他確實放慢了速度，並從那時起了解到與教師保持暢通的溝通管
道是多麼重要。基茨拉爾之所以能有這樣的轉變，是因為他的自
我覺察能力。

　　失敗研究所（Failure Institute）是一個活動組織，他們的招牌
活動是「搞砸之夜」（Fuckup Nights），幫助人們在工作和生活中
變得更加真實。參與者站在舞台上與觀眾分享他們的失敗故事，

並以流行歌星才有的盛況為他們慶祝。這個組織的五位創辦人都是朋友，2012年，他們在墨西哥城度過了一個改變人生的夜晚，誠實地分享了自己最大的失敗後，萌生了這個點子。[58]他們開始每月舉辦活動，證明失敗是成功的前兆，此後他們發展成為一家全球性企業，業務遍及300個城市和90個國家。他們的成功可以被視為良性循環，參與者冒著談論失敗的風險，獲得掌聲，感受到獎勵，並一起發現心理安全的環境是什麼感覺。他們能把這種感覺帶回到工作和家庭生活中嗎？

獎勵正確犯錯

在公司或家庭中設立失敗獎時，要有歡樂的幽默感。回想一下禮來公司的失敗派對，它鼓勵人們盡早談論失敗的專案。將科學家重新部署到新專案中，而不是浪費時間在失敗上，可以節省數十萬美元，但獎勵失敗似乎令人擔憂。許多管理者和家長擔心營造一種放任自由、無所顧忌的氛圍，讓人們可能會認為失敗和成功一樣好。但這就把獎勵公開和透明，與獎勵馬虎、愚蠢的錯誤或失敗的嘗試，兩者混為一談了。大多數人都有追求成功的動力，並希望自己的能力得到認可。他們不太願意揭露和分析失敗，並且需要一點鼓勵（通常以俏皮儀式的形式）才能實現這一目標。

鼓勵冒險的失敗派對和獎勵已不再罕見，例如，葛瑞廣告公司（Grey Advertising）設立了「英雄失敗獎」，由當時的創意長、後來的總裁邁倫（Tor Myhren）發起，因為他擔心自己的團隊變得過於保守。[59]邁倫自己的失敗經歷——他在2006年為凱迪拉克執導的一則廣告被批評為最糟糕的超級盃廣告，激發了這個點子。在那次明顯的失敗之後，邁倫換了公司，加入葛瑞廣告公司，並主導2007年E*Trade在超級盃的廣告，廣告的主角是一個會說話的嬰兒。這個會說話的嬰兒大獲成功，成為了E*Trade往後幾年廣告中的固定班底。在葛瑞廣告公司，英雄失敗獎的第一位獲獎者是佐爾滕（Amanda Zolten），她在推銷創意的宣傳會開始前，把一盒剛「弄髒」的潛在客戶的貓砂產品藏在會議桌下面。[60]當貓砂被揭露時，其中幾位主管憤而離席，但邁倫對此印象深刻，他在不知道客戶是否同意與公司合作的情況下，宣布佐爾滕將獲得新獎項。塔塔集團（Tata Group）同樣推出了「敢於嘗試獎」，[61]以表彰那些失敗的大膽創新嘗試。獲獎者包括塔塔的一個工程團隊，他們開發了一種創新的新型變速器，但成本過高無法實施；而另一個團隊則創造了安全有效的塑膠車門，但引起消費者的不信任。NASA在哥倫比亞號太空梭失事的悲劇發生後，設立了「勇敢向前，聰明失敗獎」（Lean Forward, Fail Smart Awards），[62]以改變其文化，鼓勵人員迅速表達想法和擔憂。

　　健康的失敗文化獎勵智慧型失敗。沒有失敗，就不可能有創新。沒有創新，任何組織都無法長期生存。但是，因為不嘗試而帶來的隱約負面後果，可以使健康的失敗文化變得更加強大。2019年秋天，當我在Google美麗的辦公室拜訪X實驗室時，泰勒向聚集在一起的員工說了一些我一直希望聽到公司主管說的話，但在那之前從未聽過。在回答問題時，泰勒指出，他和其他人都不能保證永遠不會裁員。但如果真的需要裁員，首先裁掉的將是那些從未失敗過的人。要理解這句話，情境非常重要。如果你領導一個先進技術發明地，你根本無法承受團隊中出現不願意冒險的人。敢於冒風險的人有時難免會失敗，好的表現就是這個樣子！醫院的主管或機長可能會有不同的說法：那些經歷過錯誤或事故、但沒有舉報的人將是第一個被淘汰的人。在健康的失敗文化中，人們都相信學習和失敗是相輔相成的，這也讓他們更容易快速說出自己的想法。

在你的家庭中，可能會採取這樣的形式：獎勵青少年在遇到挫折時，堅持不懈地迎接挑戰，當他們承認自己的不足時，讓他們知道你對他們刮目相看。這完全符合達克沃斯對恆毅力的研究──恆毅力的定義是對長期目標的堅持和熱情。恆毅力包括願意為自己出錯的事情的影響承擔責任，而不僅僅是對正確的事情負責（這是性格的一個要素）。

世界各地的經理都問過我：「我怎麼知道我的團隊是否擁有健康的失敗文化？」在確認團隊的工作涉及不確定、不同尋常或互相依賴的特性後，我用一個問題來回答：「在一週內，你聽到的好消息與壞消息、進展與問題、同意與反對、『一切順利』或『我需要幫助』的比例是多少？」通常，我會展示表8.1中看到的模型。

我注意到，如果人們大部分時候經歷的是這張表格的左側情形，他們會比較開心，感覺會比較好。但可惜的是，這可能不是一個好兆頭。有鑑於他們所做工作的不確定性和挑戰，人們不太

表 8.1

診斷健康的失敗文化

你通常聽到的是偏下列哪種情況：

這種情況？	還是這種情況？
好消息：	壞消息：
進展	問題
同意	反對
一切順利	我需要幫助

可能沒有壞消息、問題、不同意見或需要幫助。更有可能的情況是，你根本就沒有聽說過問題。

大多數管理者馬上就明白了，他們的雙眼都睜得大大，因為他們知道，從健康的失敗文化角度來看，健康的失敗文化會讓員工擁有心理安全感，敢於說出問題、顧慮和疑問，所以管理者感覺良好的情況，很可能實際並不好。

辨別差異的智慧

凱歌必須在沒有現代修辭和研究的幫助下，掌握好好從失敗中學習成長的科學。她是否憑直覺明白基本型失敗、複雜型失敗和智慧型失敗之間的區別？這就是她的失敗案例如此令人印象深刻的原因嗎？她敢於冒險、發揮自己的優勢、承受挫折、不斷前進的能力，表示她隱約地掌握了從失敗中學習成長的科學。她有自知之明（自我覺察），了解自己的長處（頭腦、決心、對釀酒的熱情）和短處（平庸、對社會消遣不感興趣），並把賭注押在了自己的長處上。她是一位審時度勢（具備狀態意識）的企業家，能夠出色地管理風險。凱歌透過大膽的行動、獨創性和極大的耐心，理解並打造她所熱愛的更大系統：包括技術、地區別、行業別，從而幫助建立香檳的全球市場。身為一名系統思維者，她把採摘、生產和銷售過程中固有的延遲狀況也考量進去，以有紀律、深思熟慮的方式拓展市場。

與其他科學一樣，好好從失敗中學習成長的科學並不一定有趣。它時好時壞，由容易犯錯的人單獨或共同努力完成。但有一點是肯定的，這門科學將帶來發現，在實現對你重要的目標時，發現哪些方法有效，哪些方法無效，同時也會讓你發現自己。世界各地和整個歷史上善用失敗經驗的精英，包括運動員、發明家、企業家、科學家等，教會我許多東西，讓我了解到從失敗中學習成長所需要的好奇心、理性、誠實、決心和熱情的獨特組合。他們的榜樣督促並激勵我，不斷提高自己的技能和習慣，我希望這對你也有同樣的作用。

為了讓這本有缺陷的書有一個必然有缺陷的結尾，我發現自己又回到了辨別力這個令人困擾的問題上。在神學家尼布爾（Reinhold Niebuhr）的《寧靜禱文》（Serenity Prayer）中，「賜我明辨的智慧」這句話是獲得寧靜的關鍵。在好好從失敗中學習成長的科學內，辨別力對於獲得平靜及其帶來的自我接受也極為重要。

在介紹失敗類型的框架時，我們忽略了一個相當大的挑戰，那就是如何畫定界限，例如，區分智慧型失敗和不那麼智慧型的失敗。新領域必須有多新？你必須對機會有多大的信心？你的假設考慮得有多周全？規模多大才算太大？同樣的，一旦我們退一步看一個更大的系統，已知領域中單一原因基本型失敗和複雜型失敗之間的清晰界限就變得模糊了。為什麼會犯那個簡單的錯誤？可能是睡眠不足造成的、小孩生病造成的、在托兒所被感染造成的，諸如此類各式各樣的原因。但框架的目標只是幫助我們以不同的方式思考，從而採取深思熟慮的行動，而不是提供或堅持嚴格的分類。

診斷狀態和系統也需要辨別力。風險有多大？如何評估不確定性？哪些關係對預測系統的行為最為重要？你在哪裡畫定界限，來確定你想要診斷或改變的系統？所有這些挑戰都取決於判斷和經驗。你愈是實踐好好從失敗中學習成長的科學，你就愈能輕鬆自如地運用其中的概念。本書的結尾並不是要測驗你是否能夠正確犯錯，看你能否通過測驗，而是要邀請你去練習實踐，從而幫助你好好發展從失敗中學習成長的科學。

最重要的是，洞察力對於培養我們面對失敗的自我覺察非常重要，無論是面對小失敗還是大失敗、個人失敗還是職業失敗。承認自己的缺點需要智慧，也能培養智慧。智慧讓我們知道自己何時已盡力而為，但面對自我永遠是接受失敗好好從中學習成長最困難的部分。

同時，也是最令人感到解脫的部分。

致 謝

　　寫這本書是一段冒險旅程，同時帶來洞見和焦慮。與所有出書計畫一樣，有（很多）時候，我都懷疑著手寫這本書是否明智。如果不是我的冒險夥伴們，我就不會在最後這個焦慮的時刻坐在筆記型電腦前，強烈地意識到這些文字不足以表達我對他們每個人的感激之情。

　　首先，感謝我的經紀人弗萊明（Margo Fleming），她幾年前與我聯繫，建議我寫一本關於失敗的書。我拖延了很長時間抗拒她的主意，在那幾個月的期間，我不斷地說：「我已經在《哈佛商業評論》發表過一篇關於失敗的文章了，這還不夠嗎？」或者「你確定我們需要另一本關於失敗的書嗎？」弗萊明堅持認為，她想讀到這個主題令人擔憂（但日益迫切）的書，可是還沒有人寫過，而且某種程度上必須由我來寫。透過巧妙的說服，鼓勵我「只」寫一份企畫書，弗萊明聰明地引誘我，並逐漸打消我的抗拒。過了一段時間，我開始相信她是對的。這本書需要被寫出來，而我需要好好專心創作。在我開始動筆之後，弗萊明就陪伴我，為我加油打氣，把書中的理念應用到她的生活中，替我聯繫出版社，並默默地相信我會完成它。

但要完成這樣一本書，需要一個團隊。在為此書做出貢獻的眾多人中，我特別感激能夠與思想夥伴兼作家普羅普（Karen Propp）在這個計畫上合作。為了將我的想法轉化為一本完整的書，我必須口述我的想法，將概念和故事組織成章節框架，而普羅普在這個過程中發揮了至關重要的作用。她還幫助我搜尋並編寫故事，使想法和框架更加生動有趣。福爾克（Dan Falk）、甘斯（Jordan Gans）、格雷（Ian Grey）、希利（Patrick Healey）、薩爾特（Susan Salter）和蔡（Paige Tsai）等其他幾位同事和研究助理也進行了寶貴的背景研究。在這段旅程接近尾聲時，我發現了克萊德勒（Heather Kreidler）的非凡才能，她擅長查核事實、追蹤參考文獻、注重細節和閱讀能力敏銳。克萊德勒在確保本書的可信度方面扮演關鍵角色，以令人印象深刻的熱情和優雅態度處理參考文獻、格式、取得許可等繁瑣但極其重要的工作。最後，感謝編審博爾特（Steve Boldt）的細心和技巧，還有格倫（Jaye Glenn）在校稿時智慧和敏銳地找到我所忽略的錯誤，並加以修正。

希區柯克（Stephanie Hitchcock）是我在Atria出版社的出色編輯，在整個創作過程中適時提供反饋和鼓勵。她深入研究那些不合理的細節，從更廣闊的視角出發，看到整個章節中的不足之處。有時我不知道如何處理她的建議，比如她偶爾會提醒我讀者的角色，邀請你們和我一起探討某個想法。但最終，當我領悟到其中的道理時，就會心微笑著運用她的才華。各位讀者，希區柯克自始自終都站在你們的立場上。她確保我的內容觸及各位的生活，而不僅僅是工作和公司方面。

特別感謝澳洲的克拉布特里（Amelia Crabtree），她既是藝術家又是醫生，巧妙地將我的一些框架轉化為生動活潑的圖像形式，使枯燥的學術概念變得更加有趣。我很感謝柏格西安（Nancy Boghossian）找到了克拉布特里，以及在整個計畫中給予我的許多支持。荷蘭設計師提蒂默斯（Brendan Timmers）在第七章製作精美的系統動態圖表，使一套複雜的互相作用因果關係變得易於追蹤和理解。

身為一名系統思維者，我認為應該將這本作品的早期動機歸功於《哈佛商業評論》傑出的普洛克希（Steve Prokesch），最早是他相信我能在2011年那本報導失敗主題的特刊上提供有意義的觀點。普洛克希堅持不懈地追求清晰和邏輯，使我在當時和今天都成為了一名更好的作家。

對於支撐本書及其理念背後所需的研究，我非常感謝許多組織內有思想的人，包括護士、醫生、工程師和執行長等人，是他們為我這個學術研究者敞開了大門，我很感謝他們願意接受採訪和研究。我還要感謝哈佛商學院研究部為我的研究提供的慷慨資助。

最後，我要感謝我的家人，最重要的是我的丈夫喬治・戴利（George Daley），他對我的愛和信心，更不用說他精湛的廚藝都支持著我，使我能夠投入大量時間來完成這本書。過去三十年裡，無論成功還是失敗，他都陪伴在我身邊，從未對我或我的工作失去信心。身為一名科學家，喬治花費了無數時間，面對、接受各種失敗並好好從中學習成長，取得了驚人的成功。喬治謙虛地聲稱我的想法幫助他取得成功，他也給我信心，相信我的想法也能幫助他人。但這本書是獻給我們的兩個兒子傑克和尼克的，他們的好奇心和對創造更美好世界的決心，每天都激勵著我。

注釋

前言

1. 同一型號的麥金塔經典桌上型電腦（1989年）如今被紐約現代藝術博物館永久收藏，https://www.moma.org/collection/works/142222。

2. Amy C. Edmondson, "Learning from Mistakes Is Easier Said Than Done: Group and Organizational Influences on the Detection and Correction of Human Error," *Journal of Applied Behavioral Science* 32, no. 1 (March 1, 1996): 5–28, doi: 10.1177/0021886396321001.

緒論

1. H. C. Foushee, "The Role of Communications, Socio-psychological, and Personality Factors in the Maintenance of Crew Coordination," *Aviation, Space, and Environmental Medicine* 53, no. 11 (November 1982): 1062–66.

2. Robert L. Helmreich, Ashleigh C. Merritt, and John A. Wilhelm, "The Evolution of Crew Resource Management Training in Commercial Aviation," *International Journal of Aviation Psychology* 9, no. 1 (January 1999): 19–32; Barbara G. Kanki, José M. Anca, and Thomas Raymond Chidester, eds., *Crew Resource Management*, 3rd ed. (London: Academic Press, 2019).

3. 有關哈克曼在團隊方面研究的概述，請參閱 J. Richard Hackman, *Groups That Work (and Those That Don't): Creating Conditions for Effective Teamwork*, 1st ed., Jossey-Bass Management Series (San Francisco: Jossey-Bass, 1990).

4. Ruth Wageman, J. Richard Hackman, and Erin Lehman, "Team Diagnostic Survey," *Journal of Applied Behavioral Science* 41, no. 4 (2005): 373–98, doi: 10.1177/0021886305281984.

5. Sim B. Sitkin, "Learning through Failure: The Strategy of Small Losses," *Research in Organizational Behavior* 14 (1992): 231–66.

6. 有關「所有失敗都是好事」文化的案例和一些反駁意見，請參閱 Shane Snow, "Silicon Valley's Obsession with Failure Is Totally Misguided," *Business Insider*, October 14, 2014, https://www.businessinsider.com/startup-failure-does-not-lead-to-success-2014-10; Adrian Daub, "The Undertakers of Silicon Valley: How Failure Became Big Business," *Guardian*, August 21, 2018, sec. Technology, https://www.theguardian.com/technology/2018/aug/21/the-undertakers-of-silicon-valley-how-failure-became-big-business; Alex Holder, "How Failure Became a Cultural Fetish," ELLE, February 22, 2021, https://www.elle.com/uk/life-and-culture/elle-voices/a35546483/

failure-cultural-fetish/.

7. 如今，莫林斯基是布蘭迪斯大學（Brandeis University）的全職教授，擁有心理學和國際商業方面的專業知識。

8. 請注意，在本研究中無法評估**實際的**錯誤率；由於發現各單位在心理安全感方面存在差異，檢測到的錯誤率必然是有偏差的數據。

9. Amy C. Edmondson, "Psychological Safety and Learning Behavior in Work Teams," *Administrative Science Quarterly* 44, no. 2 (June 1, 1999): 350–83.

10. 有關這項研究的概述，請參閱我的著作 *The Fearless Organization: Creating Psychological Safety in the Workplace for Learning, Innovation, and Growth* (Hoboken, NJ: John Wiley & Sons, 2018).；繁體中文版《心理安全感的力量》，天下雜誌，2023，書中的第二章。對於心理安全感在各種環境下促進學習和表現方面的作用，相關學術評論請參閱 Amy C. Edmondson and Zhike Lei, "Psychological Safety: The History, Renaissance, and Future of an Interpersonal Construct," *Annual Review of Organizational Psychology and Organizational Behavior* 1, no. 1 (2014): 23–43; Amy C. Edmondson et al., "Understanding Psychological Safety in Healthcare and Education Organizations: A Comparative Perspective," *Research in Human Development* 13, no. 1 (January 2, 2016): 65–83; M. Lance Frazier et al., "Psychological Safety: A Meta-Analytic Review and Extension," *Personnel Psychology* 70, no. 1 (Spring 2017): 113–65; Alexander Newman, Ross Donohue, and Nathan Eva, "Psychological Safety: A Systematic Review of the Literature," *Human Resource Management Review* 27, no. 3 (September 1, 2017): 521–35; Róisín O'Donovan and Eilish Mcauliffe, "A Systematic Review of Factors That Enable Psychological Safety in Healthcare Teams," *International Journal for Quality in Health Care* 32, no. 4 (May 2020): 240–50.

11. 案例請參閱 Atul Gawande, *The Checklist Manifesto: How to Get Things Right*, 1st ed. (New York: Metropolitan Books and Henry Holt, 2010).；繁體中文版《清單革命：不犯錯的祕密武器》，天下文化，2018。

12. 譯注：指當下的時間空間中，對於環境因子的敏感度及判斷力，同時有能力預測各項發展情勢。

第一章

1. 欲了解更多有關這個故事和心臟手術早期開創性的資訊，請參閱 G. Wayne Miller, *King of Hearts: The True Story of the Maverick Who Pioneered Open-Heart Surgery* (New York: Crown, 2000); James S. Forrester, *The Heart Healers: The Misfits, Mavericks, and Rebels Who Created the Greatest Medical Breakthrough of Our Lives* (New York: St. Martin's Press, 2015).

2. Forrester, *Heart Healers*, 63.

3. Peter Zilla et al., "Global Unmet Needs in Cardiac Surgery," *Global Heart* 13, no. 4 (December 2018): 293–303, doi: 10.1016/j.gheart.2018.08.002.

4. 有關這方面研究的概述，請參閱 Roy F. Baumeister et al., "Bad Is Stronger than

Good," *Review of General Psychology* 5, no. 4 (2001): 323–70, doi: 10.1037/1089-2680.5.4.323.

5. Paul Rozin and Edward B. Royzman, "Negativity Bias, Negativity Dominance, and Contagion," *Personality and Social Psychology Review* 5, no. 4 (November 2001): 296–320, doi: 10.1207/S15327957PSPR0504_2.

6. John Tierney and Roy F. Baumeister, *The Power of Bad: How the Negativity Effect Rules Us and How We Can Rule It* (New York: Penguin, 2019).

7. Amos Tversky and Daniel Kahneman, "Loss Aversion in Riskless Choice: A Reference-Dependent Model," *Quarterly Journal of Economics* 106, no. 4 (1991): 1039–61.

8. Daniel Kahneman, Jack L. Knetsch, and Richard H. Thaler, "Experimental Tests of the Endowment Effect and the Coase Theorem," *Journal of Political Economy* 98, no. 6 (December 1990): 1325–48.

9. Sydney Finkelstein, *Why Smart Executives Fail and What You Can Learn from Their Mistakes* (New York: Portfolio, 2003).；繁體中文版《從輝煌到湮滅：聰明執行長為何瞬間垮台？》，商智文化，2004。相關討論見Mark D. Cannon and Amy C. Edmondson, "Failing to Learn and Learning to Fail (Intelligently): How Great Organizations Put Failure to Work to Innovate and Improve," *Long Range Planning* 38, no. 3 (June 2005): 299–316.

10. "'The Buck Stops Here' Desk Sign," Harry S. Truman Library & Museum, National Archives and Records Administration, https://www.trumanlibrary.gov/education/trivia/buck-stops-here-sign.

11. 格雷茨基在1983年回應《曲棍球新聞》（*Hockey News*）編輯麥肯錫（Bob McKenzie）的問題。喬丹演出耐克廣告「失敗」（Failure）是另一個在追求精湛技藝過程中失敗的好例子（Wieden+Kennedy，1997年）。

12. Maya Salam, "Abby Wambach's Leadership Lessons: Be the Wolf," *New York Times*, April 9, 2019, sec. Sports, https://www.nytimes.com/2019/04/09/sports/soccer/abby-wambach-soccer-wolfpack.html.

13. Abby Wambach, "Abby Wambach, Remarks as Delivered" (commencement address, Barnard College, NY, 2018), https://barnard.edu/commencement/archives/2018/abby-wambach-remarks.

14. Victoria Husted Medvec, Scott F. Madey, and Thomas Gilovich, "When Less Is More: Counterfactual Thinking and Satisfaction among Olympic Medalists," *Journal of Personality and Social Psychology* 69, no. 4 (1995): 603–10, doi: 10.1037/0022-3514.69.4.603.

15. Neal J. Roese, "Counterfactual Thinking," *Psychological Bulletin* 121, no. 1 (1997): 133–48, doi: 10.1037/0033-2909.121.1.133.

16. 案例參閱James P. Robson Jr. and Meredith Troutman-Jordan, "A Concept Analysis of Cognitive Reframing," *Journal of Theory Construction & Testing* 18, no. 2 (2014): 55–59.

評估理論在這裡也很重要：Klaus R. Scherer, "Appraisal Theory," in *Handbook of Cognition and Emotion*, ed. Tim Dalgleish and Mick J. Power (New York: John Wiley and Sons, 1999), 637–63.

17. Judith Johnson et al., "Resilience to Emotional Distress in Response to Failure, Error or Mistakes: A Systematic Review," *Clinical Psychology Review* 52 (March 2017): 19–42, doi: 10.1016/j.cpr.2016.11.007.

18. 同上。

19. Martin E. P. Seligman and Mihaly Csikszentmihalyi, "Positive Psychology: An Introduction," in *Flow and the Foundations of Positive Psychology* by Mihaly Csikszentmihalyi (Dordrecht, Netherlands: Springer, 2014).

20. Joseph E. LeDoux, "The Emotional Brain, Fear, and the Amygdala," *Cellular and Molecular Neurobiology* 23, no. 4–5 (2003): 727–38, doi: 10.1023/A:1025048802629; Joseph E. LeDoux, "The Amygdala Is Not the Brain's Fear Center," *I Got a Mind to Tell You* (blog), *Psychology Today*, August 10, 2015, https://www.psychologytoday.com/us/blog/i-got-mind-tell-you/201508/the-amygdala-is-not-the-brains-fear-center.

21. 譯注：先驗知識指的是在進行學習、推理或問題解決之前，個體或系統已經具備先前獲得的知識和經驗。這種知識是透過以前的學習和觀察累積起來的，而不是透過當前的任務或問題直接獲得的。

22. 請參閱作者另一本著作 Amy C. Edmondson, *Teaming: How Organizations Learn, Innovate, and Compete in the Knowledge Economy* (San Francisco: Jossey-Bass, 2012)；繁體中文版《組隊合作：教你如何在知識經濟中學習、創新與競爭》，合記，2018。第二章。

23. Helmut von Moltke, "Über Strategie," in Moltkes militärische Werke, ed. Großer Generalstab (Berlin: E. S. Mittler, 1892–1912), vol. 4, pt. 2, 287–93. 另請參閱 Graham Kenny, "Strategic Plans Are Less Important Than Strategic Planning," *Harvard Business Review*, June 21, 2016, https://hbr.org/2016/06/strategic-plans-are-less-important-than-strategic-planning.

24. Naomi I. Eisenberger, "The Pain of Social Disconnection: Examining the Shared Neural Underpinnings of Physical and Social Pain," *Nature Reviews Neuroscience* 13 (June 2012): 421–34, https://www.nature.com/articles/nrn3231; Matthew D. Lieberman and Naomi I. Eisenberger, "The Pains and Pleasures of Social Life: A Social Cognitive Neuroscience Approach," *NeuroLeadership Journal* 1 (September 11, 2008), https://www.scn.ucla.edu/pdf/Pains&Pleasures(2008).pdf.

25. Pankaj Sah and R. Frederick Westbrook, "The Circuit of Fear," Nature 454, no. 7204 (July 2008): 589–90, doi: 10.1038/454589a; LeDoux, "Emotional Brain, Fear, and the Amygdala." 勒杜（Joseph E. LeDoux）近年來表示，杏仁核與恐懼的聯繫比最初想像的要複雜得多。例如，請參閱 Joseph E. LeDoux and Richard Brown, "A Higher-Order Theory of Emotional Consciousness," *Proceedings of the National Academy of Sciences* 114, no. 10 (2017): E2016–25, doi: 10.1073/pnas.1619316114; LeDoux,

"Amygdala Is Not."

26. LeDoux, "Amygdala Is Not."

27. 關於情緒（包括恐懼）在學習中的作用，簡要入門知識請參閱 Ulrike Rimmele, "A Primer on Emotions and Learning," OECD, accessed November 13, 2021, https://www.oecd.org/education/ceri/ aprimeronemotionsandlearning.htm.

28. Jean M. Twenge, *iGen: Why Today's Super-Connected Kids Are Growing Up Less Rebellious, More Tolerant, Less Happy—and Completely Unprepared for Adulthood: And What That Means for the Rest of Us* (New York: Atria Books, 2017).；繁體中文版《i世代報告：更包容、沒有叛逆期，卻也更憂鬱不安，且遲遲無法長大的一代》，大家出版，2020。

29. 有關這部分證據的概述，請參閱作者的《心理安全感的力量》。

30. 有關的一些範例，請參閱 Ingrid M. Nembhard and Amy C. Edmondson, "Making It Safe: The Effects of Leader Inclusiveness and Professional Status on Psychological Safety and Improvement Efforts in Health Care Teams," *Journal of Organizational Behavior* 27, no. 7 (2016): 941–66; Amy C. Edmondson, "Learning from Failure in Health Care: Frequent Opportunities, Pervasive Barriers," *Quality and Safety in Health Care* 13, suppl. 2 (December 1, 2004): ii3–9; Amy C. Edmondson, "Speaking Up in the Operating Room: How Team Leaders Promote Learning in Interdisciplinary Action Teams," *Journal of Management Studies* 40, no. 6 (2003): 1419–52; Amy C. Edmondson, "Framing for Learning: Lessons in Successful Technology Implementation," *California Management Review* 45, no. 2 (2003): 34–54; Fiona Lee et al., "The Mixed Effects of Inconsistency on Experimentation in Organizations," *Organization Science* 15, no. 3 (May–June 2004): 310–26; Michael Roberto, Richard M. J. Bohmer, and Amy C. Edmondson, "Facing Ambiguous Threats," *Harvard Business Review* 84, no. 11 (November 2006): 106–13.

31. Amy C. Edmondson, "Strategies for Learning from Failure," *Harvard Business Review* 89, no. 4 (April 2011).

32. "The Hardest Gymnastics Skills in Women's Artistic Gymnastics (2022 Update)," *Uplifter Inc.*, October 9, 2019, https://www.uplifterinc.com/hardest-gymnastics-skills.

33. Miller, *King of Hearts*, 5.

34. 同上。

35. 同上。

36. Forrester, *Heart Healers*, 70.

37. 同上，頁87。

38. McMaster University, "Better Assessment of Risk from Heart Surgery Results in Better Patient Outcomes: Levels of Troponin Associated with an Increased Risk of Death," *ScienceDaily*, March 2, 2022, www.sciencedaily.com/releases/2022/03/220302185945.htm. See also "Surprising Spike in Postoperative Cardiac Surgery Deaths May Be an

Unintended Consequence of 30-Day Survival Measurements," Johns Hopkins Medicine, April 10, 2014, https://www.hopkinsmedicine.org/news/media/releases/surprising_ spike_in_postoperative_cardiac_surgery_deaths_may_be_an_unintended_consequence_ of_30_day_survival_measurements.

39. Amy C. Edmondson, Richard M. Bohmer, and Gary P. Pisano, "Disrupted Routines: Team Learning and New Technology Implementation in Hospitals," *Administrative Science Quarterly* 46, no. 4 (2001): 685–716, doi: 10.2307/3094828.

第二章

1. 《千鈞一髮》是一部1997年的電影，英文片名 *Gattaca* 中的四個字母G, A, T, C代表DNA的四個核鹼基，故事背景設定在未來的社會，人類被分為具有優秀基因的「合格者」和自然受孕而生的「非合格者」，後者只能從事低階工作。在劇情中，一名非合格者儘管被認為智力低下，最終在前往土星衛星之一的太空任務中，成功獲得了精英職位。編劇尼科爾（Andrew Niccol），本片為劇情、科幻片、驚悚片（Columbia Pictures, Jersey Films，1997年）。

2. 乙二醛是一種有機化合物，常用於科學實驗中連接其他化學物質。

3. Steve D. Knutson and Jennifer M. Heemstra, "EndoVIPER-seq for Improved Detection of A-to-I Editing Sites in Cellular RNA," *Current Protocols in Chemical Biology* 12, no. 2 (2020): e82, doi: 10.1002/cpch.82.

4. Steve D. Knutson et al., "Thermoreversible Control of Nucleic Acid Structure and Function with Glyoxal Caging," *Journal of the American Chemical Society* 142, no. 41 (2020): 17766–81.

5. Jen Heemstra (@jenheemstra), "The Only People Who Never Make Mistakes and Never Experience Failure Are Those Who Never Try," Twitter, January 13, 2021, 8:04 a.m., https://twitter.com/jenheemstra/status/1349341481472036865.

6. 例如，請參閱 Margaret Frith and John O'Brien, *Who Was Thomas Alva Edison?* (New York: Penguin Workshop, 2005); Edmund Morris, *Edison* (New York: Random House, 2019)；繁體中文版《愛迪生傳》，堡壘文化，2022；Randall E. Stross, *The Wizard of Menlo Park: How Thomas Alva Edison Invented the Modern World* (New York: Crown, 2007).

7. Frank Lewis Dyer, *Thomas Edison: His Life and Inventions*, vol. 2 (Harper and Brothers, 1910), chap. 24, 369.

8. Ben Proudfoot, "She Changed Astronomy Forever. He Won the Nobel Prize for It," *New York Times*, July 27, 2021, sec. Opinion, https://www.nytimes.com/2021/07/27/opinion/pulsars-jocelyn-bell-burnell-astronomy.html.

9. See Ben Proudfoot, "Almost Famous: The Silent Pulse of the Universe" (video), featuring Jocelyn Bell Burnell, July 27, 2021, at 5:42, https://www.nytimes.com/2021/07/27/opinion/pulsars-jocelyn-bell-burnell-astronomy.html.

10. 同上，影片 6:54處。

11. Martin Ryle and Antony Hewish, "Antony Hewish, the Nobel Prize in Physics in 1974," Nobel Prize Outreach AB, https://www.nobelprize.org/prizes/physics/1974/hewish/biographical/.

12. "Design Technology," Brighton College, accessed October 22, 2021, https://www.brightoncollege.org.uk/college/arts-life/design-technology/.

13. Jill Seladi-Schulman, "What Is Avocado Hand?," Healthline, November 16, 2018, https://www.healthline.com/health/avocado-hand.

14. "Avogo—Cut and De-stone Your Avocado at Home or on the Go," Kickstarter, accessed October 22, 2021, https://www.kickstarter.com/projects/183646099/avogo-cut-and-de-stone-your-avocado-at-home-or-on.

15. Tom Eisenmann, "Why Start-Ups Fail," *Harvard Business Review*, May–June 2021, https://hbr.org/2021/05/why-start-ups-fail.

16. 同上。另請參閱 Tom Eisenmann, *Why Startups Fail: A New Roadmap to Entrepreneurial Success* (New York: Currency, 2021).；繁體中文版《不受傷創業》，天下文化，2021。

17. "The 10 Worst Product Fails of All Time," *Time*, https://time.com/13549/the-10-worst-product-fails-of-all-time/. 沙薩（Reuben Salsa）在「百事可樂最大的失敗」（Pepsi's Greatest Failure: The Crystal Bubble That Burst）一文中討論了水晶百事可樂失敗的其他細節，May 27, 2020, https://bettermarketing.pub/pepsis-greatest-failure-the-crystal-bubble-that-burst-9cffd4f462ec.

18. Proudfoot, "Almost Famous," at 5:42.

19. "Avogo," Kickstarter.

20. Bishnu Atal's comments during "A Conversation with James West" (video), Acoustical Society of America, March 4, 2021, at 1:12:23, https://www.youtube.com/watch?v=yWExMa38o88.

21. Astro Teller, "The Unexpected Benefit of Celebrating Failure," TED2016, https://www.ted.com/talks/astro_teller_the_unexpected_benefit_of_celebrating_failure.

22. Thomas M. Burton, "By Learning from Failures, Lilly Keeps Drug Pipeline Full," *Wall Street Journal*, April 21, 2004, https://www.wsj.com/articles/SB108249266648388235.

23. 關於這個故事的更多細節，請參閱作者另一本著作《組隊合作：教你如何在知識經濟中學習、創新與競爭》，第七章。

24. Blake Morgan, "50 Leading Female Futurists," *Forbes*, March 5, 2020, https://www.forbes.com/sites/blakemorgan/2020/03/05/50-leading-female-futurists/.

25. Amy Webb, "How I Hacked Online Dating," TEDSalon NY, 2013, https://www.ted.com/talks/amy_webb_how_i_hacked_online_dating.

26. Carol S. Dweck, *Mindset: The New Psychology of Success* (New York: Ballantine, 2006).；繁體中文版《心態致勝：全新成功心理學》，天下文化，2019。

27. Rachel Ross, "Who Invented the Traffic Light?," Live Science, December 16, 2016, https://www.livescience.com/57231-who-invented-the-traffic-light.html.

28. 同上。

29. Biography.com editors, "Garrett Morgan," Biography, accessed November 4, 2021, https://www.biography.com/inventor/garrett-morgan.

30. "Garrett Morgan Patents Three-Position Traffic Signal," History, accessed October 24, 2021, https://www.history.com/this-day-in-history/garrett-morgan-patents-three-position-traffic-signal.

31. "Engineering for Reuse: Chris Stark," Engineering Design Workshop: Engineering Stories, Boston Museum of Science, accessed October 22, 2021, https://virtualexhibits.mos.org/edw-engineering-stories.

32. 有關韋斯特的資訊摘自 "James West: Biography" and "James West: Digital Archive," HistoryMakers, accessed October 23, 2021, https://www.thehistorymakers.org/biography/james-west; "Meet Past President of ASA, Dr. Jim West," *Acoustics Today* (blog), September 17, 2020, https://acousticstoday.org/meet-past-president-of-asa-dr-jim-west/.

33. James West, "James West Talks about His Father's Career," interviewed by Larry Crowe, HistoryMakers A2013.039, February 13, 2013, HistoryMakers Digital Archive, sess. 1, tape 1, story 7.

34. "Meet Past President," *Acoustics Today*.

35. James West, "James West Talks about His Experience in the U.S. Army," interviewed by Larry Crowe, HistoryMakers A2013.039, February 13, 2013, HistoryMakers Digital Archive, sess. 1, tape 4, story 3.

36. James West, "James West Describes His Earliest Childhood Memories," interviewed by Larry Crowe, HistoryMakers A2013.039, February 13, 2013, HistoryMakers Digital Archive, sess. 1, tape 1, story 9.

37. James West, "James West Remembers Being Electrocuted at Eight Years Old," interviewed by Larry Crowe, HistoryMakers A2013.039, February 13, 2013, HistoryMakers Digital Archive, sess. 1, tape 2, story 5.

38. 同上，5:23處。

39. James West, "James West Talks about His Experience Interning at Bell Laboratories, Part 1," interviewed by Larry Crowe, HistoryMakers A2013.039, February 13, 2013, HistoryMakers Digital Archive, sess. 1, tape 4, story 5.

40. 同上。

41. W. Kuhl, G. R. Schodder, and F.-K. Schröder, "Condenser Transmitters and Microphones with Solid Dielectric for Airborne Ultrasonics," *Acta Acustica United with Acustica* 4, no. 5 (1954): 519–32.

42. West, "James West Talks about His Experience Interning at Bell Laboratories, Part 1."

43. 同上。

44. James West, "James West Talks about His Experience Interning at Bell Laboratories, Part 2," interviewed by Larry Crowe, HistoryMakers A2013.039, February 13, 2013, HistoryMakers Digital Archive, sess. 1, tape 4, story 6.

45. James West, "James West Talks about the Electret Microphone, Part 2," interviewed by Larry Crowe, HistoryMakers A2013.039, February 13, 2013, HistoryMakers Digital Archive, sess. 1, tape 5, story 5.

46. Biography.com editors, "James West," Biography, accessed December 2, 2022, https://www.biography.com/inventor/james-west.

47. Tienlon Ho, "The Noma Way," *California Sunday Magazine*, February 2, 2016, https://story.californiasunday.com/noma-australia-rene-redzepi.

48. 同上。

49. Stefan Chomka, "René Redzepi. 'With Noma 2.0, We Dare Again to Fail,'" 50 Best Stories, November 10, 2017, https://www.theworlds50best.com/stories/News/rene-redzepi-noma-dare-to-fail.html.

50. Tim Lewis, "Claus Meyer: The Other Man from Noma," *Observer* (blog), *Guardian*, March 20, 2016, sec. Food, https://www.theguardian.com/lifeandstyle/2016/mar/20/claus-meyer-the-other-man-from-noma-copenhagen-nordic-kitchen-recipes.

51. René Redzepi, *René Redzepi Journal* (New York and London: Phaidon, 2013), 44.

52. Ho, "Noma Way."

53. 同上。

54. Redzepi, *René Redzepi*, 18–19, entry for February 9, 2013.

55. 同上，頁19。

56. Chomka, "René Redzepi."另 請 見Pierre Deschamps等 人，*Noma: My Perfect Storm* (Documentree Films, 2015).；電影《諾瑪：米其林風暴》。

57. Stefano Ferraro, "Stefano Ferraro, Head PastryChef at Noma: Failing Is a Premise for Growth," trans. Slawka G. Scarso, Identità Golose Web Magazine internazionale di cucina, March 1, 2020, https://www.identitagolose.com/sito/en/116/25235/chefs-life-stories/stefano-ferraro-head-pastry-chef-at-noma-failing-is-a-premise-for-growth.html.

58. Redzepi, *René Redzepi*, 25.

59. Redzepi, *René Redzepi*, 48–49, Thursday, March 24.

60. Ho, "Noma Way."

61. 同上。

62. Redzepi, *René Redzepi*, 160.

63. 同上，頁26。

64. Alessandra Bulow, "An Interview with René Redzepi," Epicurious, https://www.

epicurious.com/archive/chefsexperts/celebrity-chefs/rene-redzepi-interview.

65. Deschamps et al., *Noma*.

66. Noma," Michelin Guide, accessed December 1, 2022, https://guide.michelin.com/us/en/capital-region/copenhagen/restaurant/noma.

67. Redzepi, *René Redzepi*, 59.

68. Pete Wells, "Noma Spawned a World of Imitators, but the Restaurant Remains an Original," *New York Times*, January 9, 2023, https://www.nytimes.com/2023/01/09/dining/rene-redzepi-closing-noma-pete-wells.html?action=click&module=RelatedLinks&pgtype=Article.

69. See Amy C. Edmondson and Laura R. Feldman, "Phase Zero: Introducing New Services at IDEO (A)," Harvard Business School, Case 605-069, February 2005 (revised March 2013); Amy C. Edmondson and Kathryn S. Roloff, "Phase Zero: Introducing New Services at IDEO (B)," Harvard Business School, Supplement 606-123, June 2006 (revised March 2013).

70. 有關IDEO及其獨特設計方法的關鍵細節，請參閱Edmondson and Feldman, "Phase Zero."。

71. "Bill Moggridge," IDEO, accessed October 22, 2021, https://www.ideo.com/people/bill-moggridge.

72. Edmondson and Feldman, "Phase Zero."

73. 2009年，美國廣播公司（ABC）《晚間新聞》（*Nightline*）播出了一段收視率高的節目，介紹了IDEO團隊在五天內設計出一款迥異的新型超市購物車的故事，購物車既優雅又實用，但公司的文化才是節目真正精彩之處，凱力的魅力令人無法抗拒，他不僅頌揚失敗的必要性，還興高采烈地指著公司的一系列失敗案例，自豪地向電視觀眾展示和分享。"ABC *Nightline*—IDEO Shopping Cart," December 2, 2009, https://www.youtube.com/watch?v=M66ZU2PCIcM. 另請參閱"Why You Should Talk Less and Do More, IDEO Design Thinking, October 30, 2013, https://designthinking.ideo.com/blog/why-you-should-talk-less-and-do-more.

74. Edmondson and Feldman, "Phase Zero," 2.

75. 同上，頁5。

76. Edmondson and Roloff, "Phase Zero."

77. "Eli Lilly's Alimta Disappoints," Yahoo! Finance, June 4, 2013, http://finance.yahoo.com/news/eli-lillys-alimta-disappoints-183302340.html. 另請參閱Steven T. Szabo et al., "Lessons Learned and Potentials for Improvement in CNS Drug Development: ISCTM Section on Designing the Right Series of Experiments," *Innovations in Clinical Neuroscience* 12, no. 3, suppl. A (2015).

78. Eric Sagonowsky, "Despite Drug Launch Streak, Lilly Posts Rare Sales Decline as Alimta Succumbs to Generics," Fierce Pharma, August 4, 2022, https://www.fiercepharma.com/pharma/lillys-new-launches-shine-alimta-drags-sales.

第三章

1. Chris Dolmetsch, Jennifer Surane, and Katherine Doherty, "Citi Trial Shows Chain of Gaffes Leading to $900 Million Blunder," Bloomberg, December 9, 2020, https://www.bloomberg.com/news/articles/2020-12-09/citi-official-shocked-over-900-million-error-as-trial-begins.

2. Eversheds Sutherland, "The Billion Dollar Bewail: Citibank Cannot Recover $900 Million Inadvertently Wired to Lenders," JD Supra, March 11, 2021, https://www.jdsupra.com/legalnews/the-billion-dollar-bewail-citibank-9578400/.

3. Atul Gawande, *The Checklist Manifesto: How to Get Things Right* (New York: Metropolitan Books and Henry Holt, 2010).；繁體中文版《清單革命：不犯錯的祕密武器》，天下文化，2018。

4. 有關此次事故的分析，請參閱J. Richard Hackman, *Leading Teams: Setting the Stage for Great Performances* (Boston: Harvard Business School Press, 2002).

5. 有關這起基本型失敗的更多詳細資訊，請參閱Thomas Tracy、Nicholas Williams and Clayton Guse, "Brooklyn Building Smashed by MTA Bus at Risk of Collapse, City Officials Say," *New York Daily News*, June 9, 2021, https://www.nydailynews.com/new-york/ny-brooklyn-mta-bus-crash-video-20210609-j5picmqwkfghbipx6w2omdu3dy-story.html.。

6. "'Disturbing' Video Emerges in MTA Bus Crash into Brooklyn Building Case" (video), *NBC News 4 New York*, June 9, 2021, at 1:06, https://www.nbcnewyork.com/on-air/as-seen-on/disturbing-video-emerges-in-mta-bus-crash-into-brooklyn-building-case/3097885/.

7. Martin Chulov, "A Year on from Beirut Explosion, Scars and Questions Remain," *Guardian*, August 4, 2021, sec. World News, https://www.theguardian.com/world/2021/aug/04/a-year-on-from-beirut-explosion-scars-and-questions-remain.

8. Sharon LaFraniere and Noah Weiland, "Factory Mix-Up Ruins Up to 15 Million Vaccine Doses from Johnson & Johnson," *New York Times*, March 31, 2021, sec. U.S., https://www.nytimes.com/2021/03/31/us/politics/johnson-johnson-coronavirus-vaccine.html.

9. Sharon LaFraniere, Noah Weiland, and Sheryl Gay Stolberg, "The F.D.A. Tells Johnson & Johnson That About 60 Million Doses Made at a Troubled Plant Cannot Be Used," *New York Times*, June 11, 2021, sec. U.S., https://www.nytimes.com/2021/06/11/us/politics/johnson-covid-vaccine-emergent.html.

10. LaFraniere, Weiland, and Stolberg, "F.D.A. Tells Johnson & Johnson."

11. LaFraniere and Weiland, "Factory Mix-Up Ruins."

12. 有關工廠安全文化存在問題的詳細資訊，請參閱Chris Hamby, Sharon LaFraniere, and Sheryl Gay Stolberg, "U.S. Bet Big on COVID Vaccine Manufacturer Even as Problems Mounted," *New York Times*, April 6, 2021, sec. U.S., https://www.nytimes.com/2021/04/06/us/covid-vaccines-emergent-biosolutions.html.

13. LaFraniere and Weiland, "Factory Mix-Up Ruins."

14. U.S. Centers for Disease Control and Prevention, "Sleep and Sleep Disorders," National Center for Chronic Disease Prevention and Health Promotion, Division of Population Health, September 7, 2022, https://www.cdc.gov/sleep/index.html.

15. 關於疲勞駕駛的負面影響，更多資訊請參閱U.S. Centers for Disease Control and Prevention, "Drowsy Driving: Asleep at the Wheel," National Center for Chronic Disease Prevention and Health Promotion, Division of Population Health, November 21, 2022, https://www.cdc.gov/sleep/features/drowsy-driving.html.

16. Jeffrey H. Marcus and Mark R. Rosekind, "Fatigue in Transportation: NTSB Investigations and Safety Recommendations," *Injury Prevention: Journal of the International Society for Child and Adolescent Injury Prevention* 23, no. 4 (August 2017): 232–38, doi: 10.1136/injuryprev-2015-041791.

17. Christopher P. Landrigan et al., "Effect of Reducing Interns' Work Hours on Serious Medical Errors in Intensive Care Units," *New England Journal of Medicine* 351, no. 18 (October 28, 2004): 1838–48, doi: 10.1056/NEJMoa041406.

18. 譯注：日光節約時間是一種在夏季月份犧牲正常的日出時間，而將時間調快的做法。使用夏令時間的地區，會在接近春季開始的時候，通常將時間調快60分鐘，並在秋季調回正常時間。

19. Josef Fritz et al., "A Chronobiological Evaluation of the Acute Effects of Daylight Saving Time on Traffic Accident Risk," *Current Biology* 30, no. 4 (February 2020): 729–35.e2, doi: 10.1016/j.cub.2019.12.045.

20. 有關這場災難的更多資訊，請參閱R. D. Marshall et al., *Investigation of the Kansas City Hyatt Regency Walkways Collapse*, NIST Publications, Building Science Series 143 (Gaithersburg, MD: National Institute of Standards and Technology, May 31, 1982), https:// www.nist.gov/publications/investigation-kansas-city-hyatt-regency-walkways-collapse-nbs-bss-143.

21. Rick Montgomery, "20 Years Later: Many Are Continuing to Learn from Skywalk Collapse," *Kansas City Star*, July 15, 2001, A1, archived from the original on May 20, 2017, from https://web.archive.org/web/20160108175310/http://skywalk.kansascity.com/articles/20-years-later-many-are-continuing-learn-skywalk-collapse/.

22. Henry Petroski, *To Engineer Is Human: The Role of Failure in Successful Design*, 1st ed. (New York: Vintage, 1992), 88.

23. Montgomery, "20 Years Later." See also *Duncan v. Missouri Bd. for Architects*, 744 S.W.2d 524, January 26, 1998, https://law.justia.com/cases/missouri/court-of-appeals/1988/52655-0.html.

24. Staff, "Hyatt Regency Walkway Collapse," engineering.com, October 24, 2006, https:// www.engineering.com/story/hyatt-regency-walkway-collapse.

25. Petroski, *To Engineer Is Human*.

26. Kansas City Public Library, "The Week in KC History: Hotel Horror," accessed November 9, 2021, https://kchistory.org/week-kansas-city-history/hotel-horror.

27. Montgomery, "20 Years Later."

28. "Champlain Towers South Collapse," National Institute of Standards and Technology, June 30, 2021, https://www.nist.gov/disaster-failure-studies/champlain-towers-south-collapse-ncst-investigation.

29. "Pets.com Latest High-Profile Dot-Com Disaster," CNET, January 2, 2002, https://www.cnet.com/news/pets-com-latest-high-profile-dot-com-disaster/.

30. Andrew Beattie, "Why Did Pets.com Crash So Drastically?," Investopedia, October 31, 2021, https://www.investopedia.com/ask/answers/08/dotcom-pets-dot-com.asp.

31. Kirk Cheyfitz, *Thinking inside the Box: The 12 Timeless Rules for Managing a Successful Business* (New York: Free Press, 2003), 30–32.

32. Beattie, "Why Did Pets.com Crash."

33. Claire Cain Miller, "Chief of Pets.com Is Back, Minus the Sock Puppet," *New York Times*, August 1, 2008, sec. Bits, https://archive.nytimes.com/bits.blogs.nytimes.com/2008/08/01/chief-of-petscom-is-back-minus-the-sock-puppet/.

34. Julie Wainwright and Angela Mohan, *ReBoot: My Five Life-Changing Mistakes and How I Have Moved On* (North Charleston, SC: BookSurge, 2009), 63.

35. Maggie McGrath, Elana Lyn Gross, and Lisette Voytko, "50 over 50: The New Golden Age," *Forbes*, https://www.forbes.com/50over50/2021/.

36. John Haltiwanger and Aylin Woodward, "Damning Analysis of Trump's Pandemic Response Suggested 40% of US COVID-19 Deaths Could Have Been Avoided," *Business Insider*, February 11, 2021, https://www.businessinsider.com/analysis-trump-covid-19-response-40-percent-us-deaths-avoidable-2021-2.

37. Steffie Woolhandler et al., "Public Policy and Health in the Trump Era," *Lancet* 397, no. 10275 (February 20, 2021): 705–53, doi: 10.1016/S0140-6736(20)32545-9. 另請參見 Haltiwanger and Woodward, "Damning Analysis."

38. Gary Gereffi, "What Does the COVID19 Pandemic Teach Us about Global Value Chains? The Case of Medical Supplies," *Journal of International Business Policy* 3 (2020): 287–301, doi: 10.1057/ s42214-020-00062-w; Organisation for Economic Co-operation and Development, "The Face Mask Global Value Chain in the COVID-19 Outbreak: Evidence and Policy Lessons," OECD Policy Responses to Coronavirus (COVID-19), May 4, 2020, https://www.oecd.org/coronavirus/policy-responses/the-face-mask-global-value-chain-in-the-covid-19-outbreak-evidence-and-policy-lessons-a4df866d/.

39. Aishvarya Kavi, "Virus Surge Brings Calls for Trump to Invoke Defense Production Act," *New York Times*, July 22, 2020, sec. U.S., https://www.nytimes.com/2020/07/22/us/politics/coronavirus-defense-production-act.html.

40. Erin Griffith, "What Red Flags? Elizabeth Holmes Trial Exposes Investors'

Carelessness," *New York Times*, November 4, 2021, sec. Technology, https://www.nytimes.com/2021/11/04/technology/theranos-elizabeth-holmes-investors-diligence.html.

41. Cathy van Dyck et al., "Organizational Error Management Culture and Its Impact on Performance: A Two-Study Replication," *Journal of Applied Psychology* 90, no. 6 (2005): 1228–40, doi: 10.1037/0021-9010.90.6.1228; Michael Frese and Nina Keith, "Action Errors, Error Management, and Learning in Organizations," *Annual Review of Psychology* 66, no. 1 (2015): 661–87; Paul S. Goodman et al., "Organizational Errors: Directions for Future Research," *Research in Organizational Behavior* 31 (2011): 151–76, doi: 10.1016/j.riob.2011.09.003; Robert L. Helmreich, "On Error Management: Lessons from Aviation," BMJ 320, no. 7237 (2000): 781–85.

42. Carol Tavris and Elliot Aronson, *Mistakes Were Made (but Not by Me): Why We Justify Foolish Beliefs, Bad Decisions, and Hurtful Acts*, 3rd ed. (New York: Houghton Mifflin Harcourt, 2020).；繁體中文版《錯不在我？》，大牌出版，2021。

43. Lee Ross, "The Intuitive Psychologist and His Shortcomings: Distortions in the Attribution Process," *Advances in Experimental Social Psychology* 10 (1977): 173–220.

44. Donald Dosman, "Colin Powell's Wisdom," *Texas News Today* (blog), October 19, 2021, https://texasnewstoday.com/colin-powells-wisdom/504875/.

45. Dan Schawbel, "A Conversation with Colin Powell: What Startups Need to Know," *Forbes*, May 17, 2012, https://www.forbes.com/sites/danschawbel/2012/05/17/colin-powell-exclusive-advice-for-entrepreneurs/?sh=e72e3600251e.

46. Steven M. Norman, Bruce J. Avolio, and Fred Luthans, "The Impact of Positivity and Transparency on Trust in Leaders and Their Perceived Effectiveness," *Leadership Quarterly* 21, no. 3 (2010): 350–64, doi: 10.1016/j.leaqua.2010.03.002.

47. 有關歐尼爾在美鋁成功的安全倡議，精彩的敘述請參閱 Kim B. Clark and Joshua D. Margolis, "Workplace Safety at Alcoa (A)," Harvard Business School, Case 692-042, October 1991 (revised January 2000); Steven J. Spear, "Workplace Safety at Alcoa (B)," Harvard Business School, Case 600-068, December 1999 (revised March 2000); Charles Duhigg, *The Power of Habit: Why We Do What We Do in Life and Business* (New York: Random House Trade Paperback, 2014), chap. 4, 97–126.；繁體中文版《為什麼我們這樣生活，那樣工作？》，大塊文化，2012。

48. Duhigg, *Power of Habit*, 98.

49. 同上。

50. 同上，頁99。

51. 同上。

52. 同上，頁98。

53. 同上。

54. 同上，頁99。

55. 資料出處：美國健康照護促進協會（Institute for Healthcare Improvement）網站，擷取自歐尼爾為該機構發表的演講：Patricia McGaffigan, "What Paul O'Neill Taught Health Care about Workforce Safety," April 28, 2020, https://www.ihi.org/communities/blogs/what-paul-o-neill-taught-health-care-about-workforce-safety.

56. Duhigg, *Power of Habit*, 116.

57. 同上，頁100。

58. 同上。

59. "The Story of Sakichi Toyoda," Toyota Industries, accessed November 11, 2021, https://www.toyota-industries.com/company/history/toyoda_sakichi/. See also Nigel Burton, *Toyota MR2: The Complete Story* (Ramsbury, Marlborough, UK: Crowood Press, 2015).

60. Satoshi Hino, *Inside the Mind of Toyota: Management Principles for Enduring Growth* (New York: Productivity Press, 2006), 2.

61 譯注：自働化，與自動化不同，是指加上了人類智慧的自動化機器生產。

62. Burton, *Toyota MR2*, 10.

63. James P. Womack, Daniel T. Jones, and Daniel Roos, *The Machine That Changed the World: The Story of Lean Production—Toyota's Secret Weapon in the Global Car Wars That Is Revolutionizing World Industry* (London: Free Press, 2007).；簡體中文版《改變世界的機器：精益生產之道》，機械工業出版社，2021。

64. Kazuhiro Mishina, "Toyota Motor Manufacturing, U.S.A., Inc.," Harvard Business School, Case 693-019, September 1992 (revised September 1995).

65. 同上。

66. David Magee, *How Toyota Became #1: Leadership Lessons from the World's Greatest Car Company*, paperback ed. (New York: Portfolio, 2008).

67. Mary Louise Kelly, Karen Zamora, and Amy Isackson, "Meet America's Newest Chess Master, 10-Year-Old Tanitoluwa Adewumi," *All Things Considered*, NPR, May 11, 2021, https://www.npr.org/2021/05/11/995936257/meet-americas-newest-chess-master-10-year-old-tanitoluwa-adewumi.

68. "Yani Tseng Stays Positive After 73," *USA Today*, November 1, 2012, sec. Sports, https://www.usatoday.com/story/sports/golf/lpga/2012/11/15/cme-group-titleholders-yani-tseng/1707513/.

69. Tim Grosz, "Success of Proactive Safety Programs Relies on 'Just Culture' Acceptance," Air Mobility Command, February 5, 2014, https://www.amc.af.mil/News/Article-Display/Article/786907/success-of-proactive-safety-programs-relies-on-just-culture-acceptance/.

70. Amy C. Edmondson, "Learning from Mistakes Is Easier Said Than Done: Group and Organizational Influences on the Detection and Correction of Human Error," *Journal of Applied Behavioral Science* 32, no. 1 (March 1, 1996): 5–28.

71. 有關穆拉利扭轉福特的局面，更詳細的說明，請參閱 Bryce G. Hoffman, American Icon: *Alan Mulally and the Fight to Save Ford Motor Company* (New York: Crown Business, 2012); Amy C. Edmondson and Olivia Jung, "The Turnaround at Ford Motor Company," Harvard Business School, Case 621-101, April 2021 (revised March 2022).；繁體中文版《勇者不懼：拯救福特，企業夢幻CEO穆拉利》，寶鼎，2014。

72. Hoffman, *American Icon*, 102.

73. Alan Mulally, "Rescuing Ford," interview by Peter Day, *BBC Global Business*, October 16, 2010, https://www.bbc.co.uk/programmes/p00b5qjq.

74. Hoffman, *American Icon*, 124.

75. Alan Mulally, "Alan Mulally of Ford: Leaders Must Serve, with Courage" (video), Stanford Graduate School of Business, February 7, 2011, at 31:25, https://www.youtube.com/watch?v=ZIwz1KlKXP4.

76. 同上，32:59的地方。

77. Jan U. Hagen, *Confronting Mistakes: Lessons from the Aviation Industry When Dealing with Error* (Houndmills, Basingstoke, Hampshire, UK: Palgrave Macmillan, 2013).

78. 同上，頁143。

79. 同上，頁146，圖3.10。

80. 同上，頁145，圖3.9b。

81. 同上，頁148。

82. Susan P. Baker et al., "Pilot Error in Air Carrier Mishaps: Longitudinal Trends among 558 Reports, 1983–2002," *Aviation, Space, and Environmental Medicine* 79, no. 1 (January 2008): 2–6, as quoted in Hagen, *Confronting Mistakes*, 143.

83. Andy Pasztor, "The Airline Safety Revolution," *Wall Street Journal*, April 16, 2021, sec. Life, https://www.wsj.com/articles/the-airline-safety-revolution-11618585543.

84. 範例請參閱 Kris N. Kirby and R. J. Herrnstein, "Preference Reversals Due to Myopic Discounting of Delayed Reward," *Psychological Science* 6, no. 2 (1995): 83–89.。另請注意，時間折現有時稱為「現時偏誤」（present bias）。

85. Stephen J. Dubner, "In Praise of Maintenance," *Freakonomics*, episode 263, produced by Arwa Gunja, October 19, 2016, at 41:41, https://freakonomics.com/podcast/in-praise-of-maintenance/.

86. Gawande, *Checklist Manifesto*.

87. National Academy of Sciences, "The Hospital Checklist: How Social Science Insights Improve Health Care Outcomes," From Research to Reward, https://nap.nationalacademies.org/read/23510/.

88. "Doctor Saved Michigan $100 Million," *All Things Considered*, NPR, December 9, 2007, https://www.npr.org/templates/story/story.php?storyId=17060374.

89. Andy Pasztor, "Can Hospitals Learn about Safety from Airlines?," *Wall Street Journal*, September 2, 2021, https://www.wsj.com/articles/can-hospitals-learn-about-safety-from-airlines-11630598112.

90. 同上。

91. Hagen, *Confronting Mistakes*, 7.

92. *Aircraft Accident Report: Eastern Airlines, Inc., L-1011, N310EA, Miami, Florida, December 29, 1972* (Washington, DC: National Transportation Safety Board, June 14, 1973).

93. 有關組員資源管理的歷史、原則和做法的背景，請參閱Barbara G. Kanki, José M. Anca, and Thomas Raymond Chidester, eds., *Crew Resource Management*, 3rd ed. (London: Academic Press, 2019).

94. Mark Mancini, "The Surprising Origins of Child-Proof Lids," Mental Floss, February 14, 2014, https://www.mentalfloss.com/article/54410/surprising-origins-child-proof-lids.

95. Shigeo Shingō and Andrew P. Dillon, *A Study of the Toyota Production System from an Industrial Engineering Viewpoint*, rev. ed. (Cambridge, MA: Productivity Press, 1989).

96. 更多有關諾曼的資訊，請造訪他的網站，December 21, 2020, https://jnd.org/about/.

97. 更多有關以人為本的設計資訊，請參閱 "What Is Human-Centered Design?," IDEO Design Kit, IDEO.org, accessed November 11, 2021, https://www.designkit.org/human-centered-design.

98. Don Norman, "What Went Wrong in Hawaii, Human Error? Nope, Bad Design," *Fast Company*, January 16, 2018, https://www.fastcompany.com/90157153/don-norman-what-went-wrong-in-hawaii-human-error-nope-bad-design.

99. Pamela Laubheimer, "Preventing User Errors: Avoiding Unconscious Slips," Nielsen Norman Group, August 23, 2015, https://www.nngroup.com/articles/slips/.

100. 同上。

101. "How a Kitchen Accident Gave Birth to a Beloved Sauce," Goldthread, November 26, 2018, https://www.goldthread2.com/food/how-kitchen-accident-gave-birth-beloved-sauce/article/3000264.

102. Bee Wilson, "The Accidental Chef," *Wall Street Journal*, September 18, 2021, sec. Life, https://www.wsj.com/articles/the-accidental-chef-11631937661.

103. 同上。

第四章

1. Richard Petrow, *The Black Tide: In the Wake of Torrey Canyon*, 1st UK ed. (United Kingdom: Hodder and Stoughton, 1968), 245.

2. Adam Vaughan, "*Torrey Canyon* Disaster—the UK's Worst-Ever Oil Spill 50 Years On," *Guardian*, March 18, 2017, sec. Environment, https://www.theguardian.com/environment/2017/mar/18/torrey-canyon-disaster-uk-worst-ever-oil-spill-50tha-

anniversary.

3. Petrow, *Black Tide*, 246.

4. 同上，頁158。

5. Edmondson, "Learning from Failure."

6. 同上，頁182。

7. 同上，頁184。

8. 作者《心理安全感的力量》第三章。

9. Wendy Lee and Amy Kaufman, "Search Warrant Reveals Grim Details of 'Rust' Shooting and Halyna Hutchins' Final Minutes," *Los Angeles Times*, October 26, 2021, sec. Company Town, https://www.latimes.com/entertainment-arts/business/story/2021-10-24/alec-baldwin-prop-gun-shooting-halyna-hutchins-search-warrant.

10. Wendy Lee and Amy Kaufman, "'Rust' Assistant Director Admits He Didn't Check All Rounds in Gun before Fatal Shooting," *Los Angeles Times*, October 27, 2021, sec. Local, https://www.latimes.com/california/story/2021-10-27/rust-assistant-director-dave-halls-protocol-alec-baldwin-shooting.

11. Julia Jacobs and Graham Bowley, "'Rust' Armorer Sues Supplier of Ammunition and Guns for Film Set," *New York Times*, January 13, 2022, sec. Movies, https://www.nytimes.com/2022/01/12/movies/rust-film-ammunition-supplier-sued.html.

12. Emily Crane, "'Rust' Set Had Two 'Negligent Discharges' before Fatal Shooting, New Police Report Reveals," *New York Post*, December 5, 2022, https://nypost.com/2022/11/18/rust-set-had-two-negligent-discharges-before-fatal-shooting-cops/.

13. Matthew Shaer, "The Towers and the Ticking Clock," *New York Times Magazine*, January 28, 2022, https://www.nytimes.com/interactive/2022/01/28/magazine/miami-condo-collapse.html.

14. 同上。

15. Kevin Lilley, "Navy Officer, 35, Dies in Off-Duty Diving Mishap," *Navy Times*, June 7, 2018, https://www.navytimes.com/news/your-navy/2018/06/05/navy-officer-35-dies-in-off-duty-diving-mishap/.

16. Gareth Lock, *If Only . . .* (documentary) (Human Diver, 2020), at 34:03, https://vimeo.com/414325547.

17. 同上。

18. 同上。

19. Meg James, Amy Kaufman, and Julia Wick, "The Day Alec Baldwin Shot Halyna Hutchins and Joel Souza," *Los Angeles Times*, October 31, 2021, sec. Company Town, https://www.latimes.com/entertainment-arts/business/story/2021-10-31/rust-film-alec-baldwin-shooting-what-happened-that-day.

20. Mark D. Cannon and Amy C. Edmondson, "Failing to Learn and Learning to Fail

(Intelligently): How Great Organizations Put Failure to Work to Innovate and Improve," *Long Range Planning* 38, no. 3 (June 1, 2005): 299–319.

21. Vaughan, "*Torrey Canyon* Disaster."

22. Raffi Khatchadourian, "Deepwater Horizon's Lasting Damage," *New Yorker*, March 6, 2011, http://www.newyorker.com/magazine/2011/03/14/the-gulf-war.

23. Vaughan, "*Torrey Canyon* Disaster."

24. Ved P. Nanda, "The *Torrey Canyon* Disaster: Some Legal Aspects," *Denver Law Review* 44, no. 3 (January 1967): 400–425.

25. Vaughan, "*Torrey Canyon* Disaster."

26. Alan Levin, "Lion Air Jet's Final Plunge May Have Reached 600 Miles per Hour," *Bloomberg*, November 2, 2018, https://www.bloomberg.com/news/articles/2018-11-03/lion-air-jet-s-final-plunge-may-have-reached-600-miles-per-hour.

27. Tim Hepher, Eric M. Johnson, and Jamie Freed, "How Flawed Software, High Speed, Other Factors Doomed an Ethiopian Airlines 737 MAX," Reuters, April 5, 2019.

28. Bill Chappell and Laurel Wamsley, "FAA Grounds Boeing 737 Max Planes in U.S., Pending Investigation," NPR, March 13, 2019, sec. Business, https://www.npr.org/2019/03/13/702936894/ethio pian-pilot-had-problems-with-boeing-737-max-8-flight-controls-he-wasnt-alon.

29. Sumit Singh, "The Merger of McDonnell Douglas and Boeing—a History," Simple Flying, September 29, 2020, https://simpleflying.com/mcdonnel-douglas-boeing-merger/.

30. Jerry Useem, "The Long-Forgotten Flight That Sent Boeing off Course," *Atlantic*, November 20, 2019, https://www.theatlantic.com/ideas/archive/2019/11/how-boeing-lost-its-bearings/602188/.

31. 同上。

32. Natasha Frost, "The 1997 Merger That Paved the Way for the Boeing 737 Max Crisis," Quartz, January 3, 2020, https://www.yahoo.com/video/1997-merger-paved-way-boeing-090042193.html. See also Michael A. Roberto, *Boeing 737 MAX: Company Culture and Product Failure* (Ann Arbor, MI: WDI Publishing, 2020).

33. Roberto, *Boeing* 737 MAX.

34. 同上。

35. 同上。

36. 同上，頁6。

37. 同上，頁7。

38. David Gelles, "'I Honestly Don't Trust Many People at Boeing': A Broken Culture Exposed," *New York Times*, January 10, 2020, sec. Business, https://www.nytimes.com/2020/01/10/business/boeing-737-employees-messages.html.

39. 同上。

40. Dominic Gates, Steve Miletich, and Lewis Kamb, "Boeing Rejected 737 MAX Safety Upgrades before Fatal Crashes, Whistleblower Says," *Seattle Times*, October 2, 2019, https://www.seattletimes.com/business/boeing-aerospace/boeing-whistleblowers-complaint-says-737-max-safety-upgrades-were-rejected-over-cost/.

41. 同上。

42. Natalie Kitroeff and David Gelles, "Claims of Shoddy Production Draw Scrutiny to a Second Boeing Jet," *New York Times*, April 20, 2019, sec. Business, https://www. nytimes.com/2019/04/20/business/boeing-dreamliner-production-problems.html; Amy C. Edmondson, "Boeing and the Importance of Encouraging Employees to Speak up," *Harvard Business Review*, May 1, 2019, https://hbr.org/2019/05/boeing-and-the-importance-of-encouraging-employees-to-speak-up.

43. U.S. Department of Justice, "Boeing Charged with 737 Max Fraud Conspiracy and Agrees to Pay over $2.5 Billion" (press release), Office of Public Affairs, January 7, 2021, https://www.justice.gov/opa/pr/boeing-charged-737-max-fraud-conspiracy-and-agrees-pay-over-25-billion.

44. "Equifax Data Breach," Electronic Privacy Information Center, n.d., https://archive.epic. org/privacy/data-breach/equifax/.

45. *Prepared Testimony of Richard F. Smith before the U.S. House Committee on Energy and Commerce, Subcommittee on Digital Commerce and Consumer Protection* (statement of Richard Smith, CEO, Equifax), October 2, 2017.

46. 「不小心把硬碟給扔了」這句話總結了麥克斯（D. T. Max）所描述的一系列小型家庭事件。豪爾斯在整理書桌時發現了這個硬碟，無意間把它和真正要丟棄的物品一起放入垃圾袋中。那天晚上，豪爾斯和妻子交談，結論是要把袋子扔到鎮上的垃圾場。儘管那時豪爾斯已經意識到他應該要留下硬碟，但他以為他有足夠的時間從垃圾袋裡拿出來。第二天早上，他的妻子沒有跟他說一聲，就開車把袋子送到了垃圾場。因此，這是一個非常合乎人情、且看似不可逆轉的錯誤。有關更多資訊，請參閱麥克斯，"Half a Billion in Bitcoin, Lost in the Dump," *New Yorker*, December 6, 2021, https://www.newyorker.com/magazine/2021/12/13/half-a-billion-in-bitcoin-lost-in-the-dump.

47. Rita Gunther McGrath, "The World Is More Complex Than It Used to Be," *Harvard Business Review*, August 31, 2011, https://hbr.org/2011/08/the-world-really-is-more-compl.

48. Lazaro Gamio and Peter S. Goodman, "How the Supply Chain Crisis Unfolded," *New York Times*, December 5, 2021, sec. Business, https://www.nytimes.com/interactive/2021/12/05/business/economy/supply-chain.html.

49. Chris Clearfield and András Tilcsik, *Meltdown* (New York: Penguin, 2018), 78. ；繁體中文版《系統失靈的陷阱》，天下文化，2018。

50. Amy C. Edmondson, "Learning from Failure in Health Care: Frequent Opportunities,

Pervasive Barriers," *Quality and Safety in Health Care* 13, suppl. 2 (December 1, 2004): ii3–9.

51. Lucian L. Leape, "Error in Medicine," JAMA 272, no. 23 (December 21, 1994): 1851–57, doi: 10.1001/ jama.1994.03520230061039; Lisa Sprague, "Reducing Medical Error: Can You Be as Safe in a Hospital as You Are in a Jet?," *National Health Policy Forum* 740 (May 14, 1999): 1–8.

52. Andy Pasztor, "Can Hospitals Learn about Safety from Airlines?," *Wall Street Journal*, September 2, 2021, https://www.wsj.com/articles/can-hospitals-learn-about-safety-from-airlines-11630598112.

53. Edmondson, "Learning from Failure."

54. Charles Perrow, *Normal Accidents: Living with High-Risk Technologie*s (Princeton, NJ: Princeton University Press, 1999).

55. Clearfield and Tilcsik, *Meltdown*, 57.

56. Perrow, *Normal Accidents*. 另請參閱 Andrew Hopkins, "The Limits of Normal Accident Theory," *Safety Science* 32 (1999): 93–102.

57. Amy C. Edmondson, "Learning from Mistakes Is Easier Said Than Done: Group and Organizational Influences on the Detection and Correction of Human Error," *Journal of Applied Behavioral Science* 32, no. 1 (March 1, 1996).

58. Amy Edmondson, Michael E. Roberto, and Anita Tucker, "Children's Hospital and Clinics (A)," Harvard Business School, Case 302-050, November 2001 (revised September 2007), 1–2.

59. James Reason, "Human Error: Models and Management," *BMJ* 320, no. 7237 (2000): 768–70.

60. Karlene H. Roberts, "New Challenges in Organizational Research: High Reliability Organizations," *Industrial Crisis Quarterly* 3, no. 2 (June 1, 1989): 111–25; Gene I. Rochlin, "Reliable Organizations: Present Research and Future Directions," *Journal of Contingencies and Crisis Management* 4, no. 2 (June 1996): 55–59, doi: 10.1111/j.1468-5973.1996.tb00077.x.

61. Karl E. Weick, Kathleen M. Sutcliffe, and David Obstfeld, "Organizing for High Reliability: Processes of Collective Mindfulness," in *Research in Organizational Behavior* 21, eds. R. I. Sutton and B. M. Staw (Amsterdam: Elsevier Science/JAI Press, 1999): 81–123.

62. Bethan Bell and Mario Cacciottolo, "*Torrey Canyon* Oil Spill: The Day the Sea Turned Black," BBC News, March 17, 2017, sec. England, https://www.bbc.com/news/uk-england-39223308.

63. "The Oil Pollution Act of 1990," U.S. Environmental Protection Agency, Public Law 101-380, 33 U.S. Code §2701, https://www.law.cornell.edu/uscode/text/33/2701.

64. Bell and Cacciottolo, "*Torrey Canyon* Oil Spill."

65. 同上。

66. Joe Hernandez, "The Fatal Shooting of Halyna Hutchins Is Prompting Calls to Ban Real Guns from Sets," *Morning Edition*, NPR, October 24, 2021, https://www.northcountrypublicradio.org/news/npr/1048830998/the-fatal-shooting-of-halyna-hutchins-is-prompting-calls-to-ban-real-guns-from-sets.

67. Lock, *If Only . . .*

68. 哥倫比亞號故事取自Michael Roberto, Richard M. J. Bohmer, and Amy C. Edmondson, "Facing Ambiguous Threats," *Harvard Business Review* 84, no. 11 (November 2006): 106–13.

69. Rodney Rocha, "Accidental Case Study of Organizational Silence & Communication Breakdown: Shuttle Columbia, Mission STS-107" (presentation), HQ-E-DAA-TN22458, September 2011, https://ntrs.nasa.gov/citations/20150009327.

70. 證明確認偏誤的早期研究,請參閱Clifford R. Mynatt, Michael E. Doherty, and Ryan D. Tweney, "Confirmation Bias in a Simulated Research Environment: An Experimental Study of Scientific Inference," *Quarterly Journal of Experimental Psychology* 29, no. 1 (February 1977): 85–95, doi: 10.1080/00335557743000053.

71. Federal Deposit Insurance Corporation (FDIC), *Crisis and Response: An FDIC History, 2008–2013* (Washington, DC: FDIC, 2017).

72. Columbia *Accident Investigation Board Report*, vol. 1 (Washington, DC: National Aeronautics and Space Administration, August 2003).

73. Roberto, *Boeing 737 MAX*.

74. "Rapid Response Teams: The Case for Early Intervention," Improvement Stories, https://www.ihi.org/resources/Pages/ImprovementStories/RapidResponseTeamsTheCaseforEarlyIntervention.aspx.

75. Jason Park, *Making Rapid Response Real: Change Management and Organizational Learning in Patient Care* (Lanham, MD: University Press of America, 2010).

76. Majid Sabahi et al., "Efficacy of a Rapid Response Team on Reducing the Incidence and Mortality of Unexpected Cardiac Arrests," *Trauma Monthly* 17, no. 2 (2012): 270–74, doi: 10.5812/traumamon.4170.

77. 同上。

78. 在醫療保健領域,要比較研究中各組的品質表現時,風險調整會考慮患者病情的嚴重程度。

79. Michael A. Roberto, *Know What You Don't Know: How Great Leaders Prevent Problems Before They Happen* (Upper Saddle River, NJ: Pearson Prentice Hall, 2009); Park, *Making Rapid Response Real*.

80. Roberto, *Know What You Don't Know*, 5–6.

第五章

1. 對沖基金橋水基金的投資決策幾乎沒有受到任何限制。對沖基金是金融服務機構，使用複雜的投資技術，為那些願意承擔更大風險，以追求更高報酬的人買賣金融商品。與零售銀行或共同基金不同，對沖基金幾乎不受政府監管，他們的投資客戶通常是富人和機構。如需了解更多資訊，請參閱美國證券交易委員會的「對沖基金」，https://www.investor.gov/introduction-investing/investing-basics/investment-products/private-investment-funds/hedge-funds.

2. David John Marotta, "Longest Economic Expansion in United States History," *Forbes*, January 21, 2020, https://www.forbes.com/sites/davidmarotta/2020/01/21/longest-economic-expansion-in-united-states-history/.

3. Ray Dalio, "Billionaire Ray Dalio on His Big Bet That Failed: 'I Went Broke and Had to Borrow $4,000 from My Dad," CNBC, December 4, 2019, https://www.cnbc.com/2019/12/04/billionaire-ray-dalio-was-once-broke-and-borrowed-money-from-his-dad-to-pay-family-bills.html.

4. 同上。

5. 同上。

6. Daniel Goleman, Vital Lies, Simple Truths: *The Psychology of Self-Deception* (New York: Simon and Schuster, 1985).；繁體中文版《心智重塑：自欺人生新解讀》，時報文化，1997。

7. Rich Ling, "Confirmation Bias in the Era of Mobile News Consumption: The Social and Psychological Dimensions," *Digital Journalism* 8, no. 5 (2020): 596–604.

8. Yiran Liu et al., "Narcissism and Learning from Entrepreneurial Failure," *Journal of Business Venturing* 34, no. 3 (May 1, 2019): 496–521, doi: 10.1016/j.jbusvent.2019.01.003.

9. Tomas Chamorro-Premuzic, "Why We Keep Hiring Narcissistic CEOs," *Harvard Business Review*, November 29, 2016, https://hbr.org/2016/11/why-we-keep-hiring-narcissistic-ceos; Jean M. Twenge et al., "Egos Inflating over Time: A Cross-Temporal Meta-Analysis of the Narcissistic Personality Inventory," *Journal of Personality* 76, no. 4 (July 2008): 875–902, discussion at 903–28, doi: 10.1111/j.1467-6494.2008.00507.x.

10. Joseph LeDoux, *The Emotional Brain* (New York: Simon & Schuster, 2018), 1996.；繁體中文版《腦中有情─奧妙的理性與感性》，遠流，2001。

11. Daniel Kahneman, *Thinking, Fast and Slow* (New York: Farrar, Straus and Giroux, 2011).；繁體中文版《快思慢想》，天下文化，2023。

12. Jennifer J. Kish-Gephart et al., "Silenced by Fear: The Nature, Sources, and Consequences of Fear at Work," *Research in Organizational Behavior* 29 (December 31, 2009): 163–93.

13. Lauren EskreisWinkler and Ayelet Fishbach, "Not Learning from Failure—the Greatest Failure of All," *Psychological Science* 30, no. 12 (December 1, 2019): 1733–44.

14. 同上，頁1733。

15. Lauren Eskreis-Winkler and Ayelet Fishbach, "Hidden Failures," *Organizational Behavior and Human Decision Processes* 157 (2020): 57–67.

16. K. C. Diwas, Bradley R. Staats, and Francesca Gino, "Learning from My Success and from Others' Failure: Evidence from Minimally Invasive Cardiac Surgery," Harvard Business School, Working Paper 12-065, July 19, 2012, https://hbswk.hbs.edu/item/learning-from-my-success-and-from-others-failure-evidence-from-minimally-invasive-cardiac-surgery.

17. 一些範例請參閱 Catherine H. Tinsley, Robin L. Dillion, and Matthew A. Cronin, "How Near-Miss Events Amplify or Attenuate Risky Decision Making," *Management Science* 58, no. 9 (September 2012): 1596–1613; Palak Kundu et al., "Missing the Near Miss: Recognizing Valuable Learning Opportunities in Radiation Oncology," *Practical Radiation Oncology* 11, no. 2 (2021): e256–62; Olivia S. Jung et al., "Resilience vs. Vulnerability: Psychological Safety and Reporting of Near Misses with Varying Proximity to Harm in Radiation Oncology," *Joint Commission Journal on Quality and Patient Safety* 47, no. 1 (January 2021): 15–22.

18. Brené Brown, "Listening to Shame," TED2012, at 14:47, https://www.ted.com/talks/brene_brown_listening_to_shame?language=sc.

19. Brené Brown, "Shame Resilience Theory: A Grounded Theory Study on Women and Shame," *Families in Society* 87, no. 1 (2006): 43–52, doi: 10.1606/1044-3894.3483.

20. Robert Karen, "Shame," *Atlantic Monthly*, February 1992, 40–70; Paul Trout, "Education & Academics," *National Forum* 80, no. 4 (Fall 2000): 3–7.

21. Brown, "Listening to Shame," at 14:13.

22. "Instagram Worsens Body Image Issues and Erodes Mental Health," *Weekend Edition Sunday*, September 26, 2021, https://www.npr.org/2021/09/26/1040756541/instagram-worsens-body-image-issues-and-erodes-mental-health.

23. Nicole Wetsman, "Facebook's Whistleblower Report Confirms What Researchers Have Known for Years," Verge, October 6, 2021, https://www.theverge.com/2021/10/6/22712927/facebook-instagram-teen-mental-health-research.

24. Georgia Wells, Jeff Horwitz, and Deepa Seetharaman, "Facebook Knows Instagram Is Toxic for Teen Girls, Company Documents Show," *Wall Street Journal*, September 14, 2021.

25. Nadia Khamsi, "Opinion: Social Media and the Feeling of Inadequacy," *Ryersonian*.Ca (blog), September 25, 2017, https://ryersonian.ca/opinion-social-media-and-the-feeling-of-inadequacy/.

26. Melissa G. Hunt et al., "No More FOMO: Limiting Social Media Decreases Loneliness and Depression," *Journal of Social and Clinical Psychology* 37, no. 10 (December 2018): 751–68, doi: 10.1521/jscp.2018.37.10.751.

27. Alice G. Walton, "New Studies Show Just How Bad Social Media Is for Mental Health," *Forbes*, November 16, 2018, https://www.forbes.com/sites/alicegwalton/2018/11/16/new-research-shows-just-how-bad-social-media-can-be-for-mental-health/.

28. 有關社會比較理論，請參閱這篇精彩的評論：Abraham P. Buunk and Frederick X. Gibbons, "Social Comparison: The End of a Theory and the Emergence of a Field," *Organizational Behavior and Human Decision Processes* 102, no. 1 (January 2007): 3–21.

29. Walton, "New Studies Show."

30. Jeré Longman, "Simone Biles Rejects a Long Tradition of Stoicism in Sports," *New York Times*, July 28, 2021, sec. Sports, https://www.nytimes.com/2021/07/28/sports/olympics/simone-biles-mental-health.html.

31. Camonghne Felix, "Simone Biles Chose Herself," Cut, September 27, 2021, https://www.thecut.com/article/simone-biles-olympics-2021.html.

32. 同上。

33. 同上，拜爾斯寫道：「『對不起，我愛你們，但你們會沒事的，』拜爾斯向她的隊友們保證，並一一擁抱她們。」

34. Brené Brown, *The Power of Vulnerability* (TEDxHouston, Houston, TX, 2010), https://www.ted.com/talks/brene_brown_the_power_of_vulnerability/, 17:00.

35. Adam Grant, *Think Again: The Power of Knowing What You Don't Know* (New York: Viking, 2021).；繁體中文版《逆思維》，平安文化，2022。

36. Viktor E. Frankl, *Man's Search for Meaning* (Boston: Beacon Press, 2006).；繁體中文版《活出意義來》，光啟文化，2008。

37. Carol Dweck, "Developing a Growth Mindset with Carol Dweck" (video), Stanford Alumni, October 9, 2014, at 9:37, https://www.youtube.com/watch?v=hiiEeMN7vbQ. 另請參閱，"The Power of Believing That You Can Improve," TEDxNorrkoping, December 17, 2014, at 10:11, https://www.ted.com/talks/carol_dweck_the_power_of_believing_that_you_can_improve?language=en.

38. Zoom 線上採訪納德拉，短期強化課程：將目標付諸工作（Putting Purpose to Work）5033，哈佛商學院，2021 年 12 月 14 日。

39. 更多有關阿吉里斯的研究可以參考我在另一處的文章，Amy C. Edmondson, "Three Faces of Eden: The Persistence of Competing Theories and Multiple Diagnoses in Organizational Intervention Research," *Human Relations* 49, no. 5 (1996): 571–95. 我也推薦阿吉里斯的著作 *Reasoning, Learning and Action* (San Francisco: Jossey-Bass, 1982)，最早是這本書向我介紹了他對人際行為的精彩見解。

40. 譯注：冒名頂替症候群是描述一群成功人士，將自己達到的成就歸因於他人的幫助、良好的時機，甚至覺得只稱得上運氣好，所以認為自己其實是騙子，害怕人們拆穿成功背後的真相，因此反而會更努力，免於被識破的危機，在此循環下，種種壓力與心理障礙導致他們產生心理疾病與相關症狀。

41. Jonathan Cohen (@JonathanCohenMD), "One of My Favorite Parts of GRs: Sharing

#PsychologicalSafety Lessons," Twitter, January 9, 2022, 11:07 a.m., https://twitter.com/JonathanCohenMD/status/1480209559159513091.

42. 更多有關威爾遜的資訊，請參閱 Larry Wilson and Hersch Wilson, *Play to Win: Choosing Growth over Fear in Work and Life* (Austin, TX: Bard Press, 1998).

43. Maxie C. Maultsby Jr., *Rational Behavior Therapy* (Seaton Foundation, 1990).

44. Albert Ellis and Debbie Joffe Ellis, *All Out! An Autobiography* (Amherst, NY: Prometheus Books, 2010).

45. Mariusz Wirga, Michael DeBernardi, and Aleksandra Wirga, "Our Memories of Maxie C. Maultsby Jr., 1932– 2016," *Journal of Rational-Emotive & Cognitive Behavior Therapy* 37 (2019): 316–24, doi: 10.1007/s10942-018-0309-3.

46. 同上。

47. 同上，頁319，圖片取自 Charles H. Epps, Davis G. Johnson, and Audrey L. Vaughan, *African American Medical Pioneers* (Betz Publishing, 1994).

48. Wirga, DeBernardi, and Wirga, "Our Memories," 319, drawing from Maxie C. Maultsby Jr., "Rational Behavior Therapy," in *Behavior Modification in Black Populations*, eds. Samuel S. Turner and Russell T. Jones (New York: Plenum Press, 1982), 151–70.

49. Wirga, DeBernardi, and Wirga, "Our Memories."

50. Maxie Clarence Maultsby Jr., *Help Yourself to Happiness: Through Rational Self-Counseling* (New York: Institute for Rational Living, 1975), 22–23.

51. Wilson and Wilson, *Play to Win*.

52. 有關他的研究的範例，請參閱 Chris Argyris, *Knowledge for Action: A Guide to Overcoming Barriers to Organizational Change* (San Francisco: Jossey-Bass, 1993).

53. Wilson and Wilson, *Play to Win*.

54. Ray Dalio, Principles: *Life and Work* (New York: Simon and Schuster, 2017), 36.；繁體中文版《原則：生活和工作》，商業周刊，2018。

55. 同上。

56. 同上。

57. Franz J. Vesely, "Alleged Quote," https://www.viktorfrankl.org/quote_stimulus.html.

第六章

1. Dolly Parton (@DollyParton), "We Cannot Direct the Wind, but We Can Adjust the Sails!," Twitter, September 25, 2014, 12:59 p.m., https://twitter.com/dollyparton/status/515183726918389761.

2. Boyd Watkins, "Guest Gamer: An Interview with Boyd Watkins," interview by Sivasailam "Thiagi" Thiagarajan and Raja Thiagarajan, Thiagi Gameletter, 2009, https://thiagi.net/archive/www/pfp/IE4H/september2009.html#GuestGamer.

3. Fiona Lee et al., "The Mixed Effects of Inconsistency on Experimentation in

Organizations," *Organization Science* 15, no. 3 (May–June 2004): 310–26, doi: 10.1287/orsc.1040.0076.

4. 作者另一本著作《組隊合作：教你如何在知識經濟中學習、創新與競爭》第一章。

5. "'I'm Not Wrong': Taxi Driver Says He's Not Responsible for Sleeping Boy Left Alone in Cab," WBZ-CBS Boston, March 3, 2022, https://boston.cbslocal.com/2022/03/03/child-left-alone-in-taxi-weston-dorchester-massachusetts-state-police-logan-airport/.

6. Jeff Nilsson, "'It Doesn't Have to Be Perfect': Honoring the Julia Child Centennial," *Saturday Evening Post*, August 11, 2012, https://www.saturdayeveningpost.com/2012/08/julia-child/.

7. 譯注：相信自己所見所聞即是真相、是客觀且不帶偏見的，認為這是顯而易見的事實，理性人一定會同意自己，不同意的人一定是資訊不足、懶惰、不理性或有偏見。

8. Lee Ross and Andrew Ward, "Naïve Realism: Implications for Social Conflict and Misunderstanding," in *Values and Knowledge*, ed. Terrance Brown, Edward S. Reed, and Elliot Turiel (Mahwah, NJ: Lawrence Erlbaum Associates, January 1996), 103–35.

9. Bill Garrett, "Coke's Water Bomb," BBC News Online, June 1, 2004, sec. BBC Money Programme, http://news.bbc.co.uk/2/hi/business/3809539.stm.

10. Michael McCarthy, "Pure? Coke's Attempt to Sell Tap Water Backfires in Cancer Scare," *Independent*, March 20, 2004, sec. Environment, https://web.archive.org/web/20080522154932/http:/www.independent.co.uk/environment/pure-cokes-attempt-to-sell-tap-water-backfires-in-cancer-scare-567004.html.

11. Tom Scott, "Why You Can't Buy Dasani Water in Britain" (video), March 9, 2020, at 9:58, https://www.youtube.com/watch?v=wD79NZroV88.

12. "Water World Braced for Dasani," *Grocer*, September 5, 2003.

13. "Coke Recalls Controversial Water," BBC News, March 19, 2004, http://news.bbc.co.uk/2/hi/business/3550063.stm.

14. Scott, "Why You Can't Buy Dasani."

15. 同上。

16. Alex Wayne, "Obamacare Website Costs Exceed $2 Billion, Study Finds," Bloomberg, September 24, 2014, https://www.bloomberg.com/news/articles/2014-09-24/obamacare-website-costs-exceed-2-billion-study-finds.

17. Leonard A. Schlesinger and Paras D. Bhayani, "HealthCare.gov: The Crash and the Fix (A)," Harvard Business School, Case 315-129, June 9, 2015 (revised November 1, 2016).

18. Brian Kenny, "The Crash and the Fix of HealthCare.gov," *Cold Call* (podcast), n.d., https://hbr.org/podcast/2016/11/the-crash-and-the-fix-of-healthcare-gov.

19. Robert Safian, "President Obama: The Fast Company Interview," *Fast Company*, June 15, 2015, https://www.fastcompany.com/3046757/president-barack-obama-on-what-we-the-people-means-in-the-21st-century.

20. Amy Goldstein, "HHS Failed to Heed Many Warnings That HealthCare.gov Was in Trouble," *Washington Post*, February 23, 2016, sec. Health & Science, https://www.washingtonpost.com/national/health-science/hhs-failed-to-heed-many-warnings-that-healthcaregov-was-in-trouble/2016/02/22/dd344e7c-d67e-11e5-9823-02b905009f99_story.html.

21. Leonard A. Schlesinger and Paras D. Bhayani, "HealthCare.gov: The Crash and the Fix (B)," Harvard Business School, June 9, 2015, 4.

22. Steven Brill, *America's Bitter Pill: Money, Politics, Backroom Deals, and the Fight to Fix Our Broken Healthcare System* (New York: Random House, 2015), 362.

23. 同上，頁2。另請參閱 Brill, *America's Bitter Pill*, 361–62.

24. Asher Mullard, "Parsing Clinical Success Rates," *Nature Reviews Drug Discovery* 15, no. 447 (2016).

第七章

1. W. Edwards Deming, Dr. Deming's Four Day Seminar, Phoenix, AZ, February 1993, https://deming.org/a-bad-system-will-beat-a-good-person-every-time/.

2. Richard Sandomir, "Spencer Silver, an Inventor of Post-it Notes, Is Dead at 80," *New York Times*, May 13, 2021, sec. Business, https://www.nytimes.com/2021/05/13/business/spencer-silver-dead.html.

3. Claudia Flavell-While, "Spencer Silver and Arthur Fry: In Search of an Application," *Chemical Engineer*, March 9, 2018.

4. Amy C. Edmondson, *A Fuller Explanation: The Synergetic Geometry of R. Buckminster Fuller*, Design Science Collection (Boston: Birkhäuser, 1987), chap. 2.

5. E. A. Katz, "Chapter 13: Fullerene Thin Films as Photovoltaic Material," in *Nanostructured Materials for Solar Energy Conversion*, ed. Tetsuo Soga (Amsterdam: Elsevier, 2006), 363.

6. 以下是一些影響我的書籍和文章，包括 David Kantor and Lehr William, *Inside the Family* (HarperCollins, 1976); Jay W. Forrester, "Industrial Dynamics—after the First Decade," *Management Science* 14, no. 7 (1968): 398–415; Peter M. Senge, *The Fifth Discipline: The Art and Practice of the Learning Organization* (New York: Currency, 1990)；繁體中文版《第五項修練》，天下文化，2019；W. Richard Scott and Gerald F. Davis, *Organizations and Organizing: Rational, Natural and Open Systems Perspectives* (Abingdon-on-Thames, Oxfordshire, UK: Routledge, 2015); Elinor Ostrom, "A General Framework for Analyzing Sustainability of Social-Ecological Systems," *Science* 325, no. 5939 (2009): 419–22.

7. Peter Dizikes, "The Secrets of the System," *MIT News*, May 3, 2012, https://news.mit.edu/2012/manufacturing-beer-game-0503.

8. Hau L. Lee, V. Padmanabhan, and Seungjin Whang, "The Bullwhip Effect in Supply Chains," *MIT Sloan Management Review*, Spring 1997, 11.

9. Senge, *Fifth Discipline*.

10. 同上。

11. Michael Waters, "Supply Chain Container Ships Have a Size Problem," *Wired*, December 12, 2021, https://www.wired.com/story/supply-chain-shipping-logistics/.

12. Nadeen Ebrahim, "*Ever Given* Container Ship Leaves Suez Canal 106 Days after Getting Stuck," Reuters, July 7, 2021, https://www.reuters.com/world/ever-given-container-ship-set-leave-suez-canal-2021-07-07/.

13. Waters, "Supply Chain Container Ships."

14. 同上。

15. Anita L. Tucker and Amy C. Edmondson, "Why Hospitals Don't Learn from Failures: Organizational and Psychological Dynamics That Inhibit System Change," *California Management Review* 45, no. 2 (Winter 2003): 55–72, doi: 10.2307/41166165.

16. Senge, *Fifth Discipline*.

17. Tucker and Edmondson, "Why Hospitals Don't Learn."

18. 美國國務院,「綠色航運走廊框架」(概況介紹),2022年4月12日,發言人辦公室,https://www.state.gov/green-shipping-corridors-framework/.

19. Zeynep Ton, "The Case for Good Jobs," *Harvard Business Review*, November 30, 2017, https://hbr.org/2017/11/the-case-for-good-jobs.

20. Paul Rosenthal, *Art Fry's Invention Has a Way of Sticking Around* (podcast), Smithsonian Lemelson Center, June 13 2008, https://invention.si.edu/podcast-art-frys-invention-has-way-sticking-around.

21. Flavell-While, "Spencer Silver and Arthur Fry."

22. Sandomir, "Spencer Silver."

23. Rosenthal, *Art Fry's Invention*.

24. Jonah Lehrer, *Imagine: How Creativity Works*, 1st ed. (New York: Houghton Mifflin, 2012).；繁體中文版《開啟你立刻就能活用的想像力》,天下文化,2013。

25. Rosenthal, *Art Fry's Invention*.

26. 同上。

27. 同上。

28. Sarah Duguid, "First Person: 'We Invented the Post-it Note,'" *Financial Times*, December 3, 2010.

29. "Arthur L. Fry: How Has He Transformed the Scene?," Minnesota Science &

Technology Hall of Fame, accessed June 18, 2022, https://www.msthalloffame.org/arthur_l_fry.htm.

30. Steven Spear and H. Kent Bowen, "Decoding the DNA of the Toyota Production System," *Harvard Business Review*, September 1, 1999, 3, https://hbr.org/1999/09/decoding-the-dna-of-the-toyota-production-system.

31. Charles Fishman, "No Satisfaction at Toyota," *Fast Company*, December 1, 2006, https://www.fastcompany.com/58345/no-satisfaction-toyota.

32. 同上。

33. 同上。

34. Amy Edmondson, "The Role of Psychological Safety: Maximizing Employee Input and Commitment," *Leader & Leader* 2019, no. 92 (Spring 2019): 13–19.

35. Julianne M. Morath and Joanne E. Turnbull, *To Do No Harm: Ensuring Patient Safety in Health Care Organizations*, with a foreword by Lucian L. Leape (San Francisco: Jossey-Bass, 2005).

36. "Julianne M. Morath," MedStar Health: Advisory Board Bios, accessed June 17, 2022, https://www.medstarhealth.org/innovation-and-research/institute-for-quality-and-safety/about-us/advisory-board/julianne-m-morath.

37. Amy Edmondson, Michael E. Roberto, and Anita Tucker, "Children's Hospital and Clinics (A)," Harvard Business School, Case 302-050, November 2001 (revised September 2007), 7.

38. 同上。

39. 同上。

40. Edmondson, "Role of Psychological Safety," 14.

41. Amy C. Edmondson, *The Fearless Organization: Creating Psychological Safety in the Workplace for Learning, Innovation, and Growth*, 1st ed. (Hoboken, NJ: John Wiley and Sons, 2019), 170.；繁體中文版《心理安全感的力量》，天下雜誌，2023。

42. Edmondson, Roberto, and Tucker, "Children's Hospital and Clinics (A)," 4.

43. 同上。

44. 同上。

45. 同上。

第八章

1. 這個故事摘自 Tilar J. Mazzeo's excellent biography *The Widow Clicquot: The Story of a Champagne Empire and the Woman Who Ruled It* (New York: HarperCollins, 2008).

2. 同上，頁181。

3. Natasha Geiling, "The Widow Who Created the Champagne Industry," *Smithsonian Magazine*, November 5, 2013, https://www.smithsonianmag.com/arts-culture/the-widow-

who-created-the-champagne-industry-180947570/.

4. Adam Bradley, "The Privilege of Mediocrity," *New York Times*, September 30, 2021, https://www.nytimes.com/2021/09/30/t-magazine/mediocrity-people-of-color.html.

5. 同上。

6. "James West: Digital Archive," HistoryMakers, accessed October 23, 2021, https://www.thehistorymakers.org/biography/james-west.

7. Veronika Cheplygina, "How I Fail S02E08—Jen Heemstra (PhD'05, Chemistry)," *Dr Veronika CH* (blog), January 8, 2021, https://veronikach.com/how-i-fail/how-i-fail-s02e08-jen-heemstra-phd05-chemistry/.

8. 同上。

9. 同上。

10. Noelle Nelson, Selin A. Malkoc, and Baba Shiv, "Emotions Know Best: The Advantage of Emotional versus Cognitive Responses to Failure," *Journal of Behavioral Decision Making* 31, no. 1 (January 2018): 40–51, doi: 10.1002/bdm.2042.

11. Jennifer M. Heemstra et al., "Throwing Away the Cookbook: Implementing Course-Based Undergraduate Research Experiences (CUREs) in Chemistry," in *ACS Symposium Series* 1248, ed. Rory Waterman and Andrew Feig (Washington, DC: American Chemical Society, 2017), 33–63, doi: 10.1021/bk-2017-1248.ch003.

12. Judith Halberstam, *The Queer Art of Failure* (Durham, NC: Duke University Press, 2011).

13. 同上，頁51。

14. 同上，頁60。

15. David Canfield, "There Has Never Been a Show Like *RuPaul's Drag Race*," *Vanity Fair*, August 27, 2021, https://www.vanityfair.com/hollywood/2021/08/awards-insider-rupauls-drag-race-emmy-impact.

16. Dino-Ray Ramos, "'RuPaul's Drag Race' Season 13 Premiere Slays as Most-Watched Episode in Franchise's History," *Deadline* (blog), January 4, 2021, https://deadline.com/2021/01/rupauls-drag-race-season-13-premiere-vh1-ratings-most-watched-episode-1234664587/; Brad Adgate, "Ratings: The 2020–21 NBA Season in Review and a Look Ahead," Forbes, July 21, 2021, https://www.forbes.com/sites/bradadgate/2021/07/21/the-2020-21-nba-season-in-review-and-a-look-ahead/.

17. S. Jocelyn Bell Burnell, "PETIT FOUR," *Annals of the New York Academy of Sciences* 302, no. 1 (Eighth Texas Symposium on Relativistic Astrophysics, December 1977): 685–89, doi: 10.1111/j.1749-6632.1977.tb37085.x.

18. Daniel H. Pink, *The Power of Regret: How Looking Backward Moves Us Forward* (New York: Riverhead Books, 2022).；繁體中文版《後悔的力量》，大塊文化，2023。

19. 同上。

20. Thomas Curran and Andrew P. Hill, "Perfectionism Is Increasing over Time: A Meta-

Analysis of Birth Cohort Differences from 1989 to 2016," *Psychological Bulletin* 145, no. 4 (April 2019): 410–29, doi: 10.1037/bul0000138.

21. Adam Grant, "Breaking Up with Perfectionism," interview with Thomas Curran and Eric Best, *WorkLife with Adam Grant* (TED podcast), May 3, 2022, https://www.ted.com/podcasts/worklife/breaking-up-with-perfectionism-transcript.

22. 同上。

23. Nelson, Malkoc, and Shiv, "Emotions Know Best."

24. Ray Dalio (@RayDalio), "Everyone Fails. Anyone You See Succeeding Is Only Succeeding at the Things You're Paying Attention To," Twitter, October 20, 2022, 10:06 a.m., https://twitter.com/RayDalio/status/1583097312163004417.

25. Kayt Sukel, *The Art of Risk: The New Science of Courage, Caution, and Change* (Washington, DC: National Geographic Society, 2016).

26. Sara Blakely, "How Spanx Got Started," *Inc.*, https://www.inc.com/sara-blakely/how-sara-blakley-started-spanx.html.

27. Kathleen Elkins, "The Surprising Dinner Table Question That Got Billionaire Sara Blakely to Where She Is Today," Business Insider, April 3, 2015, https://www.businessinsider.com/the-blakely-family-dinner-table-question-2015-3.

28. Angela Duckworth, *Grit: The Power of Passion and Perseverance* (New York: Scribner, 2016).；繁體中文版《恆毅力：人生成功的究極能力》，天下雜誌，2020。

29. Rachel Makinson, "How Spanx Founder Sara Blakely Created a Billion-Dollar Brand," *CEO Today* (blog), October 28, 2021, https://www.ceotodaymagazine.com/2021/10/how-spanx-founder-sara-blakely-created-a-billion-dollar-brand/.

30. "About," *Spanx by Sara Blakely Foundation* (blog), accessed June 27, 2022, https://www.spanxfoundation.com/about/.

31. Angela L. Duckworth et al., "Grit: Perseverance and Passion for Long-Term Goals," *Journal of Personality and Social Psychology* 92, no. 6 (2007): 1087–101, doi: 10.1037/0022-3514.92.6.1087.

32. Rob Knopper, "About," https://www.robknopper.com/about-3.

33. Rob Knopper, "What My Practice Journal Looks Like," *Auditionhacker* (blog), June 25, 2016, https://www.robknopper.com/blog/2016/6/25/what-my-practice-journal-looks-like.

34. Rob Knopper, "What to Do When You Have a Disastrous Snare Drum Performance," *Percussionhacker* (blog), March 4, 2018, https://www.robknopper.com/blog/2018/3/2/pg0qmqdy07akmm6cmh8q8i1y sus4s1.

35. Charlotte V. O. Witvliet et al., "Apology and Restitution: The Psychophysiology of Forgiveness after Accountable Relational Repair Responses," *Frontiers in Psychology* 11 (March 13, 2020): 284, doi: 10.3389/fpsyg.2020.00284.

36. Karina Schumann, "The Psychology of Offering an Apology: Understanding the Barriers to Apologizing and How to Overcome Them," *Current Directions in Psychological Science* 27, no. 2 (2018): 74–78, doi: 10.1177/0963721417741709.

37. 同上。

38. 同上。

39. Christine Carter, "The Three Parts of an Effective Apology," Greater Good, November 12, 2015, https://greatergood.berkeley.edu/article/item/the_three_parts_of_an_effective_apology.

40. Matthew Dollinger, "Starbucks, 'the Third Place,' and Creating the Ultimate Customer Experience," *Fast Company*, June 11, 2008, https://www.fastcompany.com/887990/starbucks-third-place-and-creating-ultimate-customer-experience.

41. Christine Hauser, "Starbucks Employee Who Called Police on Black Men No Longer Works There, Company Says," *New York Times*, April 16, 2018, sec. U.S., https://www.nytimes.com/2018/04/16/us/starbucks-philadelphia-arrest.html.

42. 譯注：目的是使人們更加了解自己的目標和偏見，並對他人和群體互動的動態更加敏感。

43. Cale Guthrie Weissman, "Equifax Wants You to Enter Your Social Security Number Here to Find Out If It Was Hacked," *Fast Company*, September 7, 2017, https://www.fastcompany.com/40464504/equifax-wants-you-to-enter-your-social-security-number-here-to-find-out-if-it-was-hacked.

44. Will Oremus, "Marissa Mayer Personally Apologizes for Yahoo Mail Debacle," Slate, December 16, 2013. See also Marissa Mayer (@marisssamayer), "An Important Update for Our Users," Twitter December 11, 2013, 2:31 p.m., https://twitter.com/marisssamayer/status/410854397292593153.

45. Jennifer Bendery, "Kathleen Sebelius Takes Blame for Obamacare Glitches While Being Grilled by Marsha Blackburn," HuffPost, October 30, 2013, https://www.huffpost.com/entry/kathleen-sebelius-marsha-blackburn_n_4177223.

46. Chuck Todd, "Exclusive: Obama Personally Apologizes for Americans Losing Health Coverage," NBC News, November 7, 2013, https://www.nbcnews.com/news/us-news/exclusive-obama-personally-apologizes-americans-losing-health-coverage-flna8c11555216.

47. Tiffany Hsu, "Neiman Marcus Says Social Security Numbers, Birth Dates Not Stolen," *Los Angeles Times*, January 16, 2014, https://www.latimes.com/business/la-xpm-2014-jan-16-la-fi-mo-neiman-marcus-breach-20140116-story.html.

48. Megan McCluskey, "Dan Harmon Gives 'Full Account' of Sexually Harassing Community Writer Megan Ganz," *Time*, January 11, 2018, https://time.com/5100019/dan-harmon-megan-ganz-sexual-harassment-apology/.

49. Astro Teller, "Tips for Unleashing Radical Creativity," *X, the moonshot factory* (blog),

February 12, 2020, https://blog.x.company/tips-for-unleashing-radical-creativity-f4ba55602e17.

50. Astro Teller, "The Unexpected Benefit of Celebrating Failure," TED Talk, https://www.ted.com/talks/astro_teller_the_unexpected_benefit_of_celebrating_failure.

51. "Waymo: Transforming Mobility with Self-Driving Cars," accessed June 16, 2022, https://x.company/projects/waymo/.

52. Teller, "Tips for Unleashing."

53. Alison Wood Brooks et al., "Mitigating Malicious Envy: Why Successful Individuals Should Reveal Their Failures," *Journal of Experimental Psychology: General* 148, no. 4 (April 2019): 667–87, doi: 10.1037/xge0000538.

54. Melanie Stefan, "A CV of Failures," *Nature* 468 (November 2010): 467, doi: 10.1038/nj7322-467a.

55. Johannes Haushofer, "Johannes Haushofer Personal Page," accessed June 18, 2022, https://haushofer.ne.su.se/.

56. Jeffrey R. Young, "Encouraging Teachers to Share Their Mistakes on Stitcher," EdSurge (podcast), October 19, 2021, https://listen.stitcher.com/yvap/?af_dp=stitcher://episode/87639474&af_web_dp=https://www.stitcher.com/episode/87639474.

57. Jon Harper, "Pandemic Lesson #2: I Pushed My Teachers Too Hard; in Fact, I Pushed Some over the Edge," *My BAD* (podcast), accessed June 27, 2022, https://podcasts.apple.com/us/podcast/pandemic-lesson-2-i-pushed-my-teachers-too-hard-in/id1113176485?i=1000508349340.

58. "Failure Institute: About Us," Failure Institute, accessed June 18, 2022, https://www.thefailureinstitute.com/about-us/.

59. Gwen Moran, "Fostering Greater Creativity by Celebrating Failure," *Fast Company*, April 4, 2014, https://www.fastcompany.com/3028594/a-real-life-mad-man-on-fighting-fear-for-greater-creativity.

60. Sue Shellenbarger, "Better Ideas through Failure," *Wall Street Journal*, September 27, 2011, sec. Careers, https://online.wsj.com/article/SB10001424052970204010604576594671572584158.html.

61. Ramakrishnan Mukundan, Sabeel Nandy, and Ravi Arora, "'Dare to Try' Culture Change at Tata Chemicals," *HQ Asia* 3 (2012): 38–41.

62. "Building a Better Workplace," Partnership for Public Service, https://ourpublicservice.org/about/impact/building-a-better-workplace/.

國家圖書館出版品預行編目（CIP）資料

正確犯錯：哈佛學者揭開成長心態的關鍵，分辨失敗類型
與應對方式，駕馭不確定的未來 / 艾美・艾德蒙森（Amy
Edmondson）著，黃庭敏譯 . -- 第一版 . -- 臺北市：天下雜誌，
2024.04
368 面 ; 14.8 × 21 公分 . --（天下財經 ; 519）
譯自 ： Right kind of wrong : the science of failing well
ISBN　978-986-398-977-6（平裝）
1. CST: 組織學習 2.CST: 工作心理學 3.CST: 成功法
177.2　　　　　　　　　　　　　　　　　　113003160

天下財經 519

正確犯錯

哈佛學者揭開成長心態的關鍵，分辨失敗類型與應對方式，駕馭不確定的未來
RIGHT KIND OF WRONG: The Science of Failing Well

作　　者／艾美・艾德蒙森（Amy Edmondson）
譯　　者／黃庭敏
封面設計／FE 設計
內頁排版／林婕瀅
責任編輯／吳瑞淑

天下雜誌群創辦人／殷允芃
天下雜誌董事長／吳迎春
出版部總編輯／吳韻儀
出　版　者／天下雜誌股份有限公司
地　　址／台北市 104 南京東路二段 139 號 11 樓
讀者服務／（02）2662-0332　傳真／（02）2662-6048
天下雜誌 GROUP 網址／http://www.cw.com.tw
劃撥帳號／01895001 天下雜誌股份有限公司
法律顧問／台英國際商務法律事務所・羅明通律師
製版印刷／中原造像股份有限公司
總　經　銷／大和圖書有限公司　電話／（02）8990-2588
出版日期／2024 年 4 月 2 日第一版第一次印行
定　　價／540 元

Copyright © 2023 by Amy C. Edmondson

Published by arrangement with Brockman, Inc.

Complex Chinese Translation copyright © 2024 by Commonwealth Magazine Co., Ltd.

All rights reserved.

書號：BCCF0519P
ISBN：978-986-398-977-6（平裝）

直營門市書香花園　地址／台北市建國北路二段 6 巷 11 號　電話／02-2506-1635
天下網路書店 shop.cwbook.com.tw　電話／02-2662-0332　傳真／02-2662-6048

本書如有缺頁、破損、裝訂錯誤，請寄回本公司調換